商务部"十三五"规划教材

全国高等院校跨境电商专业方向规划教材

中国国际贸易学会"十三五"跨境电商紧缺人才培养工程指导用书

跨境电商客服与管理

主　编：陈江生　　唐克胜　　宁顺青

副主编：王　峰　　孙江临　　陈　峰

　　　　李延玉　　周玉林　　程达军

　　　　宋秀峰　　池春霞　　黄雅雯

中国商务出版社

CCTP CHINA COMMERCE AND TRADE PRESS

图书在版编目（CIP）数据

跨境电商客服与管理 / 陈江生，唐克胜，宁顺青编
著 . -- 北京 : 中国商务出版社 , 2017.4

ISBN 978-7-5103-1855-9

Ⅰ.①跨… Ⅱ.①陈…②唐…③宁… Ⅲ.①电子商
务—商业服务②电子商务—企业管理 Ⅳ.① F713.36

中国版本图书馆 CIP 数据核字 (2017) 第 074225 号

跨境电商客服与管理
KUAJING DIANSHANG KEFU YU GUANLI

陈江生　唐克胜　宁顺青　编著

出　　　版	中国商务出版社	
地　　　址	北京市东城区安定门外大街东后巷 28 号　邮编：100710	
责任部门	教育培训事业部（010-64243016　gmxhksb@163.com）	
责任编辑	刘建昌　刘姝辰	
总　发　行	中国商务出版社发行部（010-64208388　64515150）	
网购零售	中国商务出版社考培部（010-64286917）	
网　　　址	http://www.cctpress.com	
网　　　店	https://shop162373850.taobao.com/	
邮　　　箱	cctp6@cctpress.com	
开　　　本	889 毫米 × 1194 毫米　1/16	
印　　　张	16.75	字　　数：390 千字
版　　　次	2017 年 4 月第 1 版	印　　次：2017 年 4 月第 1 次印刷
书　　　号	ISBN 978-7-5103-1855-9	
定　　　价	45.00 元	

前 言

《跨境电商客服与管理》以跨境电商典型工作岗位为基准，通过介绍跨境电商基本概念及实战操作技巧，附以典型的有参考价值的跨境电商实战案例，使学生掌握跨境电商的基本概念、基础知识和基本实战操作技巧，提高学生对跨境电商运营操作的分析、判断、决策和实战能力。为此，本书以跨境电商实战操作为主线进行编写。

本书共分七个学习篇章，具体如下：

第一章　跨境电商客服基本认知

第二章　跨境电商平台情景模拟与解析

第三章　跨境电商客户信息管理

第四章　跨境电商客户信用管理

第五章　跨境电商平台新老客户二次营销

第六章　跨境电商平台客户投诉处理

第七章　跨境电商客服角色新定位

第八章　跨境电商客服人员素质要求

本书以"工学结合一体化""典型工作任务为驱动"为指导思想，符合目前职业教育改革的趋势与方向，符合跨境电商人才岗位的需求。本书可操作性强，有较强的实用价值，紧跟时代的发展和跨境电商技术的更新，力求将知识学习与工作岗位无缝对接，同时本书设置了很多生动活泼的特色模块，包括知识要点、核心概念、情境导入、小贴士、知识链接、知识总结、知识检测和拓展阅读等，增强了可读性和趣味性。

本书的编写得到商务部中国国际贸易学会，广东省跨境电子商务协会、海贸会、香港跨境电子商务协会、深圳跨境电子商务协会、阿里巴巴、速卖通、敦煌网、亚马逊、eBay、Wish 等商协会和运营平台的大力支持，提供大量一手素材和开放账号实战演练，同时在全国率先专注于跨境电商实战型人才培养的高等院校——潮汕职业技术学院跨境电商实战学院进行历时两年多的公司化运营实战检验和大胆探索，不断修正和丰富本书的体例和素材，在此一并致谢！

国家对跨境电商带动传统外贸企业转型的支持政策是空前的，力度之大、速度之快是以往任何行业无法比拟的。跨境电商的发展，核心是人才的发展，我们期待本书的面世能实实在在为中国跨境电商实战性人才的培养贡献微薄之力。

编者

2017 年 3 月

目　录

模块一

知识拓展篇

第一章　跨境电商客服基本认知

【知识要点】

了解客服的概念、特点及发展趋势；了解客服人员的职责、工作方式；了解客服人员与客户沟通的工具有哪些。

【核心概念】

客户服务　客户服务人员的职责　客服沟通工具

【情景导入】

在 20 世纪 80 年代，生产塑胶的道化学公司在橡胶市场的竞争优势并不突出。道公司做的市场调查表明，它在客户满意和客户忠诚方面都落后于杜邦和通用橡胶公司，处在第三位，并且客户对于这三家公司的服务均表示满意。这个发现促使道公司迅速改变了它的经营策略，不再局限于提供优质产品、按时交货和提供及时的服务，而开始追求与客户建立更加密切的伙伴型关系。道公司称，自己不仅出售产品和服务，还出售客户"成功"。公司的一位高级经理说："不论客户使用道的塑胶去做安全套还是复杂的飞机设备，我们都要去帮助它们在市场上取得成功"。这种基于"双赢"的伙伴型关系策略，很快使道公司成为了橡胶行业的霸主。（摘自：王广宇.《客户关系管理方法论》[M]. 北京：清华大学出版社，2004）

从这个案例中我们可以看出服务好客户对企业的发展至关重要。

一、跨境电商客服的内涵

（一）何谓跨境电商客服

近两三年间，跨境电商这一新兴的商业模式在全球范围内呈现出星火燎原之势。美国、俄罗斯、日本、巴西、印度、英国、新加坡等国家和地区的消费者对跨境消费的接纳程度越来越高。在中国，阿里巴巴、京东、亚马逊、兰亭集势、敦煌网等行业巨头也把跨境电商作为他们的"新兴战场"。跨境电商迅速发展的同时也使得这一行业的竞争越来越激烈，在产品、技术、物流等基本稳定的情况下，如何有效赢得更多的客户将成为从事跨境电商企业成功的关键，也就是说客服在跨境电商企业中显得尤为重要。那么，该如何正确理解跨境电商客服这一概念呢？首先，我们来看什么是客户服务？客户服务，简单来说，就是为公司的客户提供他们想要的服务，维护公司与客户之间的关系。引导客户消费公司的产品（服务），在客户使用产品（服务）的过程中提供有效的帮助和令其满意的售后服务，最终完成产品（服务）的二次销售。可以说，客户服务部是公司的第二个销售部。

客户服务不是售后服务，而实际上很多企业仅仅将其定义为售后服务。客户服务包括售前、售中和售后三个部分，通过客户联系、收集客户信息，了解客户需求、提供解决方案、解决客户存在的问题、满足客户需求，从而使客户认为将从您公司获得所需业务并使对业务满意的客户继续忠诚地与公司合作，因此客户服务成了业务结构中的一个重要战略要点。其中"客户"包括：①外客户（包括潜在客户、意向客户、准客户、签约客户、准业主、业主、会员）；②内客户（包括各业务部门及其员工）；③合作伙伴客户（包括政府部门、供应商、合作商等）。客户服务具体目标：①帮助创立行业品牌形象；②作为对外联系的窗口；③树立统一企业形象；④建立个性化营销策略；⑤提高服务质量；⑥提高工作效率；⑦降低管理成本；⑧完善客户关系管理与传统的交易体系不同，跨境电商的交易都是通过网络进行，没有传统的实物体验，一切都是靠客服人员优质的服务来赢得客户的喜欢和信赖，所以我们有理由说跨境电商客服质量高低直接决定着跨境电商未来前景的好坏。

（二）典型的"以客户为中心的"跨境电商客服体系

客户服务体系是"以客户为对象"的整个服务过程的组织构成和制度构成。几乎对于所有的企业来说，客户服务体系的宗旨是"客户永远是第一位"——从客户的实际需求出发，为客户提供真正有价值的服务，帮助客户更好地使用产品。一个完善的客户服务体系，可以充分体现"良好的客服形象、良好的技术、良好的客户关系、良好的品牌"等核心服务理念。注重客户服务理念的企业，会要求以最专业的服务队伍，及时和全方位地关注客户的每一项服务需求，并通过提供广泛、全面和快捷的服务，使客户体验到无处不在的满意和可信赖的贴心感受。

高效完整的客户服务体系是保证客户满意的必要条件，它能够增加客户满意度、培育客户忠诚度，为企业赢得良好的口碑，有利于扩大业务量，有利于树立良好的企业形象。反之，差的客户服务体系会降低客户满意度，使公司没有"回头客"，长此以往，必然会极大影响公司的业绩及发展。如何真正做到"以客户为中心"，对大多数企业而言仍然是个大问题，它需要企业的文化、战略、组织保证；涉及产品的设计、开发、销售、服务等各个环节。客服部门作为企业客户价值提升的窗口，发挥着传感器和导航器的作用，而客户投诉服务管理则是客服部门与公司相关产品部门、专业技术部门的桥梁和纽带，更是客户服务工作的基础，也是践行"以客户为中心"经营理念的关键环节。因此，"以客户为中心"的投诉服务管理体系的构建对企业就显得尤为重要。

经过几百年的市场化运作，英美等西方国家的公司已经树立了"以客户为中心"的服务理念，这种理念已经深入人心，并在公司的制度中得到了很好的体现，建立了完善的客户服务体系。鉴于此，我们可以详细地探讨一下客服体系的建立与完善。

二、典型的"以客户为中心的"客服体系

（一）从理论的层面理解以客户为中心的客服体系

"以客户为中心"的投诉服务管理理念需要我们从三个层面来正确认识投诉，意识到客户永远是对的。客户投诉表明了客户对企业的信任，为企业提供了发现问题的机会，蕴藏着重要的商机和价值。

1. 投诉表明信任

投诉对客户来说也是有成本的，客户投诉表明客户对企业寄予了改善的希望，是对企业的一种信任和依赖。大量的实证调查显示，93%以上的不满意客户从不进行投诉，因此"投诉量少"未必说明"客户感知好"，那些"一走了之"的顾客没有给企业一丝改变的机会。因此，面对客户的投诉，企业应该抱着欢迎和鼓励的的态度。

2. 投诉展现机会

客户投诉使企业能够及时发现自身产品、服务以及管理中存在的问题。发现问题是成功解决问题的基础，因此客户投诉为企业提供了不断完善自我的机会。同时，处理好客户投诉也是企业提升客户满意度和忠诚度以及展示自身良好形象的机会。

3. 投诉产生价值

客户投诉是市场信息来源的重要部分，除了发现自身存在的问题外，更能直接了解客户的喜好、竞争对手的状态等市场信息。例如，在 IBM 公司，40%的技术发明与创造都是来自客户的意见和建议。因此，要充分挖掘客户投诉的价值，从投诉中挖掘出"商机"，寻找市场新的"买点"，从客户投诉的经营中为企业带来财富。

（二）B2C 商业模式下的客服体系

网上客户服务已被广泛认为是开展电子商务的关键之一。但是，许多电子商务企业的客户服务水平仍然不能让顾客感到满意，有时甚至成为影响电子商务发展的重要因素，系统公司的一项研究结果表明，67% 的在线交易由于没有提供足够的客户服务而取消。B2C 的服务质量主要体现在以客户为中心的网站功能设计上。但国内许多 B2C 网站在很多方面仍无法满足用户的需要，许多网站一味追求功能的完善和创新，而不是从消费者要求出发来分析和改善功能。

1. B2C 模式下客户服务的特点

（1）灵活性

在电子商务领域，进行客户服务最大的优势就在于它在时间和空间的灵活性。利用网络信息技术，企业能真正实现"365×24"服务模式，时差不再给世界不同区域的业务往来带来阻碍。不同地区、不同国家的企业和顾客之间可以随时进行信息交流和业务往来，这种灵活性将极大提高顾客的满意度。

（2）自动性

在先进的网络技术支持下，企业可对顾客资料和数据进行自动存储、自动查询、自动统计、自动分析，为顾客提供个性化、优质化的服务。

（3）互动性

由于因特网具有很好的互动性和引导性，客户可以通过网络在系统的引导下，对产品和服务进行选择或提出具体要求，企业可根据顾客的要求及时进行产品生产或提供相应的服务。这些都可以实现企业与顾客间的双向对话，有利于信息的沟通。

2. B2C 商务模式下客户服务的策略

B2C 电子商务要取得成功必须要有足够数量的买家，即客户。说服客户在线购物，然后还要让他们在众多的在线竞争者中选中你的公司是很困难的事。实施良好的客户服务策略，是维持网站良性稳定发展的需要。在 B2C 电子商务中，顾客在网上浏览商店提供的商品，所看到的只是商品的图片，不可能像在传统商店那样看到实物商品，通过触摸、使用来了解商品的性能，缺乏和企业面对面的交流，因此电子商务和传统企业的客户服务应有所不同。传统企业比较重视售后服务，电子商务的客户服务针对消费者的购物过程分为售前服务、售中服务和售后服务，从而在消费者购物过程的每一步都给予关注和引导，以此提高消费者的满意度和忠诚度。

（1）售前客服策略

售前阶段是指如何抓住并筛选出目标客户，是实现销售的基本问题。

首先是提供商品搜索和比较服务，现在网上有几十万家商店，而且每天都有新的在线商店加入，在每家商店，特别是大型零售商店中又有许多种类繁杂的商品。那么消费者在电子商务中遇到的一个主要问题是如何找到特定的商品。为了方便顾客购物，网上商店应提供搜索服务，使顾客可以快捷地找到想要得到的东西。另外在网上购物不像在传统商店那样可以直观地了解商品，所以网上商店还应提供一些有关商品的信息，以便顾客做出决策。

其次是为客户提供个性化服务，在消费者购买前，帮助其明确需求这个重要阶段，国内常通过价格促销、竞价排名榜的形式进行产品推荐，但由于种类繁多总让消费者有迷失方向的感觉；而国外更注重根据客户需求提供个性化的推荐服务。因此，企业应根据上网顾客的不同身份、爱好和需求，将每一名顾客视为特殊的一员对待，自动提供不同的商品信息和服务，方便顾客购买商品，让顾客有宾至如归的感觉。例如，顾客一进入网上商店，电子商务中的跟踪技术就可以盯上顾客，顾客对每个类目物品的点击，最后购买什么，在购买之前看过什么，哪一类是详细看过的，哪一类是随便翻翻的，客户在这个站点行动的轨迹全部有详细的记录。根据顾客的行为，网站可为顾客提供不同的信息。

最后是建立客户档案，对老客户进行消费诱导服务。当客户在网上商店注册时，会填写自己的基本资料，这时企业应把客户的资料保存在档案库中，当客户再次光顾时，也要把他浏览或购买的信息存入档案库，并以此为依据有针对性地开发或刺激其潜在的需求，不断开拓市场。例如，在档案中记载了某顾客在 2006 年 10 月和 2007 年 10 月都买了一份礼物，那么我们就可以推测此顾客在 10 月左右有一个比较特殊的日子，等快到 2008 年 10 月时企业就可以自动发一封 E-mail，向顾客推荐比较合适的礼物。当客户收到这样的 E-mail 一定非常高兴，因为客户认为企业非常重视他，再者客户也不需要耗费时间到处选购礼物了。但企业要掌握好推荐时机和推荐对象，不要让客户认为你是在发垃圾邮件干扰他的生活。

（2）售中客服策略

在搜寻和比较获得足够信息后，消费者将会选择要购买的产品。企业需要针对这些准目标客户，实施相应的策略，将他们转化为金字塔顶层"购物并付款"的客户，实现盈利目的。

第一，提供让客户定制产品的服务

所谓产品定制，指的是企业所提供的产品不再只局限于统一的产品，用户通过因特网在程序引导下，可对产品或服务进行选择或提出具体要求，企业可以根据顾客的选择和要求，及时进行生产并提供及时服务，使顾客能跨越时空得到满足要求的产品和服务。这样一方面可以提高顾客的满意度，另一方面企业还可以及时了解顾客需求，并根据顾客要求及时组织生产和销售，提高企业的生产效益和营销效益。

第二，提供客户跟踪定单状态的服务

当顾客在网上下单后，肯定非常关心什么时候能拿到商品，那么公司就应提供这方面的服务来满足消费者。例如，顾客在戴尔公司订购了一台电脑，戴尔的销售代理会把预计的交货时间传达给顾客，一旦顾客提交订单并收到订单编号后，客户就可以通过戴尔的网上订单状态跟踪系统从网上跟踪订单的状况。在这个跟踪系统中，客户可以登记申请戴尔的 Order Watch 服务，在订货出厂后得到通知。

第三，提供多种方便安全的付款方式

客户购买商品后的付款问题。网上商店要提供灵活多样的付款方式以方便顾客。例如，在亚马逊网上书店，顾客可以选择信用卡、现金汇款、支票结算的方式。对于让许多人顾虑重重的信用卡结算，亚马逊做出了专门的"安全消费保证"，以保障信用卡结算的安全性。并且，亚马逊表示决不在网上公开客户的卡号，卡号被存入专门的机器中，以便于保密。此外用户还可以在亚马逊中建立一个账户，预存一定额度的钱，每次订购完成之后，亚马逊会自动结账。

第四，提供应时配送服务

客户完成在线购物后，商务活动并未结束，只有商品或服务送达到顾客，商务活动才算完结。顾客在线购物最关心的问题就是所购商品能否准时到货。顾客在网上购买的，一种是实物产品，如服装、玩具和食品；另一种属于数字产品，包括音乐、电影、电视、软件、报纸、杂志、期刊、图片等。对于数字产品，可以通过网上下载服务直接实现商品的送货。对于实物产品，企业应把应时配送服务作为业务的重点。应时配送服务指的是在客户订货时就与客户协商以确定到货的时间，并按约定的时间将货物送达指定的地点，要求不能晚也不能早。

第五，提供退订服务

在如果配送还未开始能否在线修改或取消订单的问题上，国内企业的网站与最佳实践存在相当大的差异，而国外优秀企业大多可以在网上实现这个功能，而国内许多网站虽然能修改、取消订单，但往往需要通过离线方式，直接增加了顾客的成本，也降低了顾客的信任水平。所以，企业应该注意此功能的添加。

（3）售后客服策略

商品售出后，是企业维持与客户建立的关系的关键阶段。客户保持是市场竞争、企业生存发展的需要。吸引新客户的成本是老客户的 5 ~ 10 倍。优质的售后服务，带给消费者人性化的关怀，将使他们成为企业的长久合作对象。

第一，向客户提供持续的支付服务

企业可通过在线技术交流、在线技术支持、常见问题解答、资料图书馆、实时通信以及在线续订等服务，帮助消费者在购买后更好地使用商品。例如，顾客在网上购买了一台数码 DV 后，可能在使用时还需要了解如何进行功能设置、如何维护等问题。那么企业可通过在线帮助来解答顾客的问题。

第二，开展客户追踪与沟通服务

在越来越激烈的市场竞争中，再也不能认为产品卖出去就万事大吉了。企业应对所有的顾客提供追踪服务，而不再仅仅限定某一时间区间。在电子商务环境下，企业通过顾客建档，利用网络的强大优势，对顾客的售后服务应该是终身的。良好的售后服务永远是留住顾客的最好方法。例如，企业对其开发的某种软件进行版本升级，企业系统应根据顾客的记录自动向所有曾经购买本软件的顾客发送一封 E-mail，详细介绍新版本软件比原有版本的优点，并说明版本的升级方法。在电子商务环境下，对顾客的服务不再是当顾客提出某种要求时的被动反应，而是企业积极地为顾客着想，这样才能使顾客真正体会到"上帝的感觉"。当然，企业在具体提供服务时可根据服务的种类将服务区分为有偿服务和免费服务。

国内做得较好的红孩子（RedBaby），将网络社区作为和客户沟通的一个重要渠道。其论坛内容做得红火，发帖内容无保留发表，不管骂的还是夸的照单全收，是民意表达的重要平台。网站设有专人对论坛的用户反馈意见进行梳理，需紧急处理的当天就要快速转给相应部门；用户意见每周汇总一次，出现的主要问题汇集后再以邮件方式发送给高层管理人员。这样，客户有价值的反馈就能保证在第一时间内得到相应的解决。

第三，良好的退货服务

由于在线购物时，顾客不能真实、直观地了解商品，难免会出现一些差错。作为企业应提供良好的退货服务，这样可以增加顾客在线购买此商品的信心。例如，在亚马逊网上商店，顾客在拿到订货的 30 天内，可以将完好无损的书和未开封的 CD 退回，亚马逊将按原价退款。如果是亚马逊的操作失误而导致的退货，亚马逊的退款将包括运费。

在后续过程中，许多企业的现有信息系统包含丰富的有价值信息，这些信息可以在某些情况下为顾客提供增值服务。电子商务企业通常存有消费者的历史购物信息，这些信息可以通过数据挖掘等方式向顾客提供增值服务,帮助顾客确定与产品相关的支出,提高消费者的转换成本,进而构建企业差异化的竞争优势。

在电子商务发展时代,有效实施客户关系管理是企业保持旺盛生命力的强劲动力,只有客户关系管理的成功,才有电子商务的成功,也才有企业持续、快速、健康的发展。

三、客户体验 vs. 品牌

(一)客户体验的概念

在快速发展的今天,"体验"一词,已经成为企业狂热追逐的目标和传媒不遗余力争相报道的对象,更成功地转变了人们关于营销和服务的理念。那么我们究竟应该如何来定义体验呢?为了对体验的内涵和外延有一个更为深入的了解和准确的界定,我们遵循体验研究发展的历程,围绕不同领域对体验概念的界定进行一些必要的分析和探索。

1. 体验的语义学解释

从语义学上来讲,体验就是"以身体之,以心验之",在具体实践中偏向于从感性方面认识事物,强调人在亲力亲为的事件或过程中所获得的直接经验。因此它比"经验"更能给人留下深刻的印象,更能突出使人印象深刻的行为过程或结果,是更为深刻的经验。

2. 心理学领域的体验概念界定

作为心理学概念,体验是指人们在直接观看或者参与某事件的过程中对某些刺激产生的内在反应,这种反应通常会在人们的言语和表情中表现出来。心理学上,根据刺激程度的不同,体验又可以被细分为感官体验和高峰体验两个层次。其中感官体验是人的听觉、视觉、嗅觉、味觉和触觉五大感官系统对外部刺激所作出的反应,是感官需求得到满足的结果,属于一般体验。从这个意义上来说,感官体验更接近于人的"经历"。高峰体验是感官体验升华的结果,是一种更深刻的理解与领悟。感官体验是高峰体验的基础。美国有位心理学家将人们对某件事感兴趣时由于全身心投入而忘却周围环境,并且产生丧失自我的感觉或是忘了时间的存在等效应,定义为流体验,这也属于高峰体验的范畴。总之,心理学层面的体验概念能够直通客户的心灵,体现了体验的一些本质特征。正如 Pine II 和 Gilmore 认为"体验事实上是当一个人达到情绪、体力、智力甚至精神达到某一特定水平时,他意识中所产生的美好感觉";而 Schmitt 则认为"体验是在直接观看或参与某事件——无论是真实的、梦幻般的,还是虚拟的——过程中对某些刺激产生的内在反应"。心理学领域的研究,尽管尚未形成一个完整的体系,但它毕竟奠定了体验形成的微观基础。

3. 经济学领域的体验概念界定

美国著名未来学家 Toffler 在 1970 年提出了体验这一经济术语。他把体验作为经济价值来看待,认为体验是商品和服务心理化的产物,并指出"体验产品中的一个重要环节是以模拟环境为基础,让客户体验冒险、奇遇、感性刺激和其他乐趣"。但是在当时的社会经济条件下,体验的价值还没有被人们所发现。

在经济管理领域中，目前对体验的理解大致存在以下两种看法：一是从供给方面来讲，体验代表一种已经存在但先前没有被清晰表达的经济产出类型，是一种独特的经济提供物，也是企业增加产品价值的一个有效的新途径。作为体验的提供者，企业要想获得持续不断的经济增长，就必须展示具有吸引力、令人信服的体验产品以及独特的体验环境。二是从需求方面来看，体验首先仍是一个心理层次的概念，是指一个人在情绪、体力、智力甚至精神上达到某一特定水平时，他意识中所产生的美好感觉。当然，这种美好感觉可能依附于企业的产品或服务，也可能作为纯粹的体验业务而独立存在。

4. 管理学领域的体验概念界定

管理学领域关于体验的相关研究主要集中在服务营销领域，旨在通过对企业各种体验要素的设计和管理，借助于品牌体验以及体验式营销等手段为客户创造和传递有价值的独特体验，最终提高客户的满意度和忠诚度，以便增加企业的收入和利润。在研究过程中，术语"服务体验"开始被广泛运用，刚开始时，服务体验只是作为客户感知的代名词，其本身并没有被赋予确切的定义。但是随着研究工作的不断深入，服务营销领域又衍生出一个研究分支，主要是围绕客户体验的产生过程开展研究，研究重点之一是客户参与对体验的影响方式和程度。在这个过程中，部分研究者对客户参与的方式进行了研究，如 Zeifhaml 和 Bitner 将客户在服务交付过程中的角色划分为三种类型：一是生产性的资源，为服务过程提供信息和精力；二是作为自己所获得的服务质量、价值和满意的提供者；三是作为服务企业的竞争者。

随着客户参与到服务营销的研究领域并日益受到重视，学者们对体验的理解也开始逐渐接近其真实的含义。比如，Schmitt 认为"体验是在直接观看或参与某事件——无论是真实的、梦幻般的还是虚拟的过程中对某些刺激产生的内在反应"，并根据生理学、心理学和社会学的理论，从市场营销的角度提出可以把客户的体验分为"感觉、感受、思维、行动和关系"五种类型。其中，感觉营销的目的是通过感觉、听觉、触觉、味觉和嗅觉设计客户感官上的体验，通过赋予产品个性化，从而引发客户的购买动机，并增加产品的附加价值；感受营销则是通过关注客户内在的情绪和感情，努力设计一种美好的情感体验；思维营销则比较关注客户的智力因素，即通过有创意的方式激发客户独特的思考，从而为客户创造认知和解决问题的体验，这种营销方式常被用于高科技领域，但是对于其他行业的产品设计、销售等也非常适用；行动营销的目的在于影响人们的身体体验、生活方式和相互作用，通过提高人们的生理体验、展示做事情的其他方法和另一种生活方式来丰富客户的生活；关系营销却包含了感觉、感受、思维和行动营销等因素，它超越了"增加个人体验"的私有感受范畴，并且让个人与理想中的自我、他人以及社会文化产生了关联。感觉、感受、思维体验属于个人体验，关系体验则属于共享体验，而"行动体验"是个人体验与共享体验中共有的体验。

5. 客户关系管理范畴的客户体验

从体验发展现状来看，虽然从经济和管理视角对客户消费体验关注的时间还不是很长，但其发展前景良好。目前有关研究已经覆盖旅游、娱乐、教育培训、高科技、房地产等多个行业；并且体验已经越来越多地跟企业经营、客户与企业之间的互动联系在一起。从经济价值方面来挖掘体验的深意，从客户关系角度来实现体验的价值，真正体现了时代的不断进步与客户关系开发的深入。总结已有研究成果，在客户关系管理的范畴内，我们将体验定义为客户与企业在交互过程中，企业对客户心理所产生的冲击和影响。根据这一定义，体验源于客户与企业在各个接触点上的交互。如果在这个过程中企业带给客户的是一种积极的影响，就会传递给客户独特的、有价值的正面体验；否则，就会带给客户消极的负面体验。由于该范畴内体验的主体通常是客户，因此也可称之为客户体验。

6. 网络客户体验

对应跨境电商领域，体验是客户对网络产品的综合印象和感觉。在网络经济环境下，客户体验具有如下特征。

①利月互联网交互性特点，客户能实现高度参与。

②客户体验具有较高的动态性，表现在客户在不同时间、不同状态下，对同一产品的感觉是不一样的。

③客户体验具有个性化、人性化的特点。

④客户体验具有技术集成性的特点。

⑤买卖双方通过网络交互界面发生联系。

网络客户体验包括感官体验、情感体验、思考体验、行为体验四个方面，体现在客户与购物过程有关节点上的内容、功能、性能和可得性。

感官体验，主要指网站给客户留下的第一印象，漂亮、古朴和简洁等用来形容风景、图画的词语都可以用来概括客户的感官体验。作为网站交互体验设计的第一层，感官体验主要通过网站的整体形象来创造，核心是网站的主题风格和用户界面设计。

情感体验关系到客户访问网站时的好恶情绪和态度心情。情感体验设计的核心是激发客户的共鸣心理。这需要深刻理解客户的访问期待，找到那些能够刺激用户的设计要素，才能吸引客户进一步的关注和参与。

思考是客户参与的前提。之前的感官和情感体验更多的是一种条件反射式的流露，而客户的思考体验则是一个相对理性的过程。如何出乎意料地激发客户的兴趣，引起客户的好奇心，并激励客户去思考，去了解和使用你的网站，是这一层次主要考虑的问题。考虑这个问题之前，首先要扪心自问一下，网站中有什么是值得用户思考的。

行为体验就是客户使用网站过程中的感受。这种感受来源于很多方面，包括功能、视觉和可用性等。但如果分析客户在网站上的所有操作行为，无非只有两类：一类是需要点击鼠标的，一类是需要键盘输入的。行为体验是 Web 2.0 网站交互体验设计的最后一个层次，其实施效果与之前三个层次密切相关，是一个统筹协作的阶段，这个层次的行为体验设计核心在于客户行为优化。客户行为优化，也就是网站操作的便捷程度，主要体现在减少无效点击、简化注册流程、厘清访问路径这三个方面。

优秀的体验一般具有如下特征。

①为客户提供清晰的目标，告诉用户能够完成什么任务。

②为客户的选择提供及时反馈，让客户感觉目标容易达到。

③更有效率的设计，让客户能够更高效地完成操作。

④让客户总有新的发现，避免枯燥的感觉。

⑤情感的一致性，不同部分之间、线上和线下之间的承诺、情感、规则等是一致的，避免产生受骗的感觉。

糟糕的体验一般具有如下特征，且不仅限于这几条。

①经常访问中断、载入速度慢。

②破坏了用户原有的习惯操作。

③学习难度大。

④产品架构不清晰。

⑤功能贫乏。

⑥明显的引诱或欺骗。

⑦不友好的表达。

要在客户经济中取得成功，就要为客户创造完美的消费体验。这种体验要与所有销售渠道和接触网点所体现的品牌个性和品牌形象一致。客户体验是一个从品牌内涵到具体触点策略的完整体系。

对于一个营销网站而言，客户与网站的触点构成了一个让客户感知企业产品与服务的情景平台。艾瑞网专栏作家李翠芬总结了网络用户体验的关键触点，共分为 5 个方面，76 个体验点。

1. 感官体验

感官体验呈现给用户视听上的体验，强调舒适性。

①设计风格：符合目标客户的审美习惯，并具有一定的引导性。网站在设计之前，必须明确目标客户群体，并针对目标客户的审美喜好，进行分析，从而确定网站的总体设计风格。

②网站 LOGO：确保 LOGO 的保护空间，确保品牌的清晰展示而又不占据过多空间。

③页面速度：正常情况下，尽量确保页面在 5 秒内打开。如果是大型门户网站，必须考虑南北互通问题，进行必要的压力测试。

④页面布局：重点突出，主次分明，图文并茂。与企业的营销目标相结合，将目标客户最感兴趣、最具有销售力的信息放置在最重要的位置。

⑤页面色彩：与品牌整体形象相统一，主色调＋辅助色不超过三种颜色。以恰当的色彩明度和亮

度，确保浏览者的浏览舒适度。

⑥动画效果：与主画面相协调，打开速度快，动画效果节奏适中，不干扰主画面浏览。

⑦页面导航：导航条清晰明了、突出，层级分明。

⑧页面大小：适合多数浏览器浏览（以 15 英寸及 17 英寸显示器为主）。

⑨图片展示：比例协调、不变形，图片清晰。图片排列既不过于密集，也不会过于疏远。

⑩图标使用：简洁、明了、易懂、准确，与页面整体风格统一。

⑪广告位：避免干扰视线，广告图片符合整体风格，避免喧宾夺主。

⑫背景音乐：与整体网站主题统一，文件要小，不能干扰阅读。要设置开关按钮及音量控制按钮。

2. 交互体验

交互体验呈现给用户操作上的体验，强调易用／可用性。

①会员申请：介绍清晰的会员权责，并提示用户确认已阅读条款。

②会员注册：流程清晰、简洁。待会员注册成功后，再详细完善资料。

③表单填写：尽量采用下拉选择，需填写部分注明要填写内容，并对必填字段做出限制，如手机位数、邮政编码等，避免无效信息。

④表单提交：表单填写后需输入验证码，防止注水。提交成功后，应显示感谢提示。

⑤按钮设置：对于交互性的按钮必须清晰突出，以确保用户可以清楚地点击。

⑥点击提示：点击浏览过的信息需要显示为不同的颜色，以与未阅读内容区分，避免重复阅读。

⑦错误提示：若表单填写错误，应指明填写错误之处，并保存原有填写内容，减少重复工作。

⑧在线问答：用户提问后后台要及时反馈，后台显示有新提问以确保回复及时。

⑨意见反馈：当用户在使用中发生任何问题，都可随时提供反馈意见。

⑩在线调查：为用户关注的问题设置调查，并显示调查结果，提高用户的参与度。

⑪在线搜索：搜索提交后，显示清晰列表，并对该搜索结果中的相关字符以不同颜色加以区分。

⑫页面刷新：尽量采用无刷新（Ajax）技术，以减少页面的刷新率。Ajax 是新兴的网络开发技术的象征。它将 Java 和 XML 技术结合在一起，用户每次调用新数据时，无须反复向服务器发出请求，而是在浏览器的缓存区预先获取下次可能用到的数据，界面的响应速度因此得到了显著提升。

⑬ 新开窗口：尽量减少新开的窗口，以避免开过多的无效窗口，设置弹出窗 1∶1 的关闭功能。

⑭ 资料安全：确保资料的安全保密，对于客户密码和资料进行加密保存。

⑮ 显示路径：无论用户浏览到哪一个层级，哪一个页面，都可以清楚看到该页面的路径。

3. 浏览体验

浏览体验呈现给用户浏览上的体验，强调吸引性。

①栏目的命名：与栏目内容准确相关，简洁清晰，不宜过于深奥。

②栏目的层级：最多不超过三层，导航清晰，运用 JavaScript 等技术使层级之间伸缩便利。

③内容的分类：同一栏目下，不同分类区隔清晰，不要互相包含或混淆。

④内容的丰富性：每一个栏目应确保足够的信息量，避免栏目无内容情况出现。

⑤内容的原创性：尽量多采用原创性内容，以确保内容的可读性。

⑥信息的更新频率：确保稳定的更新频率，以吸引浏览者经常浏览。

⑦信息的编写方式：段落标题加粗，以区别于内容。采用倒金字塔结构。

⑧新文章的标记：为新文章提供不同标识（如 new），吸引浏览者查看。

⑨文章导读：为重要内容在首页设立导读，使得浏览者可以了解到所需信息。文字截取字数准确，避免断章取义。

⑩精彩内容的推荐：在频道首页或文章左右侧，提供精彩内容推荐，吸引浏览者浏览。

⑪相关内容的推荐：在用户浏览文章的左右侧或下部，提供相关内容推荐，吸引浏览者浏览。

⑫收藏夹的设置：为会员设置收藏夹，对于喜爱的产品或信息，可进行收藏。

⑬ 栏目的订阅：提供 RSS 或邮件订阅功能。

⑭信息的搜索：在页面的醒目位置，提供信息搜索框，便于查找到所需内容。

⑮ 页面打印：允许用户打印该页资料，以便于保存。

⑯文字排列：标题与正文明显区隔，段落清晰。

⑰ 文字字体：采用易于阅读的字体，避免文字过小或过密造成的阅读障碍。可对字体进行大中小设置，以满足不同的浏览习惯。

⑱页面底色：不能干扰主体页面的阅读。

⑲页面的长度：设置一定的页面长度，避免页面过长而影响阅读。

⑳分页浏览：对于长篇文章，要进行分页浏览。

㉑语言版本：为面向不同国家的客户提供不同的语言浏览版本。

㉒快速通道：为有明确目的的用户提供快速入口。

4. 情感体验

情感体验呈现给用户心理上的体验，强调友好性。

①客户分类：将不同的浏览者进行划分（如消费者、经销商、内部员工），为客户提供不同的服务。

②友好提示：对于每一个操作进行友好提示，以增加浏览者的亲和度。

③会员交流：提供便利的会员交流功能（如论坛），增进会员感情。

④售后反馈：定期进行售后的反馈跟踪，提高客户满意度。

⑤会员优惠：定期举办会员优惠活动，让会员感觉到实实在在的利益。

⑥会员推荐：根据会员资料及购买习惯，为其推荐适合的产品或服务。

⑦鼓励用户参与：提供用户评论、投票等功能，让会员更多地参与进来。

⑧会员活动：定期举办网上会员活动，提供会员网下交流机会。

⑨专家答疑：为用户提出的疑问进行专业解答。

⑩邮件／短信问候：针对不同客户，为客户定期提供邮件／短信问候，增进与客户之间感情。

⑪好友推荐：提供邮件推荐功能。

⑫网站地图：为用户提供清晰的网站指引。

5. 信任体验

呈现给用户的信任体验强调可靠性。

①搜索引擎：查找相关内容可以显示在搜索引擎前列。

②公司介绍：真实可靠的信息发布，包括公司规模、发展状况、公司资质等。

③投资者关系：上市公司需为股民提供真实准确的年报、财务信息等。

④服务保障：将公司的服务保障清晰列出，增强客户信任。

⑤页面标题：准确地描述公司名称及相关内容。

⑥文章来源：为摘引的文章标注摘引来源，避免版权纠纷。

⑦文章编辑、作者：为原创性文章注明编辑或作者，以提高文章的可信度。

⑧联系方式：准确有效的地址、电话等联系方式，便于查找。

⑨服务热线：将公司的服务热线列在醒目的地方，便于客户查找。

⑩有效的投诉途径：为客户提供投诉或建议邮箱或在线反馈。

⑪安全及隐私条款：对于交互式网站，注明安全及隐私条款可以减少客户顾虑，避免纠纷。

⑫法律声明：网站法律条款的声明可以避免企业陷入不必要的纠纷中。

⑬网站备案：让浏览者确认网站的合法性。

⑭相关链接：对于集团企业及相关企业的链接，应该具有相关性。

⑮帮助中心：对于流程较复杂的服务，必须具备帮助中心进行服务介绍。

这些体验触点及每个触点所传递的价值，需要以企业将要提供的 EVP 及体验定位为依据，并以此将各个点串联起来。而目前很多网站对于个别触点在技术层面往往倾注更多，但整体的定位与 EVP 却相对薄弱。正如前面所提到的，体验是双方沟通的结果，在缺少整体设计的情景中，客户难以获得整体的、一致性的体验效果。

成功的客户体验，其基础是一个被明确表达的战略，因此战略是客户体验设计的起点。网络客户体验平台包括三个策略内容：体验定位、体验价值（EVP）、全面实施主题。体验定位描述了品牌代表什么，体验价值描述了客户能得到什么，全面实施主题总结了中心信息的内容和形式。红牛（Red Bull），一种功能饮料，是成功实施体验平台的例子。在欧洲和美国，红牛在喜欢夜总会的年轻人中很流行。这种饮料含有咖啡因和牛磺酸及普糖醛酸基转移酶，牛磺酸是新陈代谢的载体，因为它有解毒作用，能加强心肌收缩；普糖醛酸基转移酶帮助清除有害物质，加速新陈代谢。红牛的体验定位是

"瓶里的能量"，它的 EVP 是"巩固心脏，加速新陈代谢，战胜疲劳"，实施主题是适应社会上各种有趣的活动：对全世界迷上夜总会的人来说，喝红牛就像注射了一针能量剂，这能帮助他们跟上越来越快的音乐。

案例

亚马逊的网络体验个性化

亚马逊是第一个使网上体验个性化的公司之一。如果你是回头客，网站以你自己的名字来称呼你。根据你上次上网和搜索的习惯，网站给你建议：书籍、音乐、DVD、厨房小物品等，都是和你上次买的相似的东西。假如你知道自己要找的书名，在搜索框里敲进书名，就到了这本书的网页，不仅容易买到这本书，也容易搜索到相似的书，而且能找到其他人是如何评价这本书的。网页上提供本书的主要信息，包括库存情况，你可以知道这本书的订单安排情况。所有这些设计目前已经被众多的网上书城仿效。

为了增加网上书籍搜索的美好体验，亚马逊增加了独特的"打开封面看看"的特色服务——用户可以浏览书中真实的一页。这个特色使客户充分得到像在书店拿起一本书并翻动书页的感觉。客户可以阅读封底的文字，查看目录，并读几页以大概了解书的主旨。

亚马逊随着因特网的发展而发展，不断增加小创新并使之变成网上的客户体验。亚马逊作为现代的网上零售商，以持续创新来满足客户期望。

（二）客户体验是客户价值提升的源泉

无论是产品还是服务，只要能够为消费者传递有益的体验，其价值就可以在一般的产品或服务之上，其价格要比普通的高出很多倍。而纯粹为消费者传递体验的活动，如音乐会、球赛等，也同样都是价格不菲。既然如此，这种看似暴利的盈利方式为什么会一直存在而没有遭到消费者的抵制与唾弃呢？这一行为背后是否潜藏着一些符合市场演化规律的东西呢？答案是肯定的。

消费者之所以会购买一件产品或服务，是因为这些产品或服务能满足自己某方面的需求，从而实现自身的一定价值，并且愿意为这些价值的实现而付出相应的价格。因此，与消费相联系的客户价值问题一直是学者们感兴趣的话题，他们从经济、社会、心理甚至精神的角度展开研究，最后得出的基本结论是：价值的大小取决于客户自身的需求好恶，只有客户本人才能决定通过购买将获得什么样的价值，只有客户本人才能清楚是否物有所值。

在商业社会里，无论企业的产品质量多么好，提供的服务多么周到，但是如果这些产品不符合客户的需求，其价格也不会很高。生活中可能很多人都碰到过被别人推销产品的情形，虽然对方一再声称自己的产品设计多么新颖、功能多么齐全、价格多么优惠，但却忽略了最重要的因素，那就是客户自己的需要。由于没有针对性，不考虑客户是否有需求，这样推销的成功率很低，甚至还会引起客户的反感与抵制。生活中这样的例子比比皆是，究其原因，就是销售人员没有真正站在客户的立场考虑其所求与所斥，分析其在特定环境下的价值取向。因此，有效地赢得客户，理解其价值取向就显得尤为重要。客户判断价值的标准有很多，LaS'alle 和 Brittan 在《体验——从平凡到卓越的产品策略》一书中谈到价值的本质时指出，人们衡量价值的标准既有主观的，也有客观的，分别称为主观价值和客观价值。"客观价值通常涉及产品的核心本质或其固有价值"，而"主观价值则是基于产品的象征意义和其相关价值"。这也说明，消费者在衡量价值时，更多的是用主观标准和客观标准，而不是其他标准。

从马斯洛的层次需求理论中，我们不难看到客户追求的价值实现层次的影子。人们首先要满足基本的生理需求，在此之上要满足安全、社会认可和尊重需求，最高层次则要满足自我发展和自我实现的需要。客户的购买行为往往也遵循了这一需求层次的次序，如果说以往的产品可以满足低层次的需求，服务可以满足中等层次的需求，体验则可以满足最高层次的需求。在时间变得越来越珍贵，可支配收入也变得越来越多的今天，自我发展和自我实现恰恰是客户越来越迫切地需要实现的需求与价值。弄清楚这一点后，我们对体验作为经济提供物的必然性也就理解了。

再稍微变换角度，让我们来考查一下客户购买产品服务过程中价值实现的层次。Woodruff 和 Gardial 在其著作《洞察你的客户》中将客户价值划分为属性层、结果层和最终目的层共三个层次，这三个层次自下而上逐渐抽象化，并越来越同客户相关联。客户首先接触和感知到的是产品服务的属性特征，属性层是价值实现层次中的最低层次，在这个层次上，客户一般用属性来描述产品。比如，一辆车的属性可能包括：车门的设置、椅子的大小、内部装修的豪华程度、耗油率等。结果层位于价值层次结构的中间位置，它是客户对产品使用结果的一种主观判断。比如，产品能为客户提供什么，或者产品能给客户带来什么样的结果等。最终目的层是个人、家庭、购买单位或企业等客户群体最基础、最基本的驱动力，它从最抽象的层次上定义了深藏于人们心中的价值，如内心的安静、生活的舒适、某种程度的成就等，它们也是以产品或服务为手段将要实现的最终目标。属性层与结果层二者之间的主要区别在于，前者主要关注产品或服务本身，而后者则更多地关注产品或服务给客户带来的结果。位于层次价值结构最顶端的最终目的层，则会有意识地影响客户购买和使用产品的决定，它体现了客户的核心价值、意图和目标。

值得注意的是，近年来，许多企业已经习惯于用属性来定义将要生产的产品或者提供的服务，客户满意度测量就是这一现象的有力证据。这种测量几乎完全是针对产品属性或特性来测量客户是否满意。虽然理解和改进产品属性十分重要，但是如果企业仅仅将注意力停留在属性层，而不考虑价值层次中的较高层次，那么真正提高客户价值的愿望就会成为一种奢望。

体验无论是依附于产品或服务，还是独立存在，都蕴含着客户目的层的价值观。客户价值的提升造成客户对更高层次需要的追求，于是作为奢侈品的体验产品便应运而生。体验产品以及将体验融入其中的产品服务，都可以给客户带来更多的利益，也更有利于实现其较高层次的价值；同时，体验为传统的产品和服务提供了更高的附加价值，于是现在不少产品和服务能够以高于以往很多的价格来出售，纯粹的体验产品也因自身的独特性而价值不菲。可见，由体验自身的特征所决定，关注客户体验的创造与传递，是体验经济中企业提升客户价值，即实现最高层次价值的必要渠道，也是企业提升客户价值的源泉。

四、品牌

如果说客户体验是客户价值提升的源泉，那么品牌则代表一种诚信和信仰，是客户对企业保持忠诚度的纽带。因此，了解品牌的含义、意义以及如何策划品牌对提高客服质量同样显得重要。

（一）品牌的定义

品牌是用以识别某个销售者的产品或服务，并使之与竞争对手的产品或服务区别开来的商业名称及其标志，通常由文字、符号、标记、图案、颜色等要素或这些要素的组合构成。品牌不仅是用于区分企业产品或服务的名称与符号的一种识别标志，更是企业产品与服务价值的核心体现。品牌策划的实质是通过品牌上对竞争对手的否定、差异、距离来引导目标群体的选择。

（二）品牌的意义

人们已经越来越认识到品牌是企业占领市场的主要资本之一，而资产又被细分为有形资产和无形资产两部分。有形资产可以用财务来描述，而消费者对品牌的印象，就是企业的无形资产。

品牌作为巨大的无形资产和最佳经济效益的载体，它不仅显示了一个企业的创新能力，也是市场竞争能力和发展后劲的重要标志，是企业经济实力的重要标志和宝贵财富。如果说产品是市场对企业的印象的主要载体，那么品牌就是某一产品用以区别其他竞争者的有形资产和无形资产的总和，它的现实意义具体体现在以下四个方面。

①一旦企业品牌形成后，企业就可以利用其品牌优势进一步扩大市场占有率，从而扩大消费者对品牌的信任。

②一般的市场价格是定位在产品的成本区间附近的，会根据市场需求程度而上下浮动。而品牌形成的价格，可将优良的无形资产包容在产品价格中，例如，优良的星级服务、产品的优良质量、新颖的理念等，良好的品牌能固定销售价格、能稳定市场价格、减少经营风险。

③一个新产品要进入市场，市场前景是不可测定的，而且企业投入成本也是相当高的。利用企业的品牌，将新产品引入市场，能降低新产品入市的波动风险。

④企业品牌优势一旦确立，企业可以通过注册专利等法律手段，保护自己的产品设计不受模仿者的侵害。

品牌对于消费者而言，代表一种诚信和信仰，有助于消费者识别产品的来源或产品的制造厂家，从而有利于保护自身的权益，有助于避免消费者购买风险产品，降低消费者的购买成本。品牌代表着产品的品质、特色，确认品牌购物可缩短消费者的购买过程。消费者常用品牌来定位自己的身份和地位。品牌商品一方面可以满足消费者身体、心理的需求，另一方面可以上升为符号并纳入整个社会文化系统中去。

（三）品牌的策划

所谓品牌策划，就是如何合理使用品牌和发挥其积极作用的方法和对策。在这一方面，企业面临着以下若干种不同的抉择。

1. 品牌化策划

使用品牌固然可以给企业带来好处，但也会增加成本费用，如品牌设计、注册申请、印刷，特别是市场宣传的费用。有调查显示采用简单包装或是无包装的非品牌产品可以降低产品售价的20%～40%，从而使产品以较低的价格参与市场竞争。例如，近年来，在英国、美国等国家就出现了一种"非品牌化"趋势，有些产品如纸巾、面条、袜子等不用品牌，称为"不注册产品"，以节省广告和包装费用，降低成本和售价，进而增加市场竞争力，这些非品牌产品的价格通常会比全国性品牌低30%～50%。因此，产品是否使用品牌、商标应根据实际情况和需要而定。通常下列情况的商品可以不使用品牌。

①商品本身并不具有因制造者不同而形成不同特点的产品，即所谓的匀质产品。只要规格相同，不同企业的产品质量基本上是无差异的，如水泥、矿石等。

②消费者在购买习惯上不辨认品牌的产品，如盐、米、中低档的袜子等。这样的产品人们往往习惯上通过观察来辨别好坏，不需要通过品牌来识别。

③为下游企业提供原料或零配件的产品由于不直接面向最终消费者，一般也没有创建品牌的必要，只要把好产品质量关即可。

2. 品牌所有权策划

由于消费者对所要购买的产品并不具备充分的选购知识，所以消费者在购买产品时除了以产品的制造者的品牌作为选择依据外，还根据经销者的品牌做出选择。消费者当然是希望购买具有良好信誉的商家出售的产品，因此产品制造者就需衡量品牌在市场上的声誉，在采用谁的品牌上做出选择。一般如果企业在一个新的市场上销售产品，或者市场上本企业的信誉不及其经销者的信誉，则适宜采用经销者的品牌，等到这种产品已为市场接受后，取得消费者信任，也可以转而使用制造者的品牌，或者同时使用经销者品牌和制造者品牌。从品牌所有权上看，生产企业可以选择生产者品牌策略、中间商品牌策略或是混合品牌策略。

（1）使用生产者品牌

在产品销售时使用制造商的品牌。一般来说，实力雄厚的大生产企业，都是使用自己的品牌，甚至不惜付出很大的代价，创立自己的品牌或商标。对于制造商来说，使用自己的品牌有以下好处：制造商拥有控制产品销售的主动权；有利于制造商在市场上树立本企业的形象和信誉，培养消费者对本企业的忠诚，为今后创名牌打下基础；制造商可以获得较高的收益；良好品牌本身就是企业的一笔无形资产。同时，采用这一策略也有不利之处：制造商需要承担巨大的分销、促销费用，可能会失去自己品牌或商标的中间商的支持。

（2）使用中间商品牌

在产品销售时使用中间商的品牌。对于一些生产企业，如果在市场上其商誉远不如中间商高，对其销售产品的市场不是很熟悉，就可以利用信誉好、名气大的中间商品牌使自己的产品尽快被消费者所接受。例如，日本的电子产品初入美国市场时滞销，后来用了美国著名的西尔斯百货公司的品牌，迅速打开了美国市场。对于制造商来说，使用中间商的品牌有以下优点：制造商可以节省费用、降低产品成本；制造商可以利用中间商的市场信誉和销售渠道，扩大其产品的销售；由于中间商有较强的营销能力和较丰富的营销经验，可以降低制造商的经营风险。但是，也有缺点：制造商受制于中间商，在产品销售中缺乏自主权；制造商使用中间商的品牌需支付一定的费用，并且中间商还可能压低价格，使制造商利润降低；中间商可能同时销售各个企业的不同种类的产品，为保持各个企业产品质量的一致性，从而使质量好的产品受到质量差的产品的影响。

（3）混合品牌策略

在产品销售时，一部分产品使用制造商的品牌，另一部分产品则使用中间商的品牌。企业采用这种策略，可以使制造商和中间商都拥有一定的营销主动权，增加了产品销售的稳定性，兼有前两个策略的优点。但是，制造商和中间商双方各有一套促销策略，这将会出现自相竞争的局面，并且都需要支付推销、广告费用。

3. 家族品牌策划

如果企业生产或经营若干种不同种类的产品，它就必须要考虑，各种产品是使用统一的品牌还是不同的品牌，即使用统一品牌还是使用个别品牌。

（1）使用统一品牌

统一品牌策略指企业的全部产品使用同一个品牌。这样可以使企业节省品牌设计、推广费用，有利于企业利用原有的品牌声誉使新产品顺利进入市场。例如，佳能公司、东芝公司、夏普公司的产品均采用统一品牌。但是，统一品牌则也具有一定的风险，如果其中有一种产品营销失败就可能影响整个企业的声誉，波及企业其他产品的营销。例如，"派克"一直以来都是高档钢笔的代名词，可企业在开发廉价钢笔市场时仍然坚持使用"派克"的品牌，结果低档市场没有站稳，高档市场也差一点儿丢掉。因此企业采用统一品牌策略需要具备两个条件：第一，品牌在市场上已获得一定的声誉；第二，采用统一品牌的各种产品具有相同的质量水平。如果各类产品的质量水平不同，使用统一的品牌，可能会损害本企业已具有较高质量水平产品的声誉。

（2）使用个别品牌

个别品牌策略指企业对其不同的产品采用不同的品牌。这样可以分散产品营销的市场风险，避免因某种产品失败所带来的影响，也有利于企业开发不同档次的产品，满足不同层次消费者的需求。但使用个别品牌策略，企业要增加品牌设计和市场推广的投入费用。如果企业的资金雄厚，产品类型较多，产品线之间的相关程度较小，企业的生产条件、技术专长在各产品上有较大的差别时，采用个别品牌策略比较有利。例如，上海联合利华公司生产的烟膏名为"洁诺"，洗衣粉名为"奥妙"，香皂名为"力士"，护肤霜名为"旁氏"，洗发水名为"夏士莲"，冰淇淋名为"和路雪"，等等。这样做可以使不同的产品显示出不同的个性，对应不同的目标市场更好地满足顾客的不同需求。一旦某一种品牌出了问题，也不至于连累到其他品牌。

统一品牌策略和个别品牌策略可以分开使用，也可把它们结合起来，并行使用，形成并行策略。采用这种策略的出发点是为了兼收两者的优点。一个拥有多条产品线或者具有多种类型的产品的企业可以考虑采用并行策略。例如，海尔生产多种类型家用电器产品，每类产品都采用海尔统一总品牌，而各类产品又分别使用不同子品牌，如"王子"冰箱、"探路者"电视机、"小松鼠"电熨斗等。

4. 品牌更新策划

企业确立一个品牌，特别是使用知名品牌需要较高的费用，因此一个品牌一旦确立不宜轻易的更改。但有时当企业认为继续使用原有品牌不利或不宜时，就应当及时采取更新品牌策略。导致这种情况的原因可能如下：

①原品牌产品出了问题，如质量缺陷等。

②原品牌的市场位置遇到强有力竞争，市场占有率下降，品牌形象受损。

③消费者偏好转移。

④原品牌陈旧过时，与产品的新特点或市场变化不相符等。

⑤借用品牌策划。

对于一个实力较弱的小企业，有时可以借用大企业的品牌。所谓借用品牌策略，即在征得品牌出借者同意的前提下，按所借品牌要求的质量和特点进行生产，并标上借用来的品牌。运用这种策略，在借入和借出人双方之间，往往要建立某种联营形式，借入方还要把一部分收入付给对方。采用这种策略可帮劲小企业打开市场，节省大量开拓费用。缺点是借入方的生产经营要受到对方的控制，且自己的品牌形象难以建立等。因此，对于欲求得长远发展的企业，采用这种策略只能作为权宜之计，不宜长期采用。

案例

宝洁公司的多品牌营销策略

宝洁公司的经营特点是种类多，从香皂、牙膏、漱口水、洗发精，护发素、柔软剂、洗涤剂，到咖啡、橙汁、烘焙油、蛋糕粉、土豆片，再到卫生纸、化妆纸、卫生棉，感冒药、胃药，横跨了清洁用品、食品、纸制品、药品等多种产品。其中，许多产品大多是一种产品多个牌子。以洗衣粉为例，该公司推出的牌子就有"汰渍""洗好""欧喜朵""波特""世纪"。在中国市场上，香皂用的是宝洁的"舒肤佳"，牙膏用的是宝洁的"佳洁士"，卫生巾用的是宝洁的"护舒宝"，等近十种品牌，仅洗发水宝洁公司就有"飘柔""潘婷""海飞丝"三种品牌。

宝洁公司经营的多种品牌策略不是把一种产品简单地贴上几种商标，而是追求同类产品不同品牌之间的差异，包括功能、包装、宣传等诸方面，从而形成每个品牌的鲜明个性。这样，每个品牌都有自己的发展空间，市场就不会重叠。以洗衣粉为例，宝洁公司设计了九种品牌的洗衣粉——"汰渍""奇尔""格尼""达诗""波德""卓夫特""象牙雪""奥克多"和"时代"。他们认为，不同的顾客希望从产品中获得不同的利益组合。有些人认为洗涤和漂洗能力最重要，有些人认为使织物柔软最重要，还有人希望洗衣粉具有气味芬芳、碱性温和的特征。于是宝洁公司就针对洗衣粉的九个细分市场，设计了九种不同的品牌。宝洁公司就像一个技艺高超的厨师，把洗衣粉这一看似简单的产品，加以不同的佐料，烹调出多种可口的大菜，不但从功能、价格上加以区别，还从心理上加以划分，赋予不同品牌以独特的个性。通过这种多品牌策略，宝洁公司已获得了美国巨大的洗涤剂市场空间，目前市场份额已达到55%，这是单个品牌所无法达到的。[①]

五、客户体验与品牌之间的相互影响

一个品牌能够表达六层含义，即产品属性、功能和情感利益、价值观、企业文化、产品的个性以及使用者的特性。其中，能使一个品牌持久生存的是其个性、文化和价值观。体验营销在注重产品功能和特点的同时更注重向消费者传递产品的价值和内涵，如果这种体验所带来的感受与消费者的生活方式或情感能产生共鸣，那么品牌作为传递的载体，其价值就会在这个过程中不断的攀升。例如，星巴克的产品就是咖啡，而生产技术也就是将咖啡豆变成咖啡，没有高度的核心技术，帮助它在市场脱颖而出的是独一无二、原汁原味的星巴克体验，这些都是靠理念和品牌在支持，所以消费者认同星巴克，愿意为享受体验而买单，就是在提升其品牌的含金量，所以说，体验营销能够实现企业与消费者的双赢，即体验营销通过提供体验满足顾客，通过满足顾客提升品牌价值。

品牌不仅仅是产品或服务的名称，品牌之所以成为品牌，一定具有极其鲜明的"个性"，这种独特的"个性"，牢牢地把消费者吸引，使之过目不忘、印象深刻，促使消费者进行业务体验。品牌是知名

---

① 郑方华. 营销策划技能案例训练手册 [M]. 北京: 机械工业出版社, 2006: 248—253.

度、承诺与体验的总和，无形的品牌是消费者所有体验的精神寄托。

体验营销的威力就在于使顾客以个性化的方式参与企业的活动，通过体验对品牌产生情感寄托，进而希望获得更多的体验。体验营销能使消费者真正成为品牌的主人，促使消费者接受品牌所传递的信息并且产生消费的动力，从而成为品牌的忠诚顾客。简而言之，企业营销的最高境界就是使顾客通过理解欣赏企业及其品牌文化而对品牌产生忠诚度。

体验营销在产品同质化、竞争激烈的情况下，企业的品牌往往成为决定顾客购买的最后因素，也是使企业具有持久竞争力的战略性资源。体验营销可以提高品牌的竞争力，为顾客提供满意的体验是体验营销战略的重点，这就要求企业必须充分了解潜在的目标顾客群，找出顾客的意愿、渴望、特性以及生活方式，大量收集资讯，分析相关数据，找出他们的期望与实际体验的差距。企业只有透彻地了解这些后，才知道应该怎样为顾客创造和增加其所追求的价值，也最终才能增强体验和提升品牌。企业想要强化自己的品牌，就要努力使消费者在体验的过程中时时刻刻感知品牌的存在。品牌形象的定位是品牌战略的基石，企业无论追求何种营销策略，都需先有一个深入、清晰而一贯的品牌定位，将品牌的功能、特征与消费需求联系起来。只有恰当定位的品牌核心形象，才能使品牌显示出独特的个性和特定的文化内涵，使顾客产生特殊的体验。因此，企业向顾客提供的体验必须与自身的定位和品牌所传递的理念相一致，只有这样，才能树立起良好的企业形象，有力地吸引目标顾客，给顾客留下必要的感受烙印。

无论是对企业还是消费者来说，品牌意识是非常重要的，只有致力于提供与众不同的体验，营造出一种品牌化的体验营销体系，让消费者需要某种体验时自然产生主导型品牌联想。例如，提到健康、美态、欢乐的体验大家就会想到屈臣氏。这样的体验就是成功的，企业要让实施的每一次体验活动构成一个连贯的体系，给顾客营造一种独特唯一的品牌化的体验氛围，不断强化其对品牌的潜意识，进而建立体验与品牌的直接对应关系。显然，业务体验营销与企业品牌文化建设之间存在有机的密切联系。

六、跨境电商客户服务产业的发展趋势

随着市场的日益开放，竞争逐渐变得激烈，客户服务日渐成为竞争的重点。企业无论大小，产品或服务无论简单或复杂，客户服务都已经成为企业参与竞争的法宝。经济学家认为，我们生活在服务经济时代，每个人都在享受他人的服务，同时也为他人提供服务。有了享受服务的经历，我们的客户对优质服务的要求也将越来越高。

（一）从"竞争形势"中看客户服务

当今的市场竞争已从简单的产品竞争上升到顾客服务方面的竞争，如何做到顾客完全满意已成为企业在市场竞争中取胜的关键。因此，顾客完全满意（TCS）正成为营销理论的一个重要组成部分，

也有越来越多的企业正在推行它。但为什么大家做了以后的实际效果却大相径庭呢？

案例

海尔洗衣机和康佳彩电的服务对比

一位顾客同时买了康佳的电视和海尔的洗衣机。康佳彩电买回来后。遥控器没有电池，也没有闭路连接线，需要另外去买。顾客自己调试后效果很差，电话求助又经常占线，好不容易打通了电话，服务人员说会通知师傅上门服务，可左等右等就是不见来，如此4天连续8次电话，直到忍无可忍的时候服务人员才到。顾客以为海尔也不会好到哪里去。

海尔洗衣机的进水管接头接上去以后漏水，顾客只得试着向海尔的服务电话求助。海尔的客服完全出乎意外，接线小姐很有职业水准，询问又快又准，虽然大中午热气逼人，服务人员仍在3个小时以内赶到了，很快接好接头。这情景令人十分感动，顾客留他喝水吃饭但均被婉言谢绝，临走时服务人员还掏出几个海尔钥匙扣留给顾客作为纪念品，这样的客户服务真是无微不至！至此顾客以为可以告一段落了，不曾想，3个小时以后，服务小姐又打来电话，询问对服务的意见，并告诉顾客："我们的师傅说您家的水压太大，您要注意开水管时不要开得太大。"云云。客服的细致周到简直让人佩服得五体投地。后来不小心水管接头又一次被冲开，顾客再次向海尔服务中心求助，他们仍然一如既往，服务还是那样的标准，那样的一丝不苟。

这个案例发生在2005年，对比目前两家企业在家电行业的份额，我们不得不相信客服直接影响着企业的竞争地位。

"海尔"是一个服务的品牌。海尔产品的质量好吗？不能说是特别好。价格怎么样？是很贵的。海尔空调的价格和进口空调的价格持平，海尔冰箱的价格和进口冰箱价格也是持平的，比其他牌子的冰箱贵一千多元钱，它没有价格优势。

海尔产品的价格确实没有任何竞争优势，质量在国内也不算最好，甚至在做客户调查的时候，很多客户都说春兰空调质量比海尔空调质量好。可是春兰的价格比海尔低将近两千元钱，而且春兰是中国很大的一家空调企业，销售额很不错。质量没有什么优势，功能也差不多，那么海尔还剩什么？海尔的品牌优势是它的服务好。如有问题，打个电话就来维修，服务态度特别好，这就是服务品牌。海尔通过客户服务创造一种品牌，而这种品牌居然带动了高价产品的销售，弥补了产品在市场中的劣势，体现出服务竞争的优势。

客户服务对于一个企业来讲，能够创造另外一种品牌，就是它的服务品牌，而服务品牌创造的难度比靠广告投入创造的知名度品牌还要大。

一旦企业在产品的质量、品牌、价格这三大领域的竞争达到同一水平、没有什么区别时，硬件的较量便无法分出胜负。企业只能努力把服务做好，才有可能有别于竞争对手，才能吸引客户。

在每个消费者的心目中，都会有几个乃至十几个在质量、服务、品牌、价格这四个领域没有太大差距的同类产品。比如说，康佳和长虹哪个更好？差距在哪儿？这可能连厂家自己都不敢说。彩电行业的高层管理者都谈到，现在的家电行业特别难做，为什么？因为现在是一个信息时代，技术的壁垒已经不存在了。过去，可以靠"祖传秘方"。"祖传秘方"谁也拿不走，别人做出来的就是跟我的不一样。而现在呢，你能说我的彩电有一个新的功能，这个功能他们十年都学不会，可能吗？不可能。很多彩电行业的老总说，现在彩电的竞争靠的仅仅就是外壳而已。作为产品质量已经趋同的企业，最头疼的问题就是在同一个领域中的竞争对手太多，又没有什么差异性。技术壁垒的丧失导致产品功能都差不多。冰箱能有多大差异？洗衣机能有多大差异？没有。你每年投一个亿做广告，我每年也投一个亿做广告，消费者知道你也知道我。品牌知名度也就大同小异了。降价吧，降到最后，总要保个本，不能赔本销售吧？那么价格最终也没有什么空间了。这个时候，企业发现在这"三个领域"中和竞争对手进行角逐已经起不到决定性作用了。于是，客户服务现在越来越被企业所重视。

（二）从"危机意识"中看客户服务

海尔张瑞敏："永远战战兢兢，永远如履薄冰！"

联想柳传志："我们一直在设立一个机制，让我们的经营者不打盹。你一打盹，对手的机会就来了！"

华为任正非："华为总会有冬天，准备好棉衣，比不准备好。"

微软比尔·盖茨："我们离破产永远只有十八个月！"

戴尔电脑迈克尔·戴尔："我有的时候半夜会醒，一想起事情就害怕。但如果不这样的话，那么你很快就会被别人干掉。"

正是他们的危机意识，才使这些企业成为优秀的公司。

科学家做过这样一项实验：把一只青蛙放到盛满凉水的大锅里，然后，用小火慢慢加热，青蛙没有感到温度的慢慢升高，一直在水中欢快地游动。随着水温逐渐增高，青蛙的游动渐趋缓慢。等到温度升得很高时，青蛙已变得非常虚弱，无力挣扎，慢慢地被煮死。

第二次科学家把一只青蛙放到盛满开水的大锅里。这只青蛙一入水，便立刻感觉到环境的变化，迅速挣扎，蹦跃出水，虽受轻伤，却避免了被煮死的命运。

两只青蛙不同的命运告诉我们：在时刻变动的环境中，能够生存的不是最聪明的，也不是最强壮的，而是最灵活的。

孟子云："生于忧患，死于安乐。"人如此，企业发展也不例外。如果一个企业的员工，一直沉溺于过去的辉煌，没有忧患意识和危机意识，顺境面前盲目乐观，因循守旧，不思进取，时间一长，就会被习惯性思维所控制，丧失锐气。而整个企业就可能如故事中的第一只青蛙那样，对生存环境的变化浑然不觉，从而失去竞争力，待意识到变化来临时，已无力应变，最终被市场淘汰。

从 2009 年的经济危机中我们看到，企业是否能够面对市场的变化并在变化下生存变得非常重要。

处在同样的环境下，面对同样的危机，企业要怎样找寻自己的出路呢？

显然，最简单直接的办法，还是提高客户满意度，保住已有市场。

90%不满意的客户从来不抱怨。他们只是保持沉默，当他们感到你的商品或服务有什么使他们不满意时，他们就直接离开你去惠顾其他企业。

对于提出投诉的客户来说，如果他们的问题能够得到及时妥善的解决，他们会比没有问题的客户更加感到满意！

客户投诉对于每一个企业来讲都是一个最头痛的问题。客户服务人员应该具备的一个重要技巧就是对客户投诉的有效处理，有些时候投诉处理不好，不仅给企业的形象、品牌带来影响，甚至还会给企业的利润带来很大的影响。哪怕是一个比较小的投诉，如果处理不当，也有可能失去一大批客户。

案例 1

某客户在海尔网上商城购买了一台冰箱，网上商品的描述为 I 级能耗，实际到货发现是 II 级能耗，该客户向海尔售后投诉。

海尔售后要求派师傅上门维修，说派师傅上门是他们唯一的选择；师傅上门后问哪里有故障？客户说：请确认实际商品与描述不符。师傅说他只管修，不管符合不符合。客户再回到售后客服那里，客服说：网上描述确实是 I 级能耗，没有错啊！客户回答说：但你们发给我的货是 II 级能耗。客服又说：这有什么问题吗？客户回答：商品描述与商品不一致，能理解吗？经过很多反反复复的来回，客服终于弄清楚是怎么回事，然后说：你可以选择退货，除此之外我们不承担任何责任。

该客户没有选择退货，因为冰箱里已经存放了东西，退货也有不便之处。但是从此不再购买海尔产品。

案例 2

某客户在易迅网上买了 AMD CPU、主板，买回来发现商品描述中没有提示 CPU 不带集成显卡，实际到货后发现需要另配独立显卡。

该客户向该网站客服投诉，客服对投诉及时给予了反馈，但始终不明白问题究竟是什么，也就是不明白"商品描述上没有写明需另配独立显卡"有什么不妥，只是强调一点"如果退货要收折旧费。"

无论该客户如何解释，该网站的客服还是不明白，客户无奈之下 @马化腾投诉。后来，他们终于同意无条件退货。该客户本来只想退 CPU，然后再在易迅另购一个匹配的 CPU，结果连主板也退了。从此再也没在易迅上买过东西。

从上述两个案例我们可以发现，由于客服没有及时提供专业的和令人满意的客服服务，从而导致了客户的流失。按照乔·吉拉德的 250 定律，该客户以及他背后至少 250 名亲朋好友都对上述提到的产品或商城望而却步了。如果这两位客户在网络上发帖，那么殃及的范围可能会更大。

事实证明，客户服务人员在处理客户投诉的时候，除了需要具备一定的专业知识外，还要具备一定的危机意识。特别是在较大的企业，客户服务人员对客户投诉的处理很有可能影响到企业未来的发展，很可能因为一次的处理不当，就使得品牌从此之后被贴上"劣质"的标签，难以在商场上立足。

七、跨境电商客服人员的岗位职责

（一）客服人员应具备的素质

一名优秀的客服人员，首先一定要对自己的社会角色有一个理性的认知，并在此基础上不断的突破和进步。

认识自我的角色，这是现代社会生存的必备法则。每个人都是社会中的人，每个人都在扮演着一个或者多个角色。我们在评价电影时，常会说，这个演员并没有抓住剧中人物的特质，换句话说演得不逼真，缺少了灵魂。我们在从事服务工作的时候，如果不能扮演好服务工作者的角色，无疑我们也是不合格的演员。想要演好，就应当了解这个角色的特质，抓住它的灵魂所在。

我们要扮演的是一个角色，这个角色不仅仅有它的特质，还有它的灵魂，换句话说，就是个性。这是区别人与社会人的重要标尺。把握好角色的个性所在，才能演得逼真。

热情是所有营销人员性格的基本要求，客户投诉处理人员也不例外。业务人员要富于热情，在业务活动中待人接物更要始终保持热烈的感情。热情会使人感到亲切、自然，从而缩短与你的感情距离，同你一起创造出良好的交流思想、情感的环境。热情也要把握好度量，过分的热情会使人感到虚情假意，而有所戒备，无形中就让对方筑起一道心理上的防线。

开朗的性格表现为坦率、爽直。具有这种性格的人，能积极主动地与他人交往，并能提高交易成功的可能性。

与其他工作相比，客户投诉处理具有更大的难度，客户投诉处理人员的工作可以说永远在面对抱怨和不满，因此客户投诉处理人员必须具备坚毅的性格。只有意志坚定、有毅力、有耐心，才能找到克服困难的办法，才能最终与顾客达成共识，化干戈为玉帛。

幽默感也是客服人员应具备的素养。业务人员应当努力使自己的言行。特别是言谈、风趣、幽默，能偶使人们觉得因为有了你而兴奋、活泼，并能使人们从你身上得到启发和鼓励。幽默不是独立于人的性格之外的，幽默感的培养需要一个人具备一定文化底蕴以及一定的思维能力，也就是要聪明。这里的聪明不是指智商高，而是指愿意去思考。勤于思考、善于思考，那么一切问题就会变得简单。

（二）客服人员应具备的能力

1. 具备各种软技能

要成为一名称职的客户服务管理人员，"软技能"同样十分重要。这些"软技能"包括：诚恳、热情，亲和力较强，善于表达和沟通，心理承受能力较强，有团队精神，记忆力较强等。还要具备较强的语言文字处理能力，包括外语能力、计算机能力。打字速度快、能边接听电话边输入电脑进行处理、熟练操作电脑设备、运用各种办公软件。此外，也要具备一定的数据整理、统计和分析能力，为上级或相关部门决策提供依据。

2. 综合能力

作为客服人员来说，综合能力的运用是集合了个人具修养、心理素质、专业能力的综合服务技能的体现，在为顾客服务的过程中从心理到言行举止都能够给顾客建立一种信心，更好地解决问题，同样也维护了企业的外部形象。

3. 工作独立处理能力

优秀的客服人员要能够独当一面，具备工作的独立处理能力。一般来说，企业都要求客服人员能够独当一面，也就是说，要能自己去处理很多客户服务中的棘手问题。

4. 问题的分析解决能力

优秀的客服人员不但需要做好顾客投诉工作，还要善于思考，提出合理化建议，有分析解决问题的能力，能够帮助投诉的顾客去分析解决一些实际问题。

5. 人际关系的协调能力

优秀的客服人员不但要能做好顾客投诉工作，还要善于协调同事之间的关系，以达到提高工作效率的目的。人际关系的协调能力是指在本部门中或跨部门，如何与同事协调好关系。有的时候，同事之间关系紧张、不愉快，会直接影响到客户服务的工作效果。

（三）客服人员具体的工作步骤

客服人员在从事客户服务工作的时候通常分为三个步骤来进行，分别是售前接触了解，售中的积极沟通和维护以及售后的反馈管理和服务保障。

1. 售前接触

要做好客户服务除了要具备较深厚的营销理论知识功底外，还要在产品销售之前对产品、对相关法律条文和客户心理有一个充分的认识。

（1）对本公司产品或服务的彻底了解

作为后期解决客户投诉的客服人员，对工作的前瞻性体现在通过自己的分析，判断出可能会产生客户投诉的点，并提前想出合理的解决办法。放在第一位的要求，是应该对本身的产品和服务有足够的了解，如产品的特性，与市场上同类产品的比较，自身优势、劣势，并能够合理预估可能发生客户投诉的"坐标点"。

据最新统计，产品质量依然是我国消费者权益保护中的主要问题。按照投诉问题的性质分，2008

年受理的投诉中质量问题所占比重最大，占59.9%，其他投诉所占比例都较小，其中营销合同问题占8.4%、价格问题占5.9%、计量问题占2.0%、安全问题占1.9%、广告问题与假冒问题分别占1.7%、虚假品质占1.4%、人格尊严占0.3%、其他占16.8%。从2008年投诉案件的性质变化情况看，仅有营销合同问题呈大幅上升趋势，比2007年增长50.2%，其他投诉比2007年都有所减少，其中减少最多的是广告投诉，减少了20.6%；其次是人格尊严投诉，减少了15.1%。显然，大家更为关注的是产品的质量问题，其他的都是由此而衍生出来的。买家与卖家的矛盾根源就是产品。当客服人员对产品了如指掌的时候，就抓住了最核心、最根本的矛盾所在。有问必答，答必满意。

（2）对相关法律法规的基本认知

客服工作的基础是按照规章制度解决顾客的投诉与异议，因此对相关法律的熟悉就非常的重要，在根据相关规章制度处理的前提下，拿出有理有据的说法，合理解决问题。这就要求客服人员熟谙与该企业、产品在经营、贸易中相关的法规法条。另外，客服人员也应当严格执行公司制定的客服流程。

（3）对顾客心理的适当猜测

客服人员的工作是直接面对顾客，甚至是整个服务流程中最难说服的顾客，顾客的情绪与心态会直接左右服务时所采取的方式和方法。客服存在的重要目的是缓和或化解买卖双方出现的矛盾，因为这是由卖方所发起，所以买方占有主动权。买方的心理并不难把握，我们完全可以去适当地猜测一下，然后再行动。

客服人员应该可以预期客户可能会提出的一些质疑，同时要做出适当的响应。把这些问题想成是一个创造良好关系的机会，而不是挑战客户所说的话。客户有合理的怀疑，而客服人员正好可以在那里解决他们的问题。关系的建立基于信赖，而信赖来自于成功且诚实地和他人合作。通常客服人员可以介绍公司的其他人让客户认识，他们可以解决客户的问题，并且提供客户所需的东西。客服人员也可以利用笔记本电脑建立一个虚拟的会议，让客户和其他成员聊天并建立新关系。

2. 售中维系

售中维系指服务人员与客户或用户进行交际、沟通和洽谈的过程。主要包括操作规范、语言规范和姿势规范。客服人员在与客户沟通交谈的时候应本着让顾客觉得获得超值服务的原则，随时根据顾客的需求调整服务程序，增大服务流程弹性。

优秀的客服人员必须始终保持热情的服务态度，并且坚持不断学习掌握专业知识和服务技能。客服人员要时刻让客户感受到热情好客、彬彬有礼的待客态度。客服人员在与客户进行沟通时，首先，要对自己的公司以及公司的产品了如指掌，能够解答买家提出的各种疑问，并提供有效帮助。其次，还要有高超的沟通技巧。此外，客服人员在服务过程中也要合理使用一些小技巧，这样会达到事半功倍的效果。

客服人员不要太热情，要与客户保持适当的距离，留给客户一点考虑的时间和空间。在客户了解商品基本信息的前提下，只需及时解答和补充买家的询问即可，不要引起客户的不安和反感。

客服人员要对客户的需求给予充分的重视，客户比较关心是能否选到自己真正想要的商品，而不是商品有什么卖点，所以客服人员要以客户为中心，针对客户的实际需要来推荐合适的商品。

客服人员要始终保持积极的工作态度，尽快地消除客户的陌生感，建立起初步的信任，同时还要积极、主动地解决顾客的问题，而不是等到顾客再次询问的时候才去解决。

学会适当地赞美买家，客服人员可以充分利用聊天工具的丰富表情，配合幽默的话语，寻找合适的机会赞美客户。适当的、恰到好处的赞美会让买家心情愉快，不但有助于提高交易成功的几率，还有可能使买卖双方成为朋友。

注意把握时机促成交易，能否促成交易直接关系着成交量和销售业绩。买家购买意愿比较明确的时候，客服人员要把握住时机，尽快促成交易，防止时间久了买家因为心态、环境和他人的影响而改变主意。

除了适当地运用技巧，客户服务中还需要特别注意避免以下几个问题：

①交流过程中缺乏礼貌，不尊重买家，言语不当，引起买家的不满或误解。

②对于买家的提问无法回答或答非所问，不了解公司也不了解产品。

③过分夸大产品和售后服务，拼命掩盖商品的缺点，欺瞒买家，甚至有意设立圈套诱导买家购买。

④贬低竞争对手，一味夸大自己的优势，发表不公正、不客观的言论打击同类产品。

总之，要想维系好客户，促成最终大购买目的，客服人员就必须不断提高服务的水平，表现出专业性，处处做到最好，这样才能最终达到目的。

3. 售后保障

售后服务包括了处理客户的投诉、确定客户的问题已经得到解答以及快速提供客户想要的东西。通常客户服务和销售产品本身一样重要，因此大部分的制造商都建立了网站，提供一些信息并且可以进行讨论。

无论是实体店还是网店，在商品卖出后，做好售后服务是很重要的，这关系到是否还会有下一次交易。产品的售后服务一般分为生产厂商直接提供和经销商提供两种，现在越来越倾向于厂家、商家合作的方式。从推销的角度来看，售后服务其实也是一种营销手段。

（1）利用网络便利，进行售后回访与调查

售后的回访与调查主要是为了确认买家是否收到商品，了解买家对商品是否满意，同时可以了解快递的服务质量，也避免了买家忘记付款或者忘记做出评价的问题。若是买家对商品表示满意，自然是皆大欢喜，顺利完成交易；倘若买家对商品不是很满意，则卖家可以在对方还未给出评价时及时行动，了解原因，及时解决问题。

对商品进行售后回访与调查后，卖家就可以根据买家的反馈意见来分析买家对产品和服务的满意度以及需要和爱好哪一类商品，以便之后推荐相关商品；还要分析总结有哪些地方让买家不满意，尽快做出应对，并在下一次服务中改善。

（2）履行售后承诺，取得顾客的信赖

诚信守诺是成功商人必备的素质。卖家在售前和售中对买家的承诺一定要如实履行，对于买家提出的售后要求应该有质量、有效率地完成。为了防止交易纠纷，卖家在商品销售之前就应与买家协商好商品售后的有关规定，例如，运输赔偿、保修时间、维修费用、退换货前提以及其他注意事项，这样就可以防止出现问题时遭到顾客的投诉和差评。

需要注意的是，售后服务时仍然要热情礼貌，绝不能态度冷淡或敷衍而让买家感觉售前售后态度明显不一致。对于有技术含量的商品，卖家需要了解商品的属性，掌握商品故障的解决方法。如果需要厂家支持，卖家就需要跟厂家商量好技术支持和售后服务的条件，要保证让买家没有后顾之忧，顾客才能放心在你的店里购买商品。

在经营跨境电商业务中，如果售后问题不能很好地解决，买家可能会对卖家进行投诉。对此，卖家虽然可以提出申诉，但还是建议卖家在申诉的同时继续与买家进行沟通，寻求双方都认同的解决方案，毕竟投诉是买卖双方都不愿意看到的结果。

妥善处理好买家投诉可以有效地防止买家流失，促进买家的再次购买，还可以维护公司信誉。需要注意的是，对买家投诉的处理，在销售商品之前就应该开始，当买家表示对中某件商品感兴趣时，卖家就需要告知买家该商品的属性特点、使用时的注意事项等情况，避免后期买家对这些方面抱怨或投诉。除此之外，在遇到顾客投诉时，还要注意做到以下几点。

第一，充分重视顾客的投诉

在投诉过程中，买家是希望自己受到重视和善待的，也希望卖家能够真正替其解决问题。因此，当买家向卖家进行抱怨或投诉时，卖家需要对其表示关心并认真聆听，不要忽略任何一个问题。买家的投诉和意见不仅可以增进卖家与买家之间的沟通，也可以帮助卖家发现需要改进的地方。所以，卖家一定要用心聆听买家的投诉，这样就可以从中分析出买家投诉的原因，并发现处理投诉的重要信息。

第二，及时回应客户的投诉

收到买家的投诉后，卖家应该及时处理，因为拖延时间或推卸责任只会使买家的抱怨变得越来越强烈，这样会激化矛盾，影响自己的信用度。一般情况下，处理买家的投诉可以采用以下几种方法：

一是诚恳地向买家表示歉意。买家的投诉有些是有理的，但也有一些是无理的，在其进行抱怨或投诉时总是带有冲动的情绪。对于这些情况，首先要对买家的投诉保持一个平和的心态，不要认为他们的投诉无理或他们的言语比较激烈而将自己的个人情绪带到处理投诉的行为中，更不要漠视。卖家诚恳地表示歉意往往可以达到意想不到的效果。

二是站在买家的立场上思考问题。作为一名合格的客服人员，一定要学会站在买家的立场上去思考问题，体会买家的真正感受，找到解决问题的有效方法。人与人之间的相互体谅是化解矛盾的良方。当卖家表达出足够的理解和尊重后，不仅会平息买家心中的怒火，也会使其受到感染，理性地来解决问题。

三是对买家的投诉要做好记录。对于买家的投诉，卖家不仅需要做好记录，而且还要对这些记录进行总结，分析问题出现的原因，杜绝该现象的再次发生。在处理买家投诉中发现的问题，如果是商品的质量问题，卖家应该及时通知生产厂家；如果是服务态度与售后服务问题，应该完善自己的服务和加强对客服人员的培训。

四是对买家关于投诉处理的反映进行追踪调查。买家投诉的问题得到合理解决后，卖家应该在一定时间内追踪调查买家对于投诉处理的反映。这样一个小举动不但可以使投诉的买家感受到卖家的重视，而且也会给买家留下一个良好的印象，有可能化解买家之前的不快，利于口碑传播。

八、跨境电商客户体验之道

（一）服务态度

"态度决定一切"，客户投诉处理工作经常要面临极大的压力和挫折，并且，作为一个时刻要面对责难与问题的岗位，客户投诉处理工作人员的积极心态和热诚的态度就成了保证工作效果的前提和基础，做为一名优秀的客服人员，充满激情比获得成就、获取功名更加重要，它使你年轻、进步、富有活力。没有激情，就没有上进心，就不会在工作上取得好成绩。

微软的招聘官员曾对记者说："从人力资源的角度讲，我们愿意招'微软人'，他首先应是一个非常有激情的人，对公司有激情、对技术有激情、对工作有激情。可能在一个具体的工作岗位上，你也会觉得奇怪，怎么会招这么一个人，他在这个行业涉入不深，年纪也不大，但是他有激情，和他谈之后，你会受到感染，愿意给他一个机会。"

以最佳的精神状态工作不但可以提升工作业绩，而且还可以给你带来许多意想不到的成果。为了获得更好的工作热情，我们不妨试着按以下介绍的方式去做：

1. 让你的热情像野火般蔓延

精神状态是可以互相感染的，如果你始终以最佳的精神状态出现在办公室，工作就会有效率而且有成就，那么你的同事一定会因此受到鼓舞，你的热情会像野火一般蔓延开来。

案例

史密斯是一个汽车清洗公司的经理，这家店是12家连锁店中的一个，生意兴隆，而且员工都热情高涨，为他们自己的工作感到很骄傲，都感觉生活是美好的……但是史密斯来此之前不是这样的，那时，员工们已经厌倦了这里的工作，他们中有的已经打算辞职，可是史密斯却用自己昂扬的精神状态感染了他们，让他们重新快乐地工作起来。

史密斯每天第一个到达公司，微笑着向陆续到来的员工们打招呼，把自己的工作一一排列在日程表上。他创立了与顾客联谊的讨论会，时常把自己的假期向后推迟……在他的影响下，整个公司变得积极上进，业绩稳步上升，他的精神改变了周围的一切，老板因此决定把他的工作方法向其他连锁店推广。

2. 使你看上去是一个值得信赖的人

良好的精神状态是你责任心和上进心的外在表现，这正是老板期望看到的。所以就算工作不尽如人意，投诉顾客很不讲理，也不要愁眉苦脸、无所事事，要学会控制自己的情绪，让一切变得积极起来。

查理·琼斯提醒我们："如果你对于自己的处境都无法感到高兴的话，那么可以肯定，就算换个环境你也照样不会快乐。"换句话说，如果你现在对于自己所拥有的事物、自己所从事的工作或是自己的定位都无法感到高兴的话，那么就算获得你想要的东西，你还是一样不快乐。所以是否变得积极起来完全取决于你自己。在充满竞争的职场里，在以成败论英雄的工作中，谁能自始至终陪伴你、鼓励你、帮助你呢？不是老板，不是同事，不是下属，也不是朋友，他们都不能做到这一点。唯有你自己才能激励自己更好地迎接每一次挑战。

工作时神情专注，走路时昂首挺胸，与人交谈时面带微笑……会让老板觉得你像一个值得信赖的人。越是疲倦的时候，就越应穿得好、越要打起精神，让人完全看不出你一丝倦容。如果是女性的话，还要化化妆，这样做会给他人带来积极的影响。

总之，每天精神饱满地去迎接工作的挑战，以最佳的精神状态去发挥自己才能，就能充分发掘自己的潜能。你的内心同时也会发生变化，就会变得越来越有信心，别人也会越发认识你的价值。在工作中保持激情四射的状态，不断给自己树立新的目标，保持对工作的新鲜感。

（二）把握顾客心理

客服人员把握顾客心理的能力非常重要，因为客服工作的目标是让顾客满意，而只有满足了顾客的心理需求，排除了顾客的负面情绪，让顾客在享受服务的同时获得一份愉悦的心情，才能给顾客留下良好的印象。

顾客寻求服务不仅是为了满足其物质的需求，心理需求往往也占据着很重要的地位。客服人员首先要给顾客提供准确的服务，同时，注意满足顾客的基本心理需求。

准确感是指顾客希望在服务中获得准确且全面的信息，时间越短越好，顾客的耐心都是有限的，如果客服人员不能在有限的时间内提供准确的服务，顾客的准确感就不会得到满足，进而可能产生焦躁情绪。为顾客提供想要的服务，要求客服人员有足够的洞察力和理解力，准确掌握顾客的需求，然后针对需求提供服务。客服人员的注意力一定要集中，在交流中准确理解顾客的意思，切忌答非所问。

顾客都有"要面子"的心理，这也体现了顾客对尊重感的需求，没有哪位顾客在获取服务时不想得到尊重的。所以客服人员对顾客的尊重要贯穿始终，如果不能做到尊重，再好的服务也是无功而返。客服人员一副高高在上的姿态，说话时不考虑顾客的感受，不懂得尊重顾客，引起了顾客的强烈不满。

顾客在寻求服务的过程中，最基本的心理需求就是尊重感，他们必须要感受到这一点，否则再好的服务也只能给顾客留下很坏的印象。客服人员经常需要否定顾客，但是一定要说得委婉，不要伤及顾客的自尊。

安全感也是顾客的心理需求之一，客服人员在工作中要注意保护顾客的生命安全、财产安全以及个人隐私，避免给顾客造成不必要的麻烦，同时在沟通中尽量让顾客体会到服务是安全的。客服人员和顾客沟通时，要给顾客营造出被保护的感觉，这样才能满足顾客对安全感的需求。当顾客获得安全感时，心理上的防范意识自然会松懈，会比较容易接受客服人员的建议，这时的服务会更容易，也更有效。

客服人员在工作中还要尽量给顾客提供舒适感，要让顾客在心理上感觉到愉悦、放松。例如，在服务场所播放悦耳的音乐，客服人员穿着暖色制服等，都能给顾客带来心理上的舒适感。同样，在沟通中客服人员用悦耳的声音，抑扬顿挫的音调，恰当的服务用语，很有美感的肢体语言等，也可以给顾客带来舒适感。视觉、听觉、触觉等感觉系统会比较明确地体会到舒适感，尤其会对第一印象记忆深刻。舒适感可以缓解顾客不安的情绪，同样积极的情绪也可以增加舒适感，像顾客听到客服人员的美誉，心里高兴，然后在和客服人员沟通中的舒适度也会增加。

多得感是顾客享受服务中的心理需求之一，作为顾客，总是希望付出同样的代价而获得比别人更多的利益。所以，客服人员应该注重个性化服务，给顾客营造多得的感觉。多得感并不一定是真正利益上的获得，而是一种心态上的满足。客服人员只需让顾客感觉他比其他人获得的更多，就可以让他产生多得感。人都是贪婪的，再多的利益回报也满足不了顾客无限的需求，所以客服人员要注重个性化服务，并让顾客认为自己的所得比别人更具价值。

（三）学会倾听

有人说"沟通是倾听的艺术"，这句话充分体现了倾听在沟通中的重要作用。倾听可以获取信息、发现问题，客服人员只有认真倾听，知道顾客需要什么样的帮助和服务，顾客的不满和抱怨在什么地方，才能对症下药，解决顾客的问题。另外，认真倾听还是对顾客尊重的一种表现，有利于营造良好的沟通氛围。因此，一名优秀的客服人员必须掌握良好的倾听技巧。

每个人都有表达的欲望，所以客服人员在沟通中应尽量鼓励顾客多说话，自己则做一名忠实的倾听者，这样可以让顾客感受到尊重，有利于取得顾客的信任，让服务处于良好的氛围中。同时，只有客服人员认真倾听，才能明白顾客的真正需求是什么，顾客到底需要什么样的服务。认真倾听还可以避免向顾客重复发问，减少由此给顾客带来的厌烦感。

1. 准确了解顾客的需求

客服人员为顾客提供服务的第一步，就是准确了解顾客的需求。顾客需要什么样的服务和帮助，有什么抱怨需要发泄，还是对公司的产品或服务不满需要投诉。要解决这些问题，只有客服人员认真倾听，才能从顾客的表述中发现他需要的信息。有时候因为某种原因，顾客不愿意把他的需求直接表述出来，而是委婉地透露，这时就需要客服人员去发掘顾客的真实需求。

2. 与顾客间建立信任感

倾听是一种情感活动，它不仅用"耳"去听，更用"心"去倾听。这样的倾听在顾客满足表达欲望的同时，也能让他打开心扉，实现心与心的沟通，从而建立顾客对客服人员的信任感。在倾听的同时给顾客一定的赞美，鼓励他继续讲下去，顾客对你的信任感会随着沟通的深入而逐渐积累。建立信任感与倾听是互为因果、相辅相成的，"信任"也有利于客服人员听到更有用的信息。

3. 避免向顾客重复发问

倾听的另一个好处就是可以避免向顾客重复发问，对于客服人员的发问，顾客或多或少都会有反感情绪，容易让他们产生被"审问"的感觉。客服人员如果能认真倾听顾客，就会发现很多需要了解的信息都在顾客的唠叨中无意间流露出来了。客服人员要走出"审问顾客"的困境，就必须学会倾听。顾客自发讲述事情经过的时候，客服人员要注意仔细倾听，顾客的话语中会包含很多有价值的信息。

倾听是一个富有技巧的过程，要让顾客说得更好、更多、更开心，就需要客服人员学会倾听。总的来说，客服人员只有站在顾客的立场上，用心去倾听，才能明白顾客的真正需求，提供顾客满意的服务。

站在顾客的立场倾听，只有站在顾客的立场上，从顾客的角度出发，客服人员的倾听才会更有效、更到位。客服人员在倾听时要抛弃自己的主观成见，换位思考，设身处地地为顾客着想。

客服人员只有站在顾客的立场上认真倾听，才能明白顾客的苦衷以及他的真正需求，才能设身处地地为顾客着想，帮助顾客排忧解难，从而提高顾客的满意度。客服人员如果站在自己的立场上，他可能根本听不进去顾客的话，最终必然会造成顾客的不满，该顾客也许会把自己的不满情绪传给周围的其他顾客，从长远上看，真正吃亏的还是卖家自己。

（四）有效发问

发问和倾听是互相依存的，发问是倾听的先导，倾听是发问的目的。客服人员在工作中，很大一部分时间都用于发问和倾听。所以，要真正做好客服工作，就必须掌握有效发问的技巧。

发问是客服工作中的重要一环，当需要了解顾客的真实想法，或是自己思路混乱、不明白顾客的意思时，都需要向顾客发问。此外，遇到正在生气、很愤怒的顾客时，发问也是比较好的一种处理方式。

了解顾客的想法时，发问是沟通的一个基本要素，通过发问，客服人员可以尽快了解顾客的真正需求和想法。

Customer service rep. (R)　　　customer (C)

R: Hello, Madam, what can I do for you?

C: Hello, I want to return the shoes I bought.

R: what's wrong with the shoes?

C: I found that I don't like it after buying it.

R: Ok, could you give more details? What makes you not like it , the design or the size? Or what's your ideal shoes like?

C: Actually I prefer the brand of ***, because I always wear it. I found this pair of shoes beautiful yesterday, that's why I bought it. But I regret and I think I should buy the brand of *** later on

R: ok , I got your idea. Now I would like to handle the refund for you.

上述例子中，客服人员通过一步步深入的发问，了解了顾客的真实想法。客服人员的工作是以顾客满意为目的的，这就要求客服人员必须为顾客提供准确的服务，而往往只有通过发问，引导顾客回答，才能在倾听中了解到顾客的真实想法。

只有发问才能打开顾客的"话匣子"，需要了解顾客的想法时就利用发问让顾客开口。注意问题的导向性，通过发问引导顾客，一步步向目标方向前进。

通过发问厘清思路，这对于客服人员来说至关重要。"您能描述一下当时的具体情况吗？""您能谈一下您的要求吗？""您需要我为您解决什么问题？"这些都是为了厘清自己的思路，让客服人员明白顾客想要什么，自己能给予什么。

愤怒的顾客向来是客服人员最不愿遇到的服务对象之一，发问倒是一个比较好的解决方法。通过发问，顾客开始表述，客服人员认真地倾听，顾客的愤怒可能就此慢慢平息。愤怒的顾客往往会忘记陈述事实，开场白可能是一顿不分青红皂白的指责谩骂，客服人员应该耐心、冷静地面对顾客，关切地询问"what happened? What makes you so angry？"让顾客专注于叙述事情，客服人员这时再表示同情、关切、歉意，往往就能使顾客平息愤怒、恢复理智。面对愤怒的顾客时，客服人员耐心、关切的询问是平息顾客愤怒的最好办法。此外，提问时要注意，不要因为顾客的愤怒也愤怒起来，语气中不要带有任何敌对的情绪，这时候的顾客需要安抚。

（五）说服顾客

客服人员在工作中，经常给顾客提供了最好的解决方案，顾客却不同意采纳，这时客服人员就需要运用一些技巧来说服顾客，既达到了最终的结果，也提高了工作的效率，让顾客接受最合理的建议。

1. 营造出认同的氛围

从谈话的一开始，客服人员就应试图营造一个说"是"的氛围，而不要形成一个说"否"的氛围。也就是不要把顾客置于不同意、不愿做的位置，然后去批驳他、劝说他。如"我知道你会反对……可是事情已经到这一步了，还能怎样呢"？这样的说法顾客往往是难以接受的。在说服顾客时，客服人员要先假定对方是认同的，如"我知道你能够把这件事情做得很好，只是还有点儿犹豫而已""你一定会对这个问题感兴趣的"，等等，从积极、主动的角度去启发、鼓励顾客，帮助他提高信心，并接受自己的意见。

客服人员说服顾客的关键就是取得顾客的信任，这要求客服人员从一开始，就在沟通中营造认同的氛围，为顾客着想，再理性分析，对症下药，站在专业的角度为顾客出谋划策。假定认同，即在沟通中说每句话之前，都假定顾客是认同的，以这样的口吻说出来顾客更容易接受。惯性肯定，即多向顾客提出会得到肯定回答的问题，使交流进入顾客惯性肯定的氛围中，一般情况下顾客都不会提出太多的异议。

2. 从顾客的角度出发

要说服顾客，客服人员就要考虑到顾客的观点或行为存在的客观理由，即设身处地为顾客着想，使顾客产生一种"自己人"的感觉。这样，说服的效果会十分明显。

客服人员在说服顾客的时候，最重要的是取得他的信任。只有顾客相信客服人员之后，他才会正确地、友好地理解客服人员的观点和理由。社会心理学家认为，信任是人际沟通的"过滤器"。只有对方信任你，才会理解你友好的动机；否则，即使你说服他的动机是友好的，也会经过"不信任"的"过滤器"而变成其他东西。因此，在说服顾客时取得顾客的信任，对客服人员来说是非常重要的。

客服人员在工作中还要注意判断顾客的性格类型，不同性格类型的顾客容易接受的劝说方式完全不一样，所以客服人员要先准确判断顾客的性格类型，然后采用有针对性的技巧进行说服，这样工作效率就会提高很多。

活泼型顾客的性格特点是活泼开朗、热情奔放、直率豁达，乐于接受新事物，具有很强的创造力。但同时，他们缺乏耐心，注意力不集中，不能很好地跟进事情；他们不爱思考，容易情绪化，会给人留下变化无常的印象；他们自我表达欲望强，不注意聆听、记忆，爱抢着回答问题，却又经常使事情变得没有条理。他们最需要的是别人的注意和认同，所以客服人员在和活泼型顾客沟通时，首先要对他们表示认同，赢得他们的好感，然后再委婉地提出建议；切忌"说教"，这会让他们很不耐烦。

完美型顾客很像一个"思想家"。他们重视逻辑、善于分析，喜欢透过事物的表象，发掘其内涵和真相，甚至自己动手寻求问题的答案。他们具有天生消极的倾向，常常顾虑重重。完美型顾客最需要的是逻辑和体贴，客服人员在说服他们的时候首先要关心他们，然后帮他们仔细分析。

力量型顾客重视效率，喜欢控制场面，能够坦诚地表达自己的意见，并在交流中占主导地位。但他们往往被评为"常有理将军"。他们喜辩好斗，控制欲强，经常把别人看成"傻瓜"，不愿承认自己的错误。力量型顾客最重视的就是成就感，客服人员和他们沟通时应适当"恭维"和"示弱"，委婉提出建议，切忌和他们陷入"辩论"当中。

和平型顾客是最易相处的"老好人"，性格低调、随和，与世无争，善于倾听，具有超然的处事风度。他们最需要的是尊重和有价值感，"中间路线"是其常有的选择，客服人员说服他们时，可同时提出几条建议供他们自行选择。

（六）处理顾客抱怨

客服人员在工作中经常会听到顾客的抱怨，只要顾客所得到的产品或服务和他的期望值之间存在距离，就会产生抱怨。调查显示，平均一个产生抱怨的顾客会把他的不满情绪传递给周围 12 个人，这样就可能造成 12 个不满的潜在顾客，可见抱怨的危害是巨大的。如果能够处理好顾客抱怨，75％的人还会继续购买；如果当场能够解决顾客抱怨，95％的人会继续购买。所以说，掌握处理顾客抱怨的技巧对于每位客服人员来说都非常必要。

作为客服人员，首先要做到尊重顾客抱怨。要理解顾客抱怨是因为顾客的期望值和他们所得到的产品或服务之间的差距造成的，可能是己方做得还不够好；即使做得已经相当好了，也很难满足不同顾客的个性化需求。因此，顾客产生抱怨是很正常的事情，客服人员需要保证自己的情绪不受顾客影响，然后耐心安抚顾客。

客服人员在处理顾客抱怨时调整自己的情绪很重要，因为这时的顾客是充满怨气的，一名抱怨的顾客的情绪往往是愤怒、失望和冲动的，他们可能出言不逊，甚至可能会对客服人员进行人身攻击，而这时，客服人员仍然需要耐心地对待顾客，要使自己不受顾客的影响，就必须学会调整情绪。

Customer service Rep. (R)　　　Customer (C)

（某客服人员因为生活中的一些琐事有点烦躁，早晨刚一上班，客服电话就响了，她拿起电话。）

(one of the customer service representative was a bit of upset because of some trivia in daily life. When she got to the office, the call is ringing and she took the phone.)

客服人员（冷冷的）：喂，你好。

R: (cold) Hello?

顾客（愤怒的）：你们什么破公司啊？

C: (very angry) what's your company?

客服人员（也生气了，没好气地说）：你好，别一上来就开骂。

R: (angry too) Hi, don't be so rude at the beginning?

顾客：我就是要骂你们这缺德公司，还有没有点儿道德？

C: I am complaining your company, a bad one without any morality.

客服人员：我们公司怎么了？你先说清楚好不？

R: what's wrong with our company? Could you make it clear?

顾客：还有你，大清早的声音听起来就跟鬼一样，在电话里都吓人。

C: And you too. Your voice is scary on the phone like a ghost.

（于是，该客服人员和顾客吵了起来，后来顾客投诉到上级部门，最后公司不但扣了她这个月的奖金，还让主管带着她上门给顾客道歉才算了事。）

(In the end, the customer service Rep. was quarreling with the customer. The customer resort to the upper management and as a result, the Rep was fined the month bonus and went to apologize to the customer personally with her line manager. ）

客服人员因为生活中的琐事影响了情绪，没有及时调整过来，而顾客的愤怒就像导火索一样，客服人员的情绪被点燃并与顾客争吵了起来，最后给自己和公司都造成了非常大的损失。

客服人员一定要注意，不能把生活中的负面情绪带到工作中，更不能带着这种情绪和顾客沟通，所以每一位客服人员都要适时调整自己的情绪，保证以良好的状态和顾客沟通。调整情绪的方法有很多种，如语言暗示、行为暗示、选择性遗忘等。

面对顾客的抱怨，客服人员首先应该表达的就是歉意，不管是否因为己方做得不好，都要安抚顾客的情绪，然后试图跟顾客讲道理，化解顾客的抱怨。当顾客对产品或服务产生抱怨时，客服人员应首先同意顾客的观点，承认是己方做得不够好，然后向顾客道歉。即使顾客的态度咄咄逼人，客服人员只需真诚地向顾客道歉，多说几个"对不起"，顾客的态度自然会缓和很多。顾客产生抱怨是很正常的事情，客服人员要表示充分的理解，这样能有效化解顾客的怒气。给顾客道歉之后，若顾客仍然充满怒气，客服人员应向顾客表示理解以进一步平息顾客的怒火，赢得顾客的信任。向顾客表示理解时，客服人员应站在顾客的角度思考，避免自己的话语虚情假意。

顾客的抱怨是督促公司进步的助推器，客服人员理应对其表示感谢；同时，表示感谢可以向顾客表明公司有责任感和为顾客着想的态度，能够赢得顾客的好感，有利于处理顾客抱怨，强化顾客的忠诚度。

（七）处理顾客投诉

处理顾客投诉是客服人员最重要的日常工作之一，当公司提供的产品或服务与顾客的期望值之间存在差距时，顾客就会产生不满，这些不满的顾客中有一部分人就会向公司投诉，期望得到解决。顾客投诉对于公司来说是一笔财富，因为一方面，顾客投诉就说明他还未完全放弃对公司的信任，有希望挽回；另一方面，通过处理顾客投诉，和顾客沟通并聆听他们内心的声音，可以促使企业进一步改善，向前发展。处理顾客投诉不当，会影响公司和顾客之间的关系，甚至还会影响公司的形象，造成恶劣的影响，所以客服人员要掌握处理顾客投诉的技巧。

客服人员处理顾客投诉时，应按照正确的流程执行，只有每个环节都能做到位，才能最大限度地消除顾客的不满，重新笼络顾客的心。

1. 认真聆听

聆听是一门艺术，客服人员从聆听中可以发现顾客的真正需求，从而获得处理投诉的重要信息。聆听还是一种礼貌，能有效化解顾客内心的怨气。

顾客投诉时会讲述事件的经过，客服人员应认真聆听并记录，为接下来的调查工作提供线索。顾客投诉时往往会透露自己对事件处理结果的期望，客服人员应通过认真聆听来发现。聆听是一种礼貌，认真聆听则是在向顾客传达敬意，这能有效消除顾客内心的不满。

2. 及时道歉

顾客投诉的时候往往都伴随着不满的情绪，所以经常会显得很生气，此时客服人员如果仍漠不关心，或找借口逃避责任，只会使顾客火冒三丈。无论己方有没有错误，客服人员都应适时地表示歉意，这对事情的处理大有好处。只要顾客带着怒气，客服人员就应向顾客道歉，"让您这么生气，一定是我们的错误"，这样说话能有效化解顾客的怒气。客服人员处理投诉时应多向顾客道歉，但一定要显得真诚，不要让顾客觉得"假惺惺"和"只说话不办事"。

顾客在投诉时经常满腹怨气，认为自己遭到了不公正的对待，这时如果能得到客服人员的同情，会让他们的情绪得到安抚，对客服人员产生好感，对最终的投诉处理大有好处。

由于大多数顾客投诉都不是当时能够处理的，往往需要通过调查、核实具体情况以后才能给出解决方案，因此客服人员一定要将顾客投诉的具体内容及顾客资料记录下来，待情况调查完毕后再联系顾客，给出解决方案。客服人员要谨记，处理投诉不仅要解决顾客遇到的问题，还要想办法挽回即将失去的顾客。

即使客服人员严格按照处理投诉的流程正确对待顾客，也可能出现一些很难化解的问题，甚至激化矛盾，演变为升级投诉。这时候如果处理不当则会给企业带来很大的损失，给企业造成恶劣的影响。因此客服人员需要掌握以下技巧来应对升级投诉。

一是要面带微笑，微笑是客服人员在服务中的基本要求，也是处理顾客投诉的有力武器。即使在处理升级投诉时，面带微笑也可能大事化小、小事化了。二是学会转移话题，若顾客对某一细节争论不休，导致投诉无法处理时，聪明的客服人员应转移话题，或暂停讨论，以缓和紧张的气氛，并寻找新的切入点或更合适的投诉处理时机。三是防止破裂，当顾客投诉升级以后，客服人员应小心应对，无论发生何种情况，都切记不要让投诉处理完全破裂，这会给企业造成很大的损害。所以客服人员要给顾客留有一定的余地，并促使矛盾不断缓和，最后达成处理协议。四是要讲求证据，客服人员在处理投诉的过程中，应坚持用事实说话的原则，这样不仅是对顾客负责任，也可以限制少数顾客过分夸大某些事情。尤其是对待升级投诉，注重细节、拿出事实，再辅以善意规劝，是说服顾客的有效办法。

接到投诉时，客服人员一定不要表现出急于开脱责任的态度，应认真、积极地对待投诉事件，才可能重新赢回顾客的信任。

（八）解答顾客问题

客服人员是企业和顾客沟通的桥梁，企业想要维护良好的顾客关系，就必须借助客服人员高效且优质的工作。在日常工作中，客服人员总会遇到顾客各种各样的提问，有的问题可能是企业提供的咨询服务，要求客服人员熟悉自己的业务知识；有的则可能不属于客服人员的工作范围，但也要谨慎应对，给顾客留下良好印象；有的甚至是无理取闹、有敌意的提问等，客服人员同样要有技巧地处理。

顾客的询问虽然不会像投诉或抱怨时有那么大情绪，但客服人员仍要小心应对，不仅要用专业的业务知识熟练为顾客解答，而且要遵守工作程序，为顾客提供高效的服务，否则也会引起顾客的不满。

顾客提出咨询的问题时，客服人员一般需要对问题进行记录，一方面，这些问题不一定马上就做出解答，需要记录下来研究完毕后再回复顾客；另一方面，记录下来的问题还可以丰富客服部门的案例库，和其他同事一起提高，为以后应对类似问题奠定基础。

有的情况下，顾客咨询的问题是客服人员一个人无法答复或无法让顾客满意的可能需要同事或上司的帮助，这时客服人员就应向同事或上级积极求助，共同完成工作。

客服人员在处理顾客咨询时，最后一项工作就是整理记录，对于顾客提出的一些比较新颖的问题，无论能否给出比较完美的解答，都应该整理记录并归入问题库，以便以后共同研究对策或供下次遇到类似问题时借鉴。

（九）沟通礼仪技巧

礼仪在沟通中的重要性不言而喻，客服人员从事的是服务性工作，在与顾客的沟通中更应注重自身的礼仪规范。在与顾客的交流中，礼仪是一个永远值得重视的主题。

一是"听"的礼仪。耐心聆听，让顾客能感受到来自客服人员的关注，进而感觉到尊重，这是他们寻求服务时的基本心理需求之一；换一个角度来说，客服人员也只有耐心聆听，才能发现顾客的真正需求，掌握所有有用的信息。所以说，耐心聆听是最基本的听的礼仪，客服人员应通过耐心聆听想顾客传达敬意。

二是"说"的礼仪。"说"是沟通的重要组成部分，客服人员整天通过"说"向顾客不停地传递信息。然而，有的客服人员说话，让人如沐春风。有的却让人避之唯恐不及。怎么会出现这种现象呢？这就需要客服人员学会说的技巧，锻炼说的能力；而首先要做的，则是掌握"说"的礼仪。客服人员在与顾客沟通时。需要特别注意眼神的礼仪，要向顾客传达友善、热情、尊敬等信息，而不要横眉冷对。客服人员在和顾客沟通时，要保证自己的声音里透露着友善、积极等正面情绪，不要让自己的声音变成令人不舒服的噪声，更不要对顾客恶声恶气，这也是体现说话礼仪的要点之一。所以，客服人员要了解有关声音的知识，如语速、音强、音高和音色等。

表达清晰也是说话的礼仪之一。它既要求客服人员吐字清晰，又要求其说话内容的全面、准确和有条理。客服人员遵循了这两点要求，就能有效避免重复发问等问题，提高沟通的效率，达到事半功倍的效果。

三是接待礼仪。接待，也就是俗称的"迎来送往"，是客服人员与顾客沟通的一种重要形式和环节，如顾客上门投诉、询问、了解情况等都需要客服人员接待。良好的接待礼仪，有助于客服人员和顾客的信息交流，有助于化解顾客的抱怨，有助于两者建立良好的合作关系。因此，优秀的客服人员要掌握接待礼仪。

其中称谓得当就是接待礼仪之一。称谓，是人们由于亲属和其他方面的相互关系，以及由于身份、职业等而得来的名称。尤其是在工作关系中，称谓已成为一个人的社会标签。称谓得当能起到锦上添花的效果，不当的称谓则可能引起顾客的不满。所以，客服人员在接待顾客时，要做到称谓得当这一礼仪。

握手是一种直接的肢体接触礼仪，客服人员在与顾客握手时注意保持手部清洁，握手时不得戴手套。要用右手和顾客握手，左手不可插兜。离别时要等顾客主动握手，顾客为女性时，握手的力度要轻，时间不要太久，切忌交叉握手。

四是回访礼仪。回访是客服过程中的重要一环，是企业维护客户关系、了解客户对企业产品或服务满意等的常用方法。回访的方式有电话回访和上门回访两种。在客户回访中，客服人员可以和客户有更多的互动，充分了解客户的需求，以便提供更好的服务。客服人员是代表企业的，其形象、行为和言谈举止无一不能体现企业员工的精神风貌、道德素质。做的好，可以提升企业形象；做得不好，将有损企业形象，甚至影响合作。

九、跨境电商客服沟通工具

客户资源是企业赖以生存的关键，客户按服务对象可分为外部客户和内部客户。在线客户服务是企业通过在线客服沟通工具，实现网民浏览网站或网页时，可以直接与服务营销人员进行文字实时交流和语音点击呼叫互动沟通的一种网络营销方法。在线客服常用方法有：通过免费的网络电话、网上互动文字交谈服务，电子邮件咨询服务，网站 FAQ，网络论坛 BBS 以及自助式查询等。在实际应用中，企业可以根据实际情况来对这几种方法进行组合使用。

（一）电话服务工具

呼叫中心是建立客户关系、提供客户服务的一种基本形式。科技的进步推动了现代服务业的发展，呼叫中心正是以信息技术为核心的科技进步与服务产业相互融合的产物。如今越来越多的企业选择利用呼叫中心进行产业升级，传统的"价格竞争"正逐步走向"服务竞争"，仅北美地区就有55000 多个呼叫中心，雇员人数达 600 余万人，占北美地区全部劳动力的 6%，每年有超过 7000 亿美元的货物或服务是通过呼叫中心购买的。不管我们身在何处，只要手边有电话或网络，几乎就可以买到任何东西或服务。总体来说，呼叫中心已逐渐"渗透"到各行各业，并开始引领一场传统产业的革命。

但随着互联网的进一步发展，网络电话变得越来越普及，网络电话又称为 VOIP 电话，是通过互联网直接拨打对方的固定电话和手机，包括国内长途和国际长途，而且资费是传统电话费用的10%~20%，宏观上讲可以分为软件电话和硬件电话。软件电话就是在电脑上下载软件，然后购买网络电话卡，然后通过耳麦实现和对方（固话或手机）进行通话；硬件电话比较适合公司、话吧等使用，首先要一个语音网关，网关一边接到路由器上，另一边接到普通的话机上，然后普通话机即可直接通过网络自由呼出了。由于是通过互联网传送语音通话，网络电话被认为是对传统电话业务的一项颠覆性替代业务。据了解，根据国际上公认的分类方式，VOIP 有四种实现方式：Phone-Phone、Phone-PC、PC-Phone 和 PC-PC。

免费的网络电话的好处：

①免费：话费无忧，放心沟通。

②新奇：咨询免话费，更吸引客户眼球。

③方便：只需输入自己的电话号码，即可向咨询人员免费咨询。

④快捷：快速接通客户，无须等待回复。

⑤人性：除去打字烦琐，一键接通语音。

⑥服务：多免费模式，节省通信费用，宏扬企业品牌。

⑦效益：电话预约转化率高，咨询者易变潜在客户。

网络电话的独家功能：

1. 商圈推广

更直接、更有针对性的利用各个行业平台进行咨询量互换，有效利用废弃咨询，做百度推广带来的是流量，而商圈带来的都是有效咨询量。

2. 全自动防骚扰功能

全智能自动化后台操作，系统会根据访客的来电次数，来源路径进行全方位识别，自动识别恶意骚扰的访客后及时屏蔽该访客，配合手工防骚扰效果更佳。

3. 数据统计

快商通配套数据统计系统，帮助客户从未接来电、已接来电、来源网址、来源省市、来电 IP、通话时长、企业接听号码、客户来电次数等全方位的分析流量转换情况，从而优化并调整推广策略，提升电话咨询量。

4. 来电弹屏提醒

让电脑也具有来电显示的功能，当访客来电时网页上会自动弹出来电人的姓名、来电时间、历史联系记录、历史接待客服等信息，实现电话未接先知，做到心中有数，在与访客沟通中掌握主动权。

5. 电话呼叫规则

改变以前访客电话先响、企业电话后接的规则，实现企业电话先接、访客电话后接的功能，让企业在与访客的交流中掌握主动权。

6. 客户来电处理

可以对每次通话进行备注，客户下次来电在未通话前就知道上次谈的主要内容是什么，可有针对性地知道接下来该如何作答。

7. 来电状态识别

快商通免费电话让您了解访客电话的接听情况，是已接、未接还是访客正在输入号码。客服人员可根据实际情况进行回访，防止访客的流失。

8. 通话提醒状态

及时提醒访客免费电话当前的通话状态（通话状态与平常一样），减少访客等待的时间。例如，"对不起，您所拨打的电话正在通话中，请稍候再拨"！

9. 来电自动分配

电话遇忙转接、随机转接、客服循环转接、按接听电话量最少的客服优先转接等。

10. 子账号及权限分配管理

管理员可以在线添加、修改、删除子账号，并为每一个子账号灵活设定不同的功能权限。

（二）即时通信工具

即时通信（instant message，IM）是指能够即时发送和接收互联网消息等的业务。1998 年即时通信的功能日益丰富，逐渐集成了电子邮件、博客、音乐、电视、游戏和搜索等多种功能。

即时通信已经发展成集交流、资讯、娱乐、搜索、电子商务、办公协作和企业客户服务等为一体的综合化信息平台。随着移动互联网的发展，互联网即时通信也在向移动化扩张。微软、AOL、Yahoo、UCSTAR 等重要即时通信提供通过手机接入互联网即时通信的业务，用户可以通过手机与其他已经安装了相应客户端软件的手机或电脑收发消息。因为即时通信中丰富的表情符号，即时通信工具成为客服沟通的重要工具之一。很多时候一个笑脸表情符号可以化解很多因为纯语言所带来的不必要冲突。

（三）电子邮件工具

作为一种新的媒体，E-mail 已经成为最为锐利的客服沟通工具，使用 E-mail 进行网上营销将会成为未来营销的主流。利用 E-mail 进行主动顾客服务包括两个方面：①主动向顾客提供企业最新的信息；②了解顾客的需求并将其整合到营销组合中。邮件列表营销是许可 E-mail 营销的一种具体表现形式。邮件列表内容策略的一般原则有：①目标一致性原则；②内容系统性原则；③内容来源稳定性原则；④内容精简性原则；⑤内容灵活性原则；⑥最佳邮件格式原则。争取用户加入邮件，合理利用邮件列表比邮件列表的技术本身更重要，通常的方法包括：①充分利用网站的推广功能；②合理挖掘现有用户的资源；③提供部分奖励措施；④可以向朋友、同行推荐；⑤其他网站或邮件列表的推荐；⑥为邮件列表提供多渠道订阅；⑦请求邮件列表服务商的推荐。

（四）站内信（internal message）

"站内信"是为方便会员商务信件往来而设的服务功能，类似于邮箱，主要由收件箱、发件箱、草稿箱和垃圾箱四部分组成，但该功能仅对网站的注册会员开放。

"站内信"不同于电子邮件，电子邮件通过专门的邮件服务器发送、保存。而"站内信"是系统内的消息，其实就是通过数据库插入记录来实现的。

"站内信"有两个基本功能。一是点到点的消息传送，用户给用户发送站内信，管理员给用户发送站内信。二是点到面的消息传送，管理员给用户（指定满足某一条件的用户群）群发消息。

（五）阿里旺旺国际版

TradeManager 是阿里旺旺的国际版，主要是阿里巴巴或速卖通用户与国外客户沟通的即时通信工具。TradeManager 的特色功能包括：

1. 随时联系客户

每一条信息都标记着用户的在线状态，让商人随时联系用户。

2. 海量商机搜索

不登录网站，快速搜索阿里巴巴大市场 600 万商机。

3. 巧发商机

一次性批量发布、重发信息，分类管理信息。商机，一触即发。

4. 丰富的系统功能

"语音、视频、超大容量文件传输、文本聊天"一个都不少。

5. 多方商务洽谈

最多同时在线 30 人的商务洽谈室，空间不再是阻隔，轻松做生意。

6. 免费商务服务

订阅商机快递、行业资讯；随时把握天气、证券；在线翻译、商旅助理助交易。

与国外客户沟通的常用即时通信工具还有微软公司的 windows Live Messenger、SKYPE 和 Yahoo 公司的 Yahoo messenger。

（六）其他互联网服务工具

FAQ 即常见问题解答，主要为客户提供有关产品、公司情况等常见问题的现成答案，也能帮助有目的的客户迅速找到他们所需要的信息。在网站上建立 FAQ，最好在网站设置针对目标潜在客户、新客户和针对老客户的两套内容，设计 FAQ 时应遵循四条原则：①保证 FAQ 的效用；②使 FAQ 简单易寻；③选择合理的 FAQ 格式；④控制信息暴露度。提供免费的 FAQ 搜索工具，一要搜索功能应与站点规模相适应，二要站在客户的角度考虑相关问题。

十、综合案例解析

乔·吉拉德与他的"250定律"

美国著名推销员乔·吉拉德在商战中总结出了"250定律"。他认为每一位顾客身后，大体有250名亲朋好友。如果您赢得了一位顾客的好感，就意味着赢得了250个人的好感；反之，如果你得罪了一名顾客，也就意味着得罪了250名顾客。这一定律有力地论证了"顾客就是上帝"的真谛。由此，我们可以得到如下启示：必须认真对待身边的每个人，因为每个人的身后都有一个相对稳定的、数量不小的群体。善待一个人，就像拨亮一盏灯，照亮一大片。在每位顾客的背后，都或许站着250个人，这是与他关系比较亲近的人：同事、邻居、亲戚、朋友。如果一个推销员在年初的一个星期里见到50个人，其中只要有两个顾客对他的态度感到不愉快，到了年底，由于连锁影响就可能有5000个人不愿意和这个推销员打交道，知道一件事：不要跟这位推销员做生意。这就是乔·吉拉德的250定律。由此，乔·吉拉德得出结论：在任何情况下，都不要得罪哪怕是一个顾客。在乔·吉拉德的推销生涯中，每天都将250定律牢记在心，抱定生意至上的态度，时刻控制着自己的情绪，不因顾客的刁难，或是不喜欢对方，或是自己心绪不佳等原因而怠慢顾客。乔·吉拉德说得好："你只要赶走一个顾客，就等于赶走了潜在的250个顾客。"

乔有一句名言："我相信推销活动真正的开始在成交之后，而不是之前。"推销是一个连续的过程，成交既是本次推销活动的结束，又是下次推销活动的开始。推销员在成交之后继续关心顾客，将会既赢得老顾客，又能吸引新顾客，使生意越做越大，客户越来越多。

"成交之后仍要继续推销"，这种观念使乔把成交看作是推销的开始。乔在和自己的顾客成交之后，并不是把他们置于脑后，而是继续关心他们，并恰当地表示出来。

乔每月要给他的1万多名顾客寄去一张贺卡。一月祝贺新年，二月纪念华盛顿诞辰日，三月祝贺圣帕特里克日……凡是在乔那里买了汽车的人，都收到了乔的贺卡，也就记住了乔。正因为乔没有忘记自己的顾客，顾客才不会忘记乔·吉拉德。

从上述乔·吉拉德的营销故事中我们可以得出以下的结论：

①客户服务是决定着企业成败的关键因素，尤其是作为跨境电商客户，他们对于服务的体验要先于对产品的体验，只有客服人员的服务另其满意，他们才有可能进一步付诸购买的行动，所以跨境电商客服显得尤为重要。

②与售前服务同等重要甚至更重要的是售后服务，跨境电商的客户来自不同的国家，对产品的体验也可能不同，客服人员如果能对售后的反馈给予及时的回复或主动去了解客户的使用体验、主动的

关心和问候的话，将会既赢得老顾客，又能吸引新顾客，使生意越做越大，客户越来越多。

③客服人员在与客户的交往中要学会必要的沟通技巧，在任何情况下，都不要得罪哪怕是一个顾客。抱定生意至上的态度，时刻控制着自己的情绪，不因顾客的刁难，或是不喜欢对方，或是自己心绪不佳等原因而怠慢顾客。

【知识总结】

通过本章的学习，我们对跨境电商的客服内涵有了一个深入的了解，对"以客户为中心"的客服体系也有了一个全面的了解，了解了客服业的发展趋势，懂得了作为一个合格的客服人员要具备的素质有哪些，如何应对客户的投诉和抱怨，如何做好有效沟通以及在使用各种沟通工具时应注意的事项。

【知识检测】

问题一：一名合格的客服人员应具备哪方面的素质？

热情、开朗、有幽默感是客服人员的应具备的基本素质，同时一个合格的客服人员还应该具备各种软技能，这些"软技能"包括：诚恳、热情，亲和力较强，善于表达和沟通，心理承受能力较强，有团队精神，记忆力较强等。还要具备较强的语言文字处理能力，包括外语能力、计算机能力、打字速度快、能边接听电话边输入电脑进行处理、熟练操作电脑设备、运用各种办公软件。此外，也要具备一定的数据整理、统计和分析能力，为上级或相关部门决策提供依据。还要具有工作独立处理能力、问题的分析解决能力以及人际关系的协调能力。

问题二：举例说明如何有效处理客户的抱怨和投诉，以及如何有效解决顾客问题。

客服人员在面对客户的抱怨和投诉时，第一，要做到的是端正自己的服务态度，做到顾客至上，无论谁对谁错，都不可以怠慢客户；第二，要把握顾客心理，弄清楚顾客的真正诉求；第三，要学会倾听，对顾客的投诉和抱怨要有足够的耐心听完，不要轻易打断客户的说话；第四，要对客户的投诉进行有效的提问，通过提问进一步了解问题的根源所在。最后对客户的提出的问题进行有效解答，最终做到令客户满意。

【拓展阅读】惠普公司失败的客户服务案例

惠普：售后服务问题频现

由于公司规模太大、市场份额太高、消费者太多等原因，公司在诸多事务处理上需要更合理的规划和安排，但这不是公司可以对顾客投诉和不满进行回避的合理理由。2009年以来，惠普dv2000、V3000等型号的笔记本电脑集中出现质量问题，引发消费者集体投诉，但惠普公司一直没有给予积极回应。后来170名消费者向有关部门发起联合投诉，要求惠普召回出现显卡高温、花屏、闪屏等质量问题的40个型号的笔记本电脑。据央视报道，2009年12月17日，中国惠普公司客户支持中心的有关人员再次否认惠普笔记本存在任何质量问题。客户体验管理专员在接受采访时，称惠普笔记本出现故障与消费者笔记本使用环境的脏乱差有关。于是央视在2010年"3·15"晚会上对两款惠普笔记本电脑的大规模质量问题进行了报道，惠普公司客户体验管理专员在接受采访时，对惠普笔记本的故障原因做出了自己的解释：中国学生宿舍的蟑螂太恐怖。媒体曝光后，中国消费者强烈谴责惠普对产品质量不负责任的解释。惠普事件给我们带来哪些管理上的反思呢？

1. 反思之一：木桶短板

近年来，惠普公司在中国市场快速扩张，狂铺渠道。从其PC出货量全国第二、2009年PC销售额40%增幅、全国近500个服务点等数据看，我们不难想象其攻城掠地的辉煌业绩。问题是，惠普的渠道让产品顺畅地流出去了，服务质量却没有跟上。绵延的战线让惠普无力构筑自己的服务体系，只好采用最省时省力的方法——加盟制，来打造售后服务团队。然而，"省时省力"同时也就意味着放弃了掌控权。最严重的时候，惠普本部的售后服务部门根本无法从加盟维修点获得产品问题反馈，甚至要通过公司的公关部来打探媒体曝光了哪些维修点的服务不到位。所谓的"金牌服务"，最终成了惠普自欺欺人的幌子。正如丰田为了低成本牺牲了产品质量，惠普则是为了市场份额而牺牲了服务质量。最终，惠普这只木桶能装的水是由最短的那块木板决定，服务质量的短板让惠普多年的心血一泻千里，不得不收拾残局从头来过。

2. 反思之二：甩手掌柜

惠普的售后服务体系大致有三级。第一级是驻守在本部的售后服务部门，负责接收服务渠道反馈的信息并给出解决方案；第二级是由总部派出的巡店督察人员，所谓的"客户体验管理专员"，用来监督加盟维修点的服务；第三级也是直接与消费者对接的窗口，则是各个加盟维修点，惠普每年支付给他们一定数额的年费，由这些维修点负责接收消费者反馈，并通知惠普本部的服务部门调配维修零件。这个体系看起来似乎合理：最上面有总管，最下面有干活的，中间还有充当沟通渠道的"钦差大臣"。可惜由于执行力不强和监管缺失，该服务体系呈现出"上令下止"的缺陷。服务质量关系到惠普的品牌、声誉和最终的收益，是惠普的生命线，但这没有与"钦差大臣"们以及加盟维修点的品牌、声誉和收益建立紧密关系。执行不力说到底也只是一个结果，追究起原因，还得看惠普的利益是否与各级的利益一致。所谓体系和制度，设计出来就要有环环相扣的严谨性以及立竿见影的实用性，而且任何时候也不能把核心的权力拱手让人，因此惠普不该把自己当甩手掌柜，更不该对售后服务问题置之不理。

3. 反思之三：闭目塞听

从关于惠普事件的各种报道来看，消费者发现了问题，首先想到找维修点，结果对方往往态度恶劣，三番五次也不解决问题；其次找惠普的"钦差大臣"，"钦差大臣"也在推卸责任，归咎于消费者的使用环境；打800电话，却连拨N次也无人接听。于是消费者建立了维权QQ群，声讨和捍卫自己的权益。这最终导致惠普公司的形象在更大范围内进行了负面传播。[1]

---

① 东方财富网，《惠普：总部很"盲"》

模块二
实战提升篇

第二章　跨境电商平台情景模拟与解析

【知识要点】

本章的主要任务是学会处理跨境电商业务中出现的一些问题如应对客户询盘，如何处理未付款订单，如何催发货、退换货以及如何对物流进行跟踪并处理丢包或质量问题。

【核心概念】

询盘回复　未付款订单　催发货和退换货　物流跟踪服务

【情景导入】

全球速卖通成长故事分享

背景： 9月末，对我们店铺的一个爆款产品报了速卖通流量比较大的一个促销活动，本是抱着试一试的态度，结果竟然被审核通过了！活动持续7天，从10月1日到8日。到3日的时候，等待卖家发货的订单数量是429个；到8日的时候，达到最顶峰的等待卖家发货为1800多个。到10日的时候，显示本月7天交易额20W左右。

经历： 出现的烦恼有以下这些。

1. 正值国庆长假，业务、销售、物流部门等都在度假，人手严重不足

①录单来不及。公司系统不能与速卖通对接。销售订单与发票等只能靠手工一个一个录入。出现的结果就是两个人录单的速度远远赶不上出单的速度，当你发现待发货的页数现在是120页的时候，等你录完这一页，然后刷新，发现后面到了125页。再录完一页，刷新，发现后面到了128页。据我们这边不完全统计，最高峰期达两个小时400多个订单。也就是每隔几秒钟那个"咚咚"的提醒就会蹦出来。最后我们果断的下线所有的旺旺，不然高频的弹出导致无法录单等。

②发货来不及。由于速卖通"批量发货"这个功能的不尽人意和我们的研究缺乏，填写运单号的速度跟不上速卖通发货期截止的时间。当时我们是愚蠢的一个一个的填上去的。每次都会发现只剩几分钟甚至几秒钟的情况。差点吓的尿裤子。物流那边下午发完货，晚上8点钟给运单号，光填运单号这一个事情，就需要花好几个小时。当时最恨速卖通的就是订单为什么不能按照发货截止日期排名，而只能按照订单生成日期排名（这个问题是各大卖家反映过多次的问题，几年了都没解决）。

③包货来不及。整个国庆节期间，这个账号发了3000多票货，10月7日是周日，从10月8日周一起，公司除了正常运营外，其他一切人员（美工、摄影、前台等）全部被调到仓库包了一个星期的货，直到13日周六才把累积的货发完。

④休息来不及。平台运营负责人和部分业务员，从10月4日到10月13日，几乎没有离开过办公室，困得不行了就在桌子上趴一下（9天没洗脸没刷牙没洗澡）。

⑤细想来不及。一切的一切就像噩梦一样，来不及细想，每天就是录单，填运单号，每隔几个小时检查是否有快超期的订单。所有的旺旺全部是离开状态，设置的是快捷回复。不是不想搭理客户，是实在来不及一个一个的回复。后台的截图都只截到待发货1000左右的。那时候还有点空闲，还有新奇感，还有那心思截图。到了后面，大家都沉默了，都是抱怨。截图什么的都真心没心思弄了。

⑥公司资金周转不及时，质检不及时等。

2. 其实这些才是噩梦的刚刚开始

当我们把所有的货发出去之后，从物流公司传来噩耗：由于"十八大"原因，安检升级！中邮小包货物可能会被退回，可能会延迟！听到这个消息的时候，大家都崩溃了。什么最坏的结果都想到了。但事实就是事实，不想发生的还是发生了。

①陆陆续续从物流公司退回来了将近1000票货（中邮小包的）。于是我们改走了DHL小包。面临的问题大家可想而知：一是需要重新录单和做发票。二是需要给客户留言运单号修改。三是运费上涨一倍。四是安全性和时效性不确定。

②未退回的其中一千多票货将近半个月后还没有上网。而且是不知道什么时候能上网，来自客户的压力大家可想而知。

③上网的部分过了将近一个月还显示在北京、上海、广州等地转悠。

3. 噩梦还在继续

退回的一千多票货改走的DHL小包，历经两个星期之后被告之，查出违禁品，上网时间不可预计。由于发货时候的过于仓促、过多的转运，丢包的、货物破损的、质检出问题的各种纠纷纷至沓来！平台纠纷顶峰期127个，累计400个（两个月）。更不用说差评和平时的客户沟通与解释。

截至12月10日，国庆节发的货还有未收到货的。平台的所有业务员等，连续两个多月没有好好休息过，天天沉浸在与客户无尽的解释与折磨中。

4. 展望

可喜的是，我们依然存在，我们还活着！我们敢自豪的说：让风雨来得更猛烈些吧（只要不是暴风的，小风小浪我们不怕了）！2013年，我们调整公司结构，增加SKU，提高转化率与利润率，提高销售额。我们的目标是做得更好！

5. 建议

我们是随着速卖通的成长而成长的。和众多卖家一样，喜悦和心酸的地方太多太多。感触的东西也太多太多。血的教训告诉我们：首先，发展一定要提前规划。公司的发展要有规划，为了达到目标我们应该做些什么。最好是要用数据说话，而不是空想。小到促销活动，认识安排等也要有提前计划。这样能减少不必要的麻烦。尤其对于应急机制不健全的中小企业。其次，提升服务意识，提高自身综合能力。我们做速卖通的，一定不要进入了一个误区，那就是以为订单和价格是一切。其实不然，要想真正做大做强，关注客户需求才是王道。客户关注的不单是价格，而是价值。我们有时候很憎恨那些打价格战的商家，但仔细一想，你要和他们竞争么？你要自降身价？最后，多交流多沟通。

总结一下我们这三年来的发展与成就，其实我们也好像什么都没变，变的是我们的竞争对手，变的是朋友也越来越多。速卖通上的首批皇冠卖家一直是我们学习的榜样。在此感谢他们！

跨境电商平台充满着机遇，充满着挑战。只有熟知跨境电商平台操作的流程、特点和相关规则，才可以取得成功。

一、跨境电商平台情景一：客户询盘回复

（一）学会辨别各种询盘

回复客户的询盘是每个电商客服人员都要面临的一个挑战，询盘回复的好坏有时直接关系到生意的成败。面对众多的询盘，客服人员首先要学会辨别哪些询盘是有价值的潜在客户的询盘，哪些是无价值的询盘。以下几种情况属于有价值询盘：

1. 有收件人称呼的

XXXXX Co., LTD

Dear Ms. Anna Liu,

2. 有详细产品询问的

Due to the request for our production, we are interested in the following products:

Item: XXXXX

Size: XXXXX

Quantity: XXX

3. 有介绍自己公司背景的

We are a wholesaler in Canada for XXXX products, founded in 1998, and...

4. 有对工厂详细问卷的

Could you please complete the following information for our audit purpose?

Company name:

Location:

President:

Contact way:

Main markets:

5. 有完整的公司名称、联系方式和网址的

XXXXX

Purchase Manager

XXXX（公司名）

XXX（公司地址）

TEL: XXXX

FAX: XXXX

EMAIL: XXXX

WEB: XXXX

6. Email 的后缀是公司网址的：PhilipCa@douglas.de

以上六种询盘比较有可能是真实客户，应该重点回复。对于没有称呼也没有具体产品询问，只是对公司感兴趣，一开始要求寄送目录、价格单和样品的，只对公司产品感兴趣，要求快寄样品赶展会、赶促销，询问样品种类多但没有具体要求，这类询盘基本就是无效的询盘，只是为了扩大自己知名度，或者骗取点样品套个价格，时间比较紧的就不用理了。这样的客户基本是做不成生意的，即使做成也不会是大单子。时间比较充裕的可以联系下，权当练兵。

对于一些所谓的垃圾询盘，我们也不能一概弃之如垃圾。并不否认，有时会收到一些与自己的产品无关的询盘，除了明显的广告等询盘，一些虽然询问的不是本公司的产品的询盘，是否也等同于垃圾了呢？询盘是所有电子商务商机的来源，只要有询盘来，我们都应该尽可能的回复。或许对方也是非专业的买家，描述的比较乱，但我们还是需要耐心地去回复，把自己的专业度呈现在每一个有可能成为客户的询盘面前。通过我们积极的回复，推广自己的网站，吸引买家来我们的页面上，增加页面信息的推广，也不是坏事。

另外，我们也可以通过不同的渠道去了解对方的实力。比如，客户留下的联系方式是否有网址；拿他发过来的 Email 地址后缀当网址去访问下是否是企业的网站；通过搜索引擎去搜索对方的公司名称了解下情况，等等。询盘就是我们的财富，对于那些与我们的产品相关性不大的，在回复后可以搜集起来，当作行业资讯来分析，可以了解市场趋势和需求动态，作为自己研发的第一手资料。

（二）回复询盘的原则

我们在回复客户询盘时要遵循以下原则：亮点突出，吸引客人，语言简练，表达清楚，首尾呼应，诚恳礼貌。询盘回复的要素包括：题目、开头、正文（包括简单自我介绍、报价、品名、规格、包装、价格、价格条款、有效期、起定量/订单量、交货期、付款方式、单证要求等必要时可附上产品图片）和结尾具体做法如下：

关键要做到及时，对于客户的询盘要做到第一时间给予回复。根据时间差进行分段回复：港台地区、日本、韩国、澳大利亚马上回复，印度上午11点之前回复，中东下午1点前回复，欧洲下午3点前回复，美国、加拿大、墨西哥及美洲、拉美国家，下午下班之前回复。对由于种种原因暂时不能回复的，应尽早给客人邮件告诉他可以什么时候回复他提出的问题，而不是置之不理。对于不能完整回复的，应把可以回复的问题先告诉客人，另外告诉一个确切的日期来回复剩余的问题

对于客户的询盘问价，报价前要对不同国家和地区的客户特点有一个全面的了解。欧洲、美国对质量要求比较严格，可以承受较高的价格，讨厌讨价还价。印度、巴基斯坦对质量基本无要求，只要价格优惠，就可能做成生意，基本每次联系都要求降价，可以承受的价格低。中东、拉美对质量有一定要求，价格也比较挑剔，但可以承受比印巴略高的价格。如果是中间商或最终用户，看对方是一个进出口公司还是一家经营此产品的批发商、分销商或者零售商。产品和用途也是考虑的因素，即使完全相同的东西，由于用途不同，价格也不同。用来焊轿车和铁壶的两块同样的焊铁价格可能差十几倍甚至几十倍。具体报价方法有以下几个：

（1）高价法

适用于欧美的客户，新产品，或者对方是一个门外汉，迫切想通过一次生意来了解这个行业或者产品。虽然第一次和门外汉做生意可以获取较高的利润，但是应该及时以冠冕堂皇的理由把价格降低到市场价格，否则一旦客户了解到自己让供应商骗了，生意就没办法继续了。

（2）低价法

适用于印巴的客户，普通产品，或者是常年在中国国内采购的中国通，他们对产品价格非常熟悉，又比较在意。这样的客户只有用接近或者就是成本的价格来吸引他们的注意，然后在最后时刻以一些交货期、付款方式的种种理由，把价格提升到市场价格来，客户在你们那里耗费了那么多时间，而且价格也是可以接受的市场价格，自然会委曲求全的。

（3）一般报价法

对所有客户都可以采用的报价方法。

（三）回复询盘的具体做法

1. 根据询盘内容对买家询盘评级，排列优先级

买家的公司名称是否能通过互联网查到。询盘内容是否具体明确，包括是否列明具体产品、数量、颜色、规格、交货时间、包装等。联系方式是否详细，包括是否留有公司名称、电话、传真、邮箱、地址、网址、联系人、职务等。优先回复有具体产品要求、买家市场对口的询盘。所有询盘应当天回

复。不能及时回复的，也要回复买家已收到询盘、正在核算价格等原因，并告知买家将在什么时间再回复。

2．询盘回复

对询盘进行分类筛选后，我们就要考虑如何来回复询盘。在回复之前我们首先要做好两方面的准备：

（1）报价资料的准备

①物流：寻找合适的货代或船公司能带来良好的服务及优惠的价格。

②价格：针对不同贸易术语、不同港口给出不同报价，并能根据原材料及汇率的变动及时调整报价。

③交货期：不同产品的生产期限，便于在下单前给出合理的交货期，避免后期延误。

④产品：了解产品结构、技术参数等，沟通时可以向买家体现您的专业度。

⑤包装：内包装、外包装、装箱量等，如20"和40"分别能装多少。

⑥图片：备有各种产品的图片。

⑦样品：备有各类产品的样品，可随时给需要的客户寄样。

（2）沟通的准备

①了解目标市场的风俗习惯，如节假日、国庆日等，便于沟通时拉近距离。

②了解不同国家的语言习惯，便于根据不同人群给予针对性回复。

③学会从买家的文字风格判断买家的性格脾气。如买家使用的语言文字简洁精练，则可判断其办事可能是雷厉风行，不喜欢拖泥带水的。

④尽可能开通多种沟通方式，如国际长途电话、传真、专业独立的企业邮箱、在线聊天工具，如MSN、TradeManager。除此之外，还可以通过网络电话节省成本。

做好了报价资料和沟通准备后，我们就来看看如何回复买家的询盘。

网络询盘大多来源于邮件，如何在第一封邮件中吸引买家，将会在很大程度上影响今后交易的成功率。

（3）电子邮件写作要领

①使用统一的信纸，如把公司LOGO或公司名称作水印的信纸等。既体现公司专业性，又能让买家记住自己。网络下载的信纸一般不适合商务使用。

②邮件规范。一是邮件主题突出重点又有针对性。比如，您的公司名字是ABC，这封邮件的内容是给一款产品A的报价，那么主题可以写"ABC/quotation of item A"。这样可以方便客户和您查找信息。对于来往邮件很多的客户，清晰的主题可以让他对邮件内容有初步的了解，节省筛选的时间。二是邮件版面整洁。字体、文字大小、色彩统一，切忌全篇文字都是大写或全部小写，给买家以不专业的形象。对一些需要特别提醒客户注意的地方，可以用大写、加粗、特殊颜色等突出显示。三是落款有公

司名称、网址等详细联系方式，方便买家了解更多信息。

（4）询盘回复格式

①称呼：在知道对方姓名的情况下，称呼一定要写明白。

②感谢对方来盘。

③邮件主体：包括品名、最小订购量、产品图片、产品标准、价格术语、装运港、目的港、运输方式、佣金或标明是净价、是否包含目的港费用。包装：包括内外包装尺寸，以及装箱量，目的港是否打托盘等。交货期：生产时间、运输时间等。总之要尽可能详细。如果邮件正文内容太多，可以把部分内容放在附件，比如，正文介绍两款主打产品，附件放同类的其他产品介绍。

④落款：包括自己的姓名、职务和详细的联系方式等。

案例

Dear Mr. ABC, ——（指出客户的名称，体现对客户的重视和尊重）

We are pleased to receive your inquiry of Aug. 2nd and to hear that you are interested in our plush toys.（开篇要指出针对客户什么时间、发送的哪个询盘回复的）

Our company, Universal Trading Co., Ltd, was established in 1998. We have a Toy Department specializing in the export of various toys covering plastic, wooden, cloth and plush articles. They are all fashionable designing and competing well in the world market.（第一次联系的客户要简要介绍一下自己公司的历史和业绩等，加强客户对自己公司的信任度）

Here we would like to quote as follows based on per 20'RCL. Quantities less than that are slightly higher:

Commodity / Article No. / Packing / Cartons per 20'FCL / CIF C3 Amsterdam in USD

Dalmatian Dog / KD3498 / 8pcs / ctn / 225   6.96 / pc

LonghairCat / KC2385 / 30pcs / ctn / 105 / 4.86 / pc /

Model No.: 105023658 Product Origin: China

Price Terms: FOB Shantou Other Price Terms: CIF London

Brand Name: DZ Toy

Minimum Order: 10ctns

Delivery Lead Time: 30 days

Certification（s）: EN71, EN50088, EMC

Shipment: To be effected within 2 months from receipt of the relevant L/C.

Payment: By sight L/C, T/T

Insurance: For 110% invoice value coving All Risks and War Risks.

We will keep this offer valid only for 7 days.（信函的中间是最重要的部分，要重点向客户推荐相关产品，以及产品的精美照片、型号、尺寸、国际认证和各项品质规格、价格条款、样品情况、发货时间、

最少定货量、装运时间、各种货柜装货量、最大供货量、包装、此次报价有效期等）

As we are receiving orders day to day and our present stocks are nearly exhausted, we would advise you to place an order as soon as possible if deliveries are required to be prompt.

We are looking forward to your initial order.（然后可以重新提醒客户报价以外的其他注意事项，以及问候语等）

Thanks and best regards,

Yours Faithfully

Miss. Lydia Kwan

Export Dept.

Fang Technology Co., Ltd

Email:chunli.guan@alibaba-inc.com

Tel: +862152559888-1-28742

Fax: +862152410947

Mobile: +861391234567

Address: 29/F, Zhao Feng Plaza, 1027 Chang Ning Rd, Shanghai, PRC Zip: 200050

Website: http://www.abcde.com

MSN:abcde@hotmail.com（最后要将自己完整标准的落款放上去，包括姓名、职位、部门、公司全名、Email、电话、传真、移动电话、地址、网页、Trade Manager 和 MSN 等在线聊天工具账号等）①

在收到买家询盘之后，勿急勿躁，真正花点时间静下来好好分析下买家的询盘，再提笔回复他。买家的询盘中可能提到的需求有以下分类：①目标价格；② MOQ（最小起订量）；③ OEM/ODM；④是否允许寄样；⑤颜色/尺寸等产品额外要求；⑥语言问题（是否需要支持其他语种，尤其是产品说明书）；⑦出口经验要求；⑧证书类；⑨付款方式；⑩物流问题；⑪公司资质要求等。

针对询价，建议如下：

①当买家询问的产品较多的时候，记住最好列一个 Excel 表格给买家，这样买家一看一目了然。

②当买家给出的价格低于你的成本价时候，不要气馁，用专业度和诚恳打动对方，在你无法再降价的时候，是不是就觉得这个买家肯定不会要你的而是选择更低价的那家供应商。其实不然，在这种时候，要对自己的产品有信心，当然你也得非常知道自己产品的优势在哪里。若你想说服买家，需要拿出各种论据，告知买家市场上此类产品有多少类型，每种价位如何，A 价位的原因是什么？B 价位的原因是什么？而你给自己产品定价为 C 价位的原因是什么？看看有没有什么数据可以支持你的观点，例如，原材料行情等。所以这类询盘报价的前提是你对自己的产品非常熟悉和自信。

③是否需要降价？当买家说你的产品价格太高的时候，你是否需要降价来满足他？这个要看，有

---

① 信息来源：http://view.china.alibaba.com/cms/hyzj/yx/index.html。

些国家买家会觉得一旦你降价之后，可能会在质量上减分，如果是这样他们是不会和你合作的。这样的时候，需更加抓住机会把握买家，以产品和工厂实力来传递你的实力。可以安排实地看厂，或者直接把你的产品图片，产品操作视频或者工厂图片、工厂视频拍摄传给买家。

针对要求寄样品的询盘，建议如下：

①如果客户第一封信就问你要样品，最好考虑清楚来给予回复。这个买家是否只是想要一个样品罢了，之前是否有和你咨询过非常专业的产品信息，是否有强烈的购买欲望？如果都没有，可以选择不寄。但是若买家说愿意付快递费，也可以考虑，没那么多极品买家只为了一个样品而付快递费的，是否真的是想要样品来测试下产品质量。或者咱们也可以建议先拍照，或者拍摄产品视频传给买家去看，等确实满意之后再做决定。当然，若公司确实较为雄厚，也可不错过任何贸易机会。

②买家觉得你寄送的样品较差

之前沟通都不错，而一旦寄样之后，买家觉得可能样品较差的时候该怎么把握卖家呢？首先需要明确是你的产品本身的质量问题，还是说样品在运输过程中导致破损。如果是前者试着和买家谈判是否哪一方可以做妥协，而如果是后者则建议再次寄样或者和买家解释清楚，拍前后照片给买家，赢取买家信任。

着手回复询盘时要注意的几点：

①查看是否明确买家目的。

② 检查邮件语言啰嗦。

③查看回复内容结构是否完整。

④价格和产品是否已经考虑同行竞争。

⑤你是否主动推进，并留给买家再次回复形成互动的空间。

⑥ 你的产品行业专业度够吗？

⑦邮件标题够醒目吗？

回复询盘时邮件的标题也非常重要，很多客户都是根据标题来判断是否打开邮件来阅读，所以在回复询盘的时候，要注意标题的使用。

1. 邮件标题用客户名称与供应商名称

譬如：To David McIntyre from Kevin Wang 或者 To JC Penny from Blue Sun Company。 To…From…结构的邮件标题，可以让买家清晰看到这个邮件的接收人与发件人，此外如果是回复询盘的邮件可以不必更改太多标题内容，买家对自己发的询盘多少有点印象。

2. 邮件标题用产品报价

譬如：Preferential quotation for Model 123 at the price of US$ 8.99 FOB Yantian。这个标题清晰明了，买家一看就知道某一种型号产品的具体报价。但是当产品型号非常长的时候，需要小心了，可以调整否则容易被服务器当做垃圾邮件过滤掉。

3. 邮件标题用客户求购的产品名称

譬如：Model 123 digital photo frame in European Market 或者 Product catalog of digital photo frames with patented designs。这个邮件标题既能够凸显买家查询的产品类型，也能突出自己产品的优势。

最后写完回复后要再一次仔细检查，是否落款有了，是否准确按照买家要求回复了，买家问的问题有没有漏答，你公司你产品的优势有没有明确，最后再回想下有无跟进策略。

询盘回复发出后，后期的跟进也很重要。虽然我们说老外有及时查看邮件的习惯，但是不乏一些国家的买家自己平时非常忙，尤其如果前期买家已经和你沟通了许多，贸易也走了很多环节的时候，千万不要着急，这么长时间的沟通后，客户应该不会轻易推翻一切重来。买家不回复你可能是没有及时打开邮箱，或者暂时比较忙安排其他事情优先，这种情况下建议对客户表示理解，如果长期没收到可再发一封信问一下邮件没有收到答复是不是其他事情比较忙，或者真的就被系统过滤了也不一定，可在信里告诉卖家你会继续等候客户的进一步消息，如果只顾催单反而可能有反作用，过犹不及。此外，也建议卖家和买家形成互动，就像朋友一样拉客情，如果有 Skype 和 MSN 的，发信之前都可以在沟通工具上先 update 下，买家的习惯也是需要卖家来一步步培养的。也可以通过定期发送新产品给客户或者在客户节假日向客户发送问候和节日卡片来进行跟踪。

二、跨境电商平台情景二：未付款订单

未付款订单实际上就是那些已将收件人信息填写完整的未付款订单。也就是说，顾客已经有购买的意愿，只是还没有完成付款。很多客服人员对未付款订单了解不透彻，经常会因为处理此类订单不当而错失生意，对于这类订单到底该如何处理呢？

此时，客服人员最应该做的，就是及时与顾客取得联系，通过站内信、Trademanager、Windows Live Messenger 或 SKYPE 等，探究其未付款的原因。只有知道了顾客未付款的原因，才能对症下药，争取成交。对于这种未付款订单处理一定要及时，否则会影响这种订单的成交机率。

顾客在 24 小时内未完成的付款，店主也没及时处理的订单，就会自动变成"已关闭订单"。如果店主想了解这些曾经的未支付订单的情况，就只能在"已关闭订单"中查询了。一般来说，对于那些收件人信息没有填写完整且已关闭的订单，店主无须处理。而对于那些收件人信息已经填写完整却未付款的订单，应该主动与顾客取得联系，询问具体情况，然后根据实际情况做出相应的处理，以促使订单能够"起死回生"。

未付款订单的顾客是最有希望成交的顾客。通过与之沟通，你会发现顾客没有付款，主要有以下几个原因。

1. 不了解付款流程

对于这类顾客，只要详细告诉他支付流程，以及支付时遇到的相关问题的处理方法即可。

2. 犹豫不决

犹豫不决也是顾客只下单而不付款的一个较常见原因。本来想买，但填好后又有点犹豫，所以就没有付款。顾客为什么犹豫？有可能是对商品质量心有疑虑，或者觉得价格有点儿高，也有可能是对于网购的信任度不够，客服人员需要针对顾客的真实原因，一一为其解开心结。

例如，顾客觉得价格有点贵，客服人员可以重点谈谈商品的性价比，让顾客认为该商品是物有所值的，最好趁机夸赞一下顾客挑选商品的眼光。如果顾客还是下不了决心，客服人员可以在合理的范围内给以优惠，或者赠送一些小礼品，以促使顾客下单。

对于网购信任度的问题，可以从"7天无理由退换货"和"担保交易"等方面来进行游说，让顾客尽可能打消顾虑。

3. 缺货

有时顾客未付款是由于断货。这时客服人员一定要及时联系顾客，向其表达歉意，请他耐心等待几天，并告诉他，等货物备齐后，你会第一时间通知他，这样一来，就会大大降低此类订单的流失率。当然，店主要尽量避免断货的情况发生，对畅销商品的存货量需要时时关注。如果发现某种畅销品即将断货，就要及时与上游经销商联系，尽快备货。

事实上，买家在拍下后未及时付款的，这些买家大多是因为价格的问题或是货比三家时正犹豫不定拿不定主意呢。这个时候买家对这个产品是有认同感的，只是在犹豫而没有下定决心购买，如果我们能够抓住买家对产品的认同然后加以引导是很容易促成订单成交的。但是一直等待而什么都不去做的结果，很可能是买家转身就把下过订单这件事情忘了。这些对于买家来说损失不大，可能本身就是冲动购物而下单的或者只是在货比三家还没确定的时候下的订单，但对于我们卖家来说就是失去了一个意向度极大的客户。而对于这种客户的成交转化是远比一个新的客户要简单很多的。如何了解对方，解决问题，一般来说有以下方法：

（1）巧妙的设立一些优惠，送小礼物和买家达成交易

在网络上购物的大多数买家都有贪小便宜的心理，希望在成交商品时，能"顺手牵羊"占上一些小便宜。咱们卖家不妨利用这一点，给予一些"小恩小惠"来和买家建立起更好的关系，同时也能让他们成为我们的老顾客。设立优惠，可以送一些店铺优惠券、送小礼物或者是试用品等。仔细看这几方面，其实对卖家都是有利的，这样在无形之中对自己的店铺、产品起到了宣传作用。尤其是试用品，在我们推出新品、打造爆款时，更可以借此做一个市场调研，看看买家收到后的反应，再决定店铺下一步运营策略。淘宝店铺的很多活动都是一环套一环的，互相之间都有联系的，做营销尤其要注意这一点。

（2）巧妙利用库存不足，提醒买家及时成交

如何巧妙的利用库存，完成交易是一门学问，太过强硬不好，但是又必须要要透露出这样的信息使买家有这样一种危机感。在这样的情况下如果买家非常想要这个宝贝，就会马上付款实现成交，另

外一个方面，也会给用户造成产品很受欢迎的印象更能增加对产品的喜爱。比如，可以旺旺或者电话告诉买家，最近这个宝贝拍的卖家非常多，都快供不应求了，大家是非常喜欢的。但是这里要注意的是要根据不同买家的性格来组织不同的语言来提醒，如果在语言上面说得不妥当的话会适得其反。

（3）巧用促销活动结束时间，尽快完成交易

在店铺促销活动和打折特价中的宝贝被拍下，也会有一些未完成付款的订单。这种问题与库存不足的方式处理起来是大同小异，使买家产生危机感就好了。无论是活动价与正常的价格相差多少，哪怕是1元钱，买家也是倾向于以活动价成交的，很多网购买家的原则都是能省就省。在告知买家特价活动即将结束，之后下单产品会以原价进行销售，这样会在买家的心里就会对商品形成一个意识，我必须得在什么时间内付款，如果过了这个时间没有付款那再买就要多付多少钱，或者是就不包邮了，这样会有亏损。在极大可能的情况下，买家就会完成支付。

（4）巧妙利用快递发货时间，促进立即付款

一般快递发货的时间基本都是每天下午6点左右的时候。这个时候如果顾客仍在犹豫，我们不妨告诉顾客，过了快递来取件的时间点之后的订单就要到第二天才能发货了，就要晚一天才能见到宝贝了。买家如果有急事需要用到宝贝或者是希望尽快的能够收到货，那我们卖家就达到目的了。而且从语言上来看也是为买家着想，这样买家心里也不会对此产生抵触。

4. 判断买家购买意向，坚持原则，适当的时候采取一些冷战对策

如果与买家联系后，买家一直在讨价还价或者是无底线的乱砍价，甚至比成本价还要低，这个时候就要注意了。一方面，可能买家对宝贝的购买意向并不是特别强烈，另一方面说明这个买家是典型的喜欢砍价占小便宜的人。如果想要这样的用户来付款交易，最后可能是我们卖家血本无归甚至还要倒贴钱。这个时候必须得坚持自己的原则，多强调产品质量一分钱一分货。我们开店做买卖是为了能够赚钱获取利益的，不能为了成交订单而成交，一定要考虑到自己的成本，不要让步退缩，适当采取冷战对策，说不定还有可能完成成交。

另一方面，提高付款转换率最有效的方法就是催付。合理的催付可以有效提高客户体验，更可以挽回订单，但是过分的催付反而会让买家反感，甚至主动关闭订单。

如何催付才不至于让顾客反感呢？我们来看看不同平台的催付话术方式：

Case One:

Hello, dear friend, we see an unpaid order from you. To ensure a fast delivery , we hope you can make payment ASAP. If you have any questions, please inquire our on-line customer service rep.

Case Two:

Hello, my dear friend, after you ordered the product in our store, the stock will be deducted automatically. Please make the payment in time, otherwise, your order will not be reserved. All the products in our store are in limited supply and there will be no more supply after they are sold out.

Case Three:

Hello, my dear friend, your order in our store has been reserved in stock. Please make payment before 5 O'clock P.M. at your convenience so that we can effect the delivery ASAP. Wish you happy everyday.

Case Four:

电话催付，上午的订单最好是在 11~12 点催付；下午订单最好在 16~17 点催付；当晚订单最好在第二天下午发货前催付。可以与顾客进行如下的对话：

Customer Service Rep: Hello, is that Mr./Miss * speaking? This is the Rose from ** Flagship store, are you free now?

Customer: yes, Speaking.

Customer Service Rep: i am ringing to inform you that your order in our store has been reserved for you in our stock. Please make the payment in time so that we could effect the delivery earlier. We dispatch the delivery at four P.M. Everyday. Thank you for your listening and wish you happy!

电话催付时对因特殊原因不能付款的买家可根据原因随机应变，采用不同的催付策略：

催付中可以告知买家付款后带来的好处，如下：

① Dear friend, we have arranged the delivery,but we found that you haven't make the payment yet. So we kindly inform you that the earlier payment, the sooner to get your parcel.（这里强调发货）

② Dear friend, we found that you have ordered one of the best sellers in the promotion period. How lucky you are! But you haven't paid it yet. We don't know what happened to u. The transaction will be closed soon and you would lose the chance if other buyers pay for them.（强调库存）

③ Dear friend, we found that you haven't made the payment yet. We offer refund within 7days without any reason and we have also covered the freight for you too. We ensure you will be happy with our product. If you won't , there is no need to worry about the refund.（强调售后）

金额大的订单一定要用电话直接催付，以回访的形式先让买家觉得受到尊重。金额小的订单可以直接选择旺旺催付，有条件的卖家还是建议短信催付。

催付的话术可以学习电视购物，但不要像电视购物那么疯，需要注意语速和语调。同样的目的是买家觉得"买到就是赚到，错过了不再拥有"。如果买家还是不愿意购买，千万不要纠缠，可以顺便做一次回访，了解买家购物渠道等信息。

这是某品牌催付的一个真实案例，催付并不会使买家反感，甚至会让买家感动。要结合淘宝具备的各种新的功能来服务好买家。

三、跨境电商平台情景三：催发货

在跨境电商业务中，客服人员经常被客户催快递，作为一名客服人员一定要调整好心态，耐心为买家说明情况。

①及时为买家发出。

②多为顾客着想，耐心说明已发出，没有发出的可说明原因和买家协商。

③发不出的，可适当给买家小礼物或者返现做为补偿，也可协商来不及收货先退款处理。

Buyer: hello, I have paid for my order for two days. Why haven't I received it yet?

Seller: please be patient. I have checked it for you and found that it has been delivered the day after your payment. The delivery No. is ***.

Buyer : But why can't i check it online?

Seller: I am really sorry, Madam. Since you report this to me , I will call the delivery company and let you informed the latest news. So there is no need to worry about anything .

大家想如果这么跟买家说，买家怎么会投诉您呢？买家也会理解的，所以遇到这种问题，客服人员可以像上面的这个客服这样耐心细致地跟买家沟通。

对于买家催问到货时间的问题，我们可以采用下面的原则来做出合理没有漏洞，还能安抚顾客的回答。

Q1 你们大概多久能发货？

您放心，在您付款之后我们会第一时间为您安排发货，我们承诺在 48 小时内会把商品发出。

这里用"第一时间为您安排发货"来表达我们对顾客的重视与我们工作的效率，把能够多久发货的承诺告诉顾客，这里分销商一定要注意提前与供应商交流清楚发货的时间与速度，千万不要欺骗顾客。

Q2 我多久才能收到货？

我们的发货地址是 XX 省 XX 市，一般地区预计 4 天内能收到货物，偏远地区预计 5~7 天能收到货物，您放心，如果有任何特殊情况延误我们会马上与您联系！

一定要告诉顾客你的发货地址是哪个城市，让他对发货过来的距离有一个大概的估计，用真诚的语言告诉顾客，我们随时都关注着她的商品动态，以得到她最大的信任。

Q3 衣服怎么还没到，怎么这么慢？

亲，您先别着急！您的衣服从 XX（城市名）发到 XX（城市名）需要大概 5~7 天的时间，预计您在 X 天内就能收到您的衣服了！我们随时帮您关注着物流动态的，如果中途有任何问题我们会在第一时间通知您！您放心！

告诉顾客你的物流距离与预计的物流时间，这种时候顾客的心态就是担心你把她的商品给遗忘了，我们需要让她知道我们一直在关注她的商品动态，让她感觉得到了重视。

网店客服现在对网店的经营很重要，因为现在网络购物环境不是那么的好，客服回答的语言既要能够安抚顾客，又要符合网店规则，保证网店自身的安全。

四、跨境电商平台情景四：物流跟踪

买家在网购之后，剩下的就是对所购产品的期待。每天查看所购商品的物流动态，成了很多买家的生活习惯。焦灼等待会影响买家工作和学习的情绪，而缓解这种情绪的直接方式就是了解快递物流信息。快递查询系统途径一：单一式。这里说的单一式，自然就是指分散于网络大大小小上百家不同的快递公司。开展快递查询的前提条件是了解快递单号和快递公司所属，所以掌握这两个前提条件之后，查询者就可以通过网络搜索相应的快递公司官方网站，第一时间获得较为全面的信息。当然，选择单一的快递查询系统，是在电商购物网站提供的快递物流信息没有更新或者出现异常时，人们才会想起的第二选择，但是通过单一快递公司官方网站查询，无疑是结果更新最快、最全面的选择。快递查询系统途径二：复合式。复合式提供的平台相对而言更加专业，以为提供多快递公司查询的复合式平台与全国上百家快递公司都有合作，所以在快递信息的统计和更新上，速度也比较快，所以卖家想要第一时间获得快递更新物流信息，也可以选择这些提供多快递查询的专业平台。这里推荐的平台有好递网和快递100。这两个平台都是提供快递服务的第三平台。所以买家在查询时，如果快递公司单号数量多，所属的快递公司也比较多，可以在这些平台直接更新快递单号和选择相应的快递公司进行查询查询即可，另外这些平台提供查询历史，以方便查询者进行多次查询。由于使用快递查询系统平台和登录相关快递公司的官方网站查询方式相比之后，在便利性和时效性上都有很大的提高，所以使用人群正在逐渐提升。

物流追踪（Logistics Tracking）原本是物流企业用来追踪内部物品流向的一种手段，现在向客户开放任其查询成为一种增值服务，通常还是一项免费的服务。完善的追踪系统取决于每个运输、分拣、中转、配送的时间，甚至可以精确到在每一环节的准确时间。现在国内的物流和快递公司，大多提供网站、手机、电话查询，一个单号对应一件托运物，根据单号查询货物到达每个中转站的时间。最初的物流追踪主要是为企业内部服务的。企业内部资源的优化和生产计划及调度计划的需要要求对货品及其装载工具进行追踪。在生产企业中，对产品的追踪可以知道生产计划的完成情况和及时安排各种辅配料及包装材料到位；在生产部门中各道工序传递产品的装载工具的数量是有限的，必须及时地让空载的工具回到上道工序，追踪这些工具在各时刻的准确位置是让生产流畅的必要条件。在运输业中，对货物的追踪有利新货单的排载，其中运载工具和容具的位置是调度室要清楚的信息。如集装箱运输中集装箱空箱的追踪调度得当将为运输企业节省下来一笔可观的费用。对货物装载情况的追踪可防止运载工具的空载或半载，可降低运载成本，进一步可回馈给客户降低费率，使企业更有竞争力。

物流企业如何来追踪其运载工具的流向呢？早在10年以前，给客户的保证都是大概时间，希望驾驶员能按预定的时间到达，而货物装卸的单据和行车记录也只能靠随车携带或托人舟车追赶。后来有了无线步话机，让总部能在一两小时的行程范围内知道车辆和货物的情况，但出了一定的范围就无能为力。后来有了传真机，能将配载货物的情况准确及时地传回总部。而如今的通信技术使无论身在世界的任何一个角落都能指挥若定。

现在我们可以看到无论是客运或货运车队，驾驶员都配有移动电话，车队在行进中也可通过无线电联络，而空运、船运的设备则更好。有条件的物流公司甚至在其运载工具上装有卫星定位系统。而国际多式联运的发展更是推动了全球卫星定位系统（Globe Positioning System）和全球追踪系统（Globe Tracking System）的出现，解决了物流信息在不同平台衔接。这些追踪技术的提高发展使物流业的服务越来越贴近客户，打破了传统的物流业定点定时配载卸载，使随时随地的配载卸载成为可能，使路径优化成为可能。

1. "物流追踪"面向电商客户开放

在零库存理念高涨的这个年代，谁都想在最短的时间把货物发出去。假如他是个批发商，他要知道应如何安排他的货物给下线批发商或零售商，哪些货要求生产商先送货，哪些要求生产商直接送下线或放在自家仓库或暂放在生产商仓库，离岸货要订什么时间的船期，等等。假如他是下游生产商，他要为这些货在相应的时间腾出仓位，或者要在货到之前把前道工序完成。如果是零售商，他要根据未来到货时间，指示生产商将不同数量不同货号的产品送到不同的分店或送到总配送仓库。在物流企业中，其实是同样的情况。收货方需要知道他们的货物在运载途中的准确位置以估算到达时间，以便为下一步生产或销售做准备，最大限度缩短仓储时间，或根本不必入仓直接配送或上线生产。送货方需要知道货品的位置，以便做进一步的决策和回答客人的查问。样品的收货方需要知道样品的运输状态和到达时间作为参加展销会或做宣传计划或约见客人的参考。

对有保质期和保鲜期的商品或全天候运输时间不宜太长的商品，产品的价值同时间密不可分，过了时间就一文不值，甚至还要倒贴处理费，物流追踪可让供需双方准确控制各环节时间以使从供方到需方的物流时间最短。在这类商品到达之前必须在第一时间把提货单据资料准备好，如果是进口货应准备好报关资料和批文，为货一到马上报关提货做准备。另外高价值和交货期紧迫的货物对中间的物流时间控制也很严格，如珠宝、电脑芯片、文物等高价值商品第三方物流时间的减少就增加了货物的安全性，而交货期紧迫的商品物流时间控制不准确往往会影响到供货方的商业信誉，这类商品往往可能是价格敏感商品，投入市场时间的快慢就决定了收货方盈利的多少甚至决定了能否盈利。

2. "物流追踪"在第三方物流的发展

物流追踪是实际是电子通信技术在物流业的应用，也就是物流业中信息流的管理。通常第三方物流是传统的运输、仓储、配送企业，他们可能欠缺信息科技人才，或者本身没有足够的资金和力量及经验开发物流追踪，这严重制约了第三方物流的发展。

为解决第三方物流在物流追踪方面的困局，非常多的软件、硬件公司充分利用互联网技术，结合中国物流行业的实际状况，推出各种各样的物流追踪管理系统，让软件的使用者能充分利用互联网技术为其客户提供实时动态查询物流追踪服务。看看欧洲某物流公司的营运哲学："我们用互联网技术替代了传统用电话跟踪每一运输节点的做法，把运输路径的每一个参与者的出入通信汇成单一的货物跟踪方式，目的旨在降低成本让我们的客户能为他们的客人提供更好的服务。"一语道出了中国物流企业货物跟踪在今后应努力的方向。

五、跨境电商平台情景五：丢包、质量问题

大家经常在发国际小包的时候，担心安全和时效问题，而一旦发生货物丢失、货损、用户信用卡拒付或者 Paypal 纠纷等问题。最终受伤的只有商家和买家。那么一旦遇到这种情况我们该怎样解决呢？

（一）出现丢包问题应如何处理

我们可以尝试用以下五种方式，来最大限度地降低因丢包、货损或其他方面的质量问题所产生的损失。

1. 帮助中心，配送说明

在帮助中心，商品详细页体现配送的相关说明，解决客户配送的疑惑。

2. 配送方式备注

供客户选择配送方式出来的时候，显示大概的配送时效，让客户对时效、费用进行权衡，供客户选择。

3. 物流险或订单险

跨境电商偶尔丢包或者商品损耗是不可避免，在出现问题后，容易引起矛盾。解决这个矛盾最好是增加 1%~3% 的额外费用，同时告知客户，当出现丢包或者货物损坏，商家会免费重新派送，减少用户疑虑，同时也减少自己货物的损失。最好是默认附加，因为一旦丢包成为现实，买家都会要求商家处理，商家不积极处理的话，信用卡拒付，Paypal 纠纷、处理和管理上的成本可能使得商家损失加大。

4. 物流数据回调观察

官网的客服团队除了解决售前问题，订单问题等，最好还需要实时跟进订单发货的情况。比如，包裹配送到哪、是否丢包了或者客户是否签收了，派送过程中有时候客户不在家导致派送失败等情况，当然用户可能也希望知道货物的配送情况。

①建立物流查询体系，人工查询很消耗精力、成本也相当高。建议商家对接快递公司的 API 服务，每天同步每个包裹的物流数据情况。

②对于一些 7 天未收到，15 天未收到，30 天未收到，60 天未收到等的包裹进行人为跟踪，当出现配送异常的时候，比如，派送时用户不在家或者在某个地方卡住很久的，需要人为跟进，联系物流公司，跟客户沟通相应的情况；

③移动电子商务的发展，用户很有可能是在手机下单，如果让用户手动去查询单号的派送情况，查询起来很复杂，人性化体验不好。因此需要客户在移动端的官网就可以查询到货物的物流跟踪。

④E邮宝或者国际小包可能会产生拆包发的可能，如果同时有3个以上单号，用户查询起来就复杂了，特别是在移动端，建议是在网站就直接集成此功能。

5. 海外仓库支持

海外仓库必然是最能有效解决问题的，除了能跟当地快递直接建立合作，又可以保证时效，同时还有政策优惠。当然同时也带来了货物成本、调度成本、管理成本、文化融合、信息化程度等问题。但回过头来，这始终处于成本考虑的问题，当异地仓利大于弊时，商家就有理由考虑，当网站的订单多到一定程度，海外仓必然也是商家扩大规模必经之路。

随着国际物流业的快速发展，很多外贸企业越来越倾向于找货代企业来帮助发货，这样可以省去很多的麻烦，可以节省开支成本，更好地促进企业的发展，那么这时问题就来了，国际货代企业难免会出现一些问题，比如，国际小包出现丢包的情况国际物流企业怎么进行处理的，这问题的解决与否将直接关系到自己在国际货代行业的口碑。

国际小包是重量在两千克以内，外包装长宽高之和小于90厘米，且最长边小于60厘米，通过邮政空邮服务寄往国外的小邮包。它的体积容量都处于一定规格之内，出现丢包的情况还是会发生的。下面是华翰物流公司对待丢包问题的处理办法。

（1）香港地区小包邮件

第一，未上网的件

超过三个工作日还未上网，可找公司客服查询，尽快让货物上网。20个工作日没有上网，并且客户反馈没有收到此件，公司将按实际价值赔偿和退运费，最高不超过300港币，实际价值以客户的采购发票或收据和平台交易记录为参考标准。

第二，上网的邮件

上网后一个月后无信息更新的，可递交查询单号到客服，下单查询3~6个月，国外没有收到，网站查不到任何信息的，邮局也没有回复，提供平台的退款证明，给予退运费处理．

（2）北京、深圳、上海、俄速通等国内邮政小包邮件

第一，未上网的邮件

超过三个工作日还未上网，可找公司客服查询，尽快让货物上网。20个工作日没有上网，并客户反馈没有收到此件，公司将按实际价值赔偿和退运费最高赔偿不超过300元人民币，实际价值以客户的采购单价和平台交易记录为参考标准。

第二，已上网的邮件

①（受理查询期为3个月）中国邮政网能提供查询妥投的国家，建议从收寄起在一个月后无信息

更新的请尽快发查单，追查邮件具体位置。邮局接到查单会当天发出，正常 3 个月内有回函信息。国外没有收到，网站查不到任何信息的，超过 3 个月邮局也没有回复，提供平台的退款证明，赔偿一倍运费。

②不能提供查询妥投的国家，货物上网之后没有赔偿，提供开单查询服务。

大家不用担心在华翰物流发的小包出现丢包的情况，我们都是按照合同规定来执行的，该赔的赔，该协商的就协商，绝对不会伤害客户的切实利益的，这种情况发生的概率是万分之一，万一发生了，都会很好的处理，保证客户利益的。

如果货物在物流运输的过程中出现货损或货差的问题，商家应该如何进行理赔呢？可以遵循以下理赔原则：

①各线路丢货、损货，货主必须在两天之内，写明货种、型号、数量、价值传真到物流公司核实，物流公司财务人员接到司机核实后签字确认后，作为理赔受理依据，如在 3 日之内还没有传真到货运经理，公司不予赔偿。

②货主按送货日期在当天内填写丢损证明表，货物赔偿申请表，该表格填写清楚丢损货物的票号、货号、价格、数量等，赔偿时应填写委托书传真至对方，并要求签名确认回传，否则物流公司只承担赔款的 20%。

③由丢货客户提供该发货票据，货物价值（票上没有填写代收款一栏的），客户无正当理由不提供原始发票的，公司不予赔偿。

④货主上报丢失货物的价值与市场调查价值出入较大的，公司不予赔偿。

⑤装车和卸车时外包装完好的情况下，对方站发现有少货现象的，公司不予赔偿。

⑥赔偿数额由承运方负责协调，赔款双方确认后，理赔确认成立。

⑦各站点发货时必须有一份随车货物清单，在和货物一致的情况下，才能作为理赔的依据，否则不予理赔。

⑧如果有随车清单的，对方站发现有少货现象，公司不予赔偿。

⑨发货发生了因盗窃丢失的货物，由公安机关侦破后，刑事犯罪人依法承担全部赔偿责任。

⑩货物在运输途中，损坏、丢失、霉变的，确认是物流方责任，应赔偿货主的相应损失。

⑪确认双方都有责任，各自按一定价款比例，承担货物赔偿损失。

⑫因地震、水灾等不可抗力原因，造成货主经济损失的，公司不承担赔偿责任。

⑬对于货物的新旧程度，双方确认后，按实际折价进行赔偿。

⑭由于户主自身的原因，造成货物破损、缺失、错装、霉变，公司不承担赔偿责任。

六、跨境电商平台情景六：退、换货

（一）常见的退换货情况

在跨境电商业务中经常会出现顾客进行退、换货的情况，那么如何处理这方面的情况呢？我们可以借鉴敦煌网的做法。以下是从敦煌网官网上摘录的 FAQ。

1. 什么情况下买家会发起退款或退换货协议申请

① 没收到货物。产品运输过程中可能会出现货物丢失、货运单号无法查询或产品被扣关等情况，一旦出现这样的异常情况，买家就有可能发起退款或退换货协议申请。如果买家发起这类纠纷，请您积极通过站内信与买家进行协商，及时回复买家的询问，尽力安抚，并及时与货运公司联系解决物流方面的问题。如果产品没有妥投，请及时与您的买家协商退款，避免买家发起纠纷投诉到平台或者进行信用卡投诉。

② 收到的货物与描述不符。收到的货物与描述不符是指买家认为收到的产品与购买时产品页面上的描述不相符。如果买家发起这类退款或退换货申请，请您积极通过站内信与买家进行协商，及时回复买家的询问，尽量通过协商解决问题，避免买家发起纠纷投诉到平台或者进行信用卡投诉。

2. 买卖双方的纠纷有哪些类型

纠纷按照原因主要可以分为两大类，第一类是"没有收到产品"；第二类是"产品与描述不符"，细分如下表：

描述不符（Item not as described）		没收到货（Item not received）	
款式或型号不符	Style of model not as described	虚假运单号	Wrong tracking number
颜色货尺寸不符	Size or colour not as described		
数量不符	Quantity not as described	海关扣关	Item held in customs
产品质量问题	Quality problem		
产品破损	Item broken	物流公司问题	Carrler problem
假货问题	Counterfelt		
其他问题	Other (s)	其他原因	Other (s)

3. 发货后收到买家的退款或退换货申请时该如何进行操作

买家可以在卖家填写货运单号后的 5~90 天内（四大快递发起纠纷时间 5~90 天、一般快递为 7~90 天、平邮为 10~90 天），买家可发起退款或退换货协议申请：

①退款——全额退款或者部分退款。

②退货——买家是否需要退回产品给卖家。如果需要，则卖家需提供收货地址给买家，同时需要双方协商运费支付方式。

③重新发货——可选择是否需要重新发货给买家。如果需要，则买家需要提供收货地址给卖家，

系统默认由卖家承担运费。

4. 退款协议达成后，买卖双方需要我做什么

退款协议达成后，如果不涉及货物的问题，您不需要做任何操作，系统会自动退款给买家；如果是部分退款，一般情况下您在 3 个工作日之后就可以在"我的 DHgate —资金账户—交易记录"中查询到剩余款项；若双方通过站内达成退款协议，可以联系在线客服操作。

5. 协议中涉及退货或者重新发货，该如何操作

如果协议的内容与产品有关，如：退货退款、换货或重新发货等，在您与买家协商的过程中，买卖双方需要提供详细的退货地址或重新发货的地址。如果协议中要求买家退回货物，买家需要在规定时间内（协议达成之日起 7 天内）提交跟踪号并退回包裹，同时也需要您积极配合查询包裹状态并及时签收。如下图所示。

6. 双方同意达成退货退款的协议，该如何填写退货地址

您可以在退货地址管理中设置 4 个地址方便进行管理。如果您之前已填写，系统将自动默认第一个地址为您的退货地址。如果本次退货地址并非系统默认的地址，请在"地址名称"下拉菜单中选择您的正确的目标退货地址，以避免因退货地址不正确，影响您的交易进程。如下图所示：

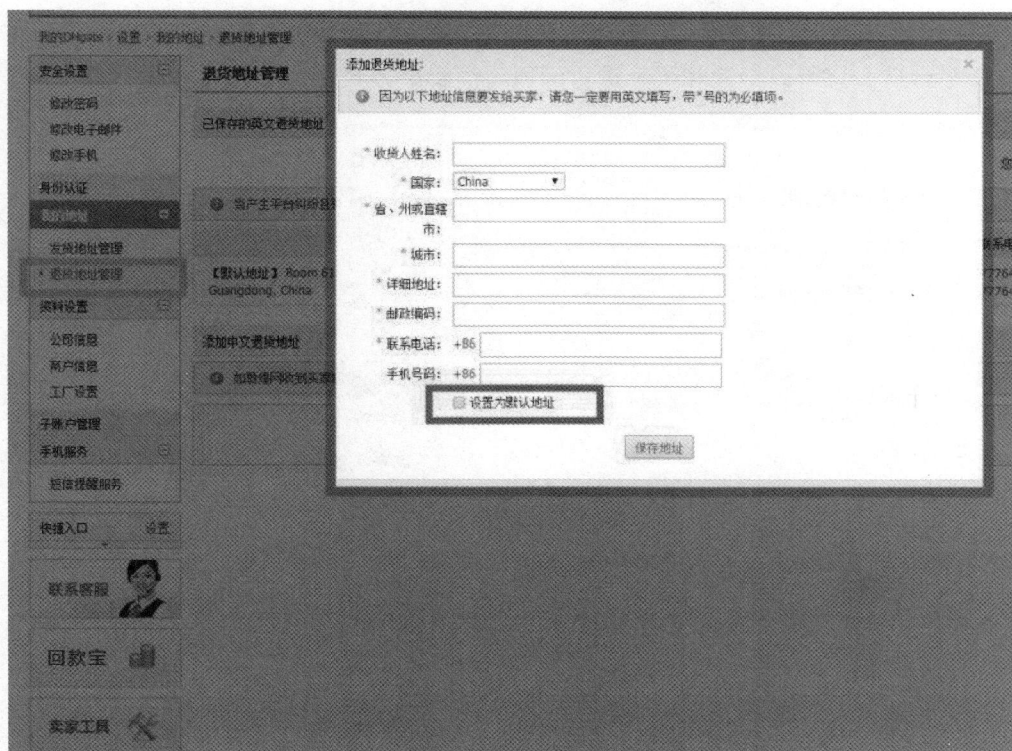

7. 双方没有达成协议，买家将问题升级到平台，怎么办

当买家申请平台介入时，我们首先会建议您积极与买家沟通，努力通过协商解决问题，维护好您的客户。为了便于您更全面的了解解决问题的流程，我们为您提供了简单明了的流程图，如下图所示：

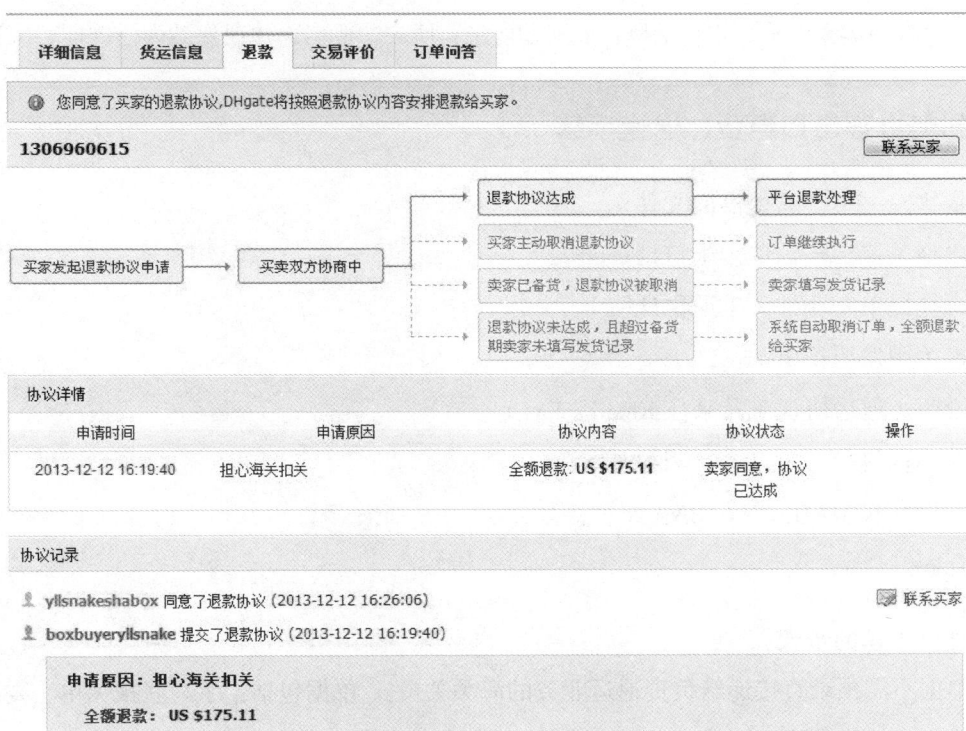

您可以通过"提交证据到平台"对话框（如下图所示）提交相关证据进行联系买家和平台工作人员。纠纷提交平台后，您可以继续和买家进行沟通协商解决方案，当您和买家达成协议后请及时联系平台工作人员进行核实操作。

当买家对产品不满意提出了退款或退换货协议申请，此阶段视为买卖双方协商解决的阶段，平台工作人员不会介入；当买卖双方协议不成功，买家投诉到平台形成纠纷以后，由平台纠纷专员介入，协助买卖双方解决问题，此阶段视为"纠纷阶段"，由此纠纷引起的退款将影响到您的退款率和纠纷率。

达成买家退货协议，您在买家填写运单号后 30 日内没有任何回应，平台将默认您已经收到产品；如果协议中要求退款给买家，平台将自动执行此退款要求；协议达成后，建议您站内信催促买家尽快退货。

（二）如何办理出口退货、退运手续

1. 退运货物——主要需提供的文件

①出口之报关单，核销单（未核销证明）。

②出口海洋提单复印件（未退税证明）。

③出口报关用发票箱单。

④情况说明（退运协议）及来往 Email（Fax）。

⑤进口报关资料。

⑥麦头上最好有 MADE IN CHINA 字样。

⑦贸易合同。

2. 申报直接退运的步骤

①全套单据不需预录直接递给负责退运业务的海关关员。单据包括：手写联报关单、委托书、进口的发票，箱单、出口的发票，箱单、退运申请、退运协议、合同、提单、提货单等其他相关单据。

②单据交给关员后，如果海关提出验货则先验货。验货结束后关员填写直接退运……审批表提交科长、处长三级审批（通常需要 4~10 天）。

③审批结束后，将单据分成进口和出口两票，同时预录。预录时需注意贸易方式为直接退运，征免性质为其他法定；将出口的报关单号打在进口报关单的备注栏里，进口的报关单号打在出口报关单备注栏。

④刷卡待现场交单后，先申报出口。待出口放行后，将放行单（下货纸）附在进口单据上递给负责进口退运的关员。

⑤关员审单签字以后便可放行。

在审批、申报进口、申报出口时海关都有可能提出验货，如果提出验货，则先验货。

3. 关于出口退运货物办理进口手续问题

①若属已收汇、已核销的情况，由出口商向外汇局申请并填制"出口核销退运情况申请表"，经外汇"收汇核销证明"章后，由原发货人或者代理人向海办理出口退运货物进口报关。海关凭外汇局出具的"出口收汇核销退运情况申请表"办理相应手续，并向出口商出具盖有海关验讫章的退运货物进口报关单。出口商凭外汇局出具的"已冲减出口收汇核销证明"，到外汇指定银行办理付汇手续，并作相应的对外付汇国际收支申报［填写"非贸易（合资本）对外付款申报单"，并注明该笔支出款对应的原涉外收入款款项的申报号码，交易编码为"0204"，交易附言栏内注明"退货"字样］。对外汇局未出具"已冲减出口收汇核销证明"的出口退汇业务，各外汇指银行一律不得办理。

②若属在出口收汇期间发生货物全部退运进境的，则由出口商凭原出口报关单（收汇联）、出口收汇核销单向海关办理出口退运货物进口申报手续。原出口报关单收汇联由海关留存，并注销相对应的出口收汇核销单（在出口收汇核销单上加差海关"单证专用章"），同时签发进口报关单（备注栏内注明原出口报关单编号）。出口商凭海关签发的进口报关单、原出口报关单复印件及由海关注销的原出口收汇核销单向外汇局办理注销原出口收汇核销单中退运金额手续。

③若属部分退运出口货物，出口商凭原出口报关向海关办理进口申报手续，海关在出口报关单上批注实退运数量、金额后退回出口商，并同时签发一出口返运货物进口报关单（备注栏上注明原出口报关单号），出口商凭海关签发的进口报关单、原出口报关单及出口收汇核销单向外汇局注销原该出口货物相应的出口核销单下应收汇金额。

（三）如何办理进口货物出口退运问题

进口货物办理出口退运时，退运人及其代理人应持海关签发的原进口货物报关单或外汇局签发的备案登记表向海关办理出口退运手续。

①对已付汇进口货物退运必须先由进口商向外汇局提出申请，办理备案登记，海关凭外汇局出具的"进口退运付汇核销备案登记表"办理出口退运手续，签发进口货物退运的出口报关单（在备注栏上注明原进口报关单编号）。原进口商在收到外商退回的原进口款项时，应填写"涉外收入申报单"。

（对公单位）还需注明对应的原对外付款申报号码，交易编码为"0208"，交易附言栏内注明退款，并持海关签发的相应进口货物退运的出口报关单、银行收账通知或结汇水单、外汇局签发的"进口退运付汇核销备案登记表"、货物进口合同、运输单据等，并向外汇局办理进口货物退货退汇处理的手续，但收汇银行不得出具出口收汇核销专用联。

②进口商在办理未付汇的进口货物退运时，海关按以下办法处理：

a. 对进口货物全部退运的，海关凭原进口货物报关单办理出口退运手续，留存原进口货物报关单，并签发出口退运货物报关单（备注栏注明原进口报关单号）。

b. 对进口货物中部分退运的，海关凭原进口货物报关单办理出口手续，在原进口报关单上批注实际迟运的数量、金额后退回申报人，留存复印件。同时签发一份出口报关单（备注栏上注明原进口报关单号）。原进口商凭海关批注的原进口报关单和签发的出口报关单办理付汇核销手续。

③进出口商应将有关进出口退运货物的报关单复印件与有关进出口收付汇核销单证一并保留五年备查。

④在办理进口货物的退运手续时，原进口商及发货人应提供海关或外汇局要求的其他证明文件。

⑤进出口商在办理进出口货物迟运手续时，如发生漏报、瞒报、伪报货物退运情况，构成逃汇、套汇、骗汇行为的，将根据《中华人民共和国海关法》《中华人民共和国行政处罚法》《中华人民共和国外汇管理条例》及其相关法规对其进行处罚。

七、综合案例解析

买家对运输时间期望值过高，发货后不久就提纠纷

【案例背景】

一位厄瓜多尔买家于 4 月 25 日下单，到 7 月 23 日，包裹仍在亚洲，为此买家以货物在运输途中提起纠纷。下面是买卖双方的沟通记录。

Maritza（buyer）

2015-07-23 09:07:01

Hello, guys, please extend the protection time for 30 days, i just checked the China port air mail and this item is still at Asia!!! I bought it at the beginning on May, that is a lot of time, not happy for this.

Let me know once you extend the protection time and I will close the dispute.

Oliver（seller）

2015-07-23 18:58:57

Dear friend,

Thank you for contacting us when you meet problem.

To ensure your benefit , I just help you extend the delivery time 30 days.

However, I just checked that you made the order on Apr-25.

As your former experience, you should have received your parcel.

Since you still have not received it, we have reason s to believe that your parcel met some problem and was delayed.

To help you solve this problem, we would like to give you a refund firstly.

When you received the parcel, you can pay back to us.

Is that OK?

Thanks for your kindness and patience.

Whenever you need any help, please feel free to contact us again.

Beat wishes.

Oliver

Maritza（buyer）

2015-07-24 20:49:50

That would be great... Thank you.

I really hope to get it soon :）

从买家的沟通记录得知，买家虽然对该订单的现状感到不满意，但买家并不是真的想提纠纷，虽然抱怨物流时间太长，但是买家仍期待能收到包裹。

这个卖家处理此纠纷的方式不是延长收货时间等待包裹送达买家，而是考虑到包裹运送时间已经超过时限且不确定还需多长时间能送达买家，卖家为保障买家的权利，愿意先退款给买家。同时，告知买家如果后期收到货，希望买家能够将货款还给卖家。

从表面上看，卖家存在一定风险，即买家收到货不退还货款。但是，从另一个角度去思考，由于包裹已超出时限，无论后期买家是否收到货，只要买家坚持纠纷，卖家很有可能不得不退款。然而，卖家先主动退款给买家，不仅用实际行动表明自己是一个负责任的诚实卖家，而且很大程度上提高了买家的用户体验度。因此，良好的购物体验加上舒心的客户服务，后期买家收到货物后，将货款退给买家的意愿也会大大提高。由此可以看出，卖家很巧妙地运用了道家人心兵法"将欲取之，必先予之"。

【知识总结】

本章用案例的方法阐述了跨境电商实务中常见的一些问题，对于如何回复客户询盘、如何催付款以及如何应对在物流过程当中出现的如丢包、货损等问题。如何进行有效的物流追踪，以确保客户的货物运输流畅，顺利到达买家手中。

【知识检测】

问题一：举例说明如何催付未付款订单？

1.巧妙的设立一些优惠，送小礼物和买家达成交易。

2.巧妙利用库存不足，提醒买家及时成交。

3.巧用促销活动结束时间，尽快完成交易。

4.巧妙利用快递发货时间，促进立即付款。

5.判断买家购买意向，坚持原则，适当的时候采取一些冷战对策。

问题二：如何应对客户提出的退换货问题？

买家可以在卖家填写货运单号后的5~90天内（四大快递发起纠纷时间5~90天、一般快递为7~90天、平邮为10~90天），买家可发起退款或退换货协议申请。

1.退款——全额退款或者部分退款。

2.退货——买家是否需要退回产品给卖家。如果需要，则卖家需提供收货地址给买家，同时需要双方协商运费支付方式。

3.重新发货——可选择是否需要重新发货给买家。如果需要，则买家需要提供收货地址给卖家，系统默认由卖家承担运费。

【拓展阅读】

客户至上 赢得100%好评率

作为一个在敦煌网的女性商户，吴秀竹一直把对客户服务至上当作最核心的经营理念。而且她自认为女性心思细腻，在与客户打交道的时候还是有诸多优势的。这些年来，她也与很多客户成为了很好的朋友。这种关系有多"铁"呢？吴女士记得在2013年有一次物流公司不小心弄混了她的订单，把两个客户的货物互相发错了，本来这种事情的正常处理方式就是退货再重新发货，当然这会比较耽误时间。不过那位科威特的客户安慰吴女士不要着急，他自己积极联系了另一位来自沙特的客户，结果这两个客户自己相互交换了货物，主动替吴女士解决了很大的麻烦。

在2012年之前，吴女士一直在广东一家母婴用品公司负责销售背带、婴儿车等母婴用品。有一天，她的一位老主顾聊到自己在敦煌网开了一个店铺，吴女士便问生意如何，那位客户笑言"至少能保证吃饱喝足"。这一下让吴女士动了自己也出去闯一闯的念头，因为大学时候的英语学得比较好，再加上自主创业的梦想在她身上由来已久，于是在2012年2月，吴女士在敦煌网开设了自己的第一个账号，从此走上了"自己当老板，自己雇员工"的创业之路。

吴女士坦言，虽然之前有过做传统外贸的经验，但当时自己对电子商务一窍不通，幸好当时敦煌网的渠道代理商给予了她很大的帮助，"让我多上传产品我就多上传产品，让我优化关键词搜索，我也一一照着做"。很快，吴女士的店铺迎来了第一笔订单，她清楚的记得是一位美国客户购买了一个婴儿背带，订单不大，而且刚开始自己对业务不熟悉，运费没算好，最后算下来自己还亏了几十块钱，但第一笔交易的顺利完成还是给了吴女士莫大的信心，很快订单便节节上升，她就不得不开始雇员工来处理这些业务了。

如今，吴女士的店铺连续两年业绩增长超过200%。在2014年敦煌网举办的颁奖盛典上，吴女士更是被评为敦煌网平台上的"十大服务之星"，而且在很长一段时间内，吴女士在敦煌网的店铺都保持了100%的客户好评率，短短两年时间能取得这份荣誉殊为不易。对此吴女士认为，人的精力有限，很多服务不能亲力亲为，只有对待员工如同家人一般友善，尽量让她们在工作和生活上都觉得开心，才能通过她们把对于客户的关爱传递过去。在2012年刚开始雇员工的时候，虽然是一个在广东佛山创业的广西桂林人，吴女士便很注重雇佣佛山当地人作为员工，而且全部都是女孩子。在她看来，佛山当地的员工按时上下班，不太愿意加班，但只要工作安排好，绝大多数的工作都能在上班时间完成的，而且当地人很少主动跳槽，这就保证了团队的稳定性，这对积累客户信任，获得大量回头客的订单是大有裨益的。

和客户成为朋友　把握客户提供的信息

由于是对外贸易，有时候一些突发情况会发生在工作时间以外，吴女士笑言"这时候便是老板上阵的时间了"，她认为敦煌网为卖家商户提供的移动客户端非常方便，客户在任何时间都能找到她，加上自己的英文还不错，很多询盘和纠纷问题当时便能一下解决了。如今，吴女士店铺的每个客户都拥有她的联系方式，日常的联系也并非询盘和纠纷这些问题，很多客户会直接发来当地流行的一些服装款式，让她尽量能找到类似的款式发货过来，在吴女士看来"这就帮了我最大的忙，本来选产品就是很头疼的一件事情"。不仅如此，很多客户在吴女士的店铺买到商品觉得品质不错之后，还会充当"代购"角色，帮助周围的亲朋好友一起来到她的店铺再采购商品。甚至，一些客户买完给小孩的服装之后，会发来一些额外的需求，例如，给小孩装修房间需要哪些物品，请吴女士帮忙一一采购齐备，价格方面让她自己定夺。当然遇到这种需求，吴女士坦言其实自己也赚不到什么钱，不过"只要对客户好，他就会一直在你的店铺采购下去"。

一开始，吴女士的店铺经营主要面向美国市场，而从2013年开始，则慢慢向中东等国家转移了，如今最主要便是沙特和科威特两个国家。在她看来，这两个国家的客户对于价格不是那么敏感，也不会太在意品牌，只要喜欢的款式就会下单购买。在与这些客户打交道的过程中，吴女士也积累了很多的经验与销售技巧，例如，一些女童的裙子套装，在这些国家就特别畅销，尤其是一些带有图腾图案，印第安风格的裙子。这两年来，吴女士一直都是自己在选产品，客户经常也会发一些他们喜欢的款式过来，在她看来，"你跟客人沟通越多，你的信息就会越全面。基本上这一个客人，就会代表他所在国家的偏好，这对于挑选对热销的产品是一件好事，而且由客户来推荐款式也是很难得的事情"。

吴女士认为，回头客多是自己店铺能够脱颖而出的一大优势，诀窍就是真正要和客户成为很好的朋友。"只要你一直迎合他们的需求，客户就会慢慢固定下来，平常多研究一些顾客的需求以及他们的风格，就能达到事半功倍的效果。"当然，要维持100%的好评率也并非是一件容易的事情，吴女士承认，一般她的客户要求都比较高，偶尔出现纠纷和问题的时候，"我们都会倾听他们的声音，看客户想怎么解决这个问题，最后也尽量满足他们的要求。即使有时候是客户发生了失误，例如，你就是买了这个鞋码，后来觉得小了，我就会尽快给他换货，本来颜色就是米色，客户觉得过于白了，我们也会给他们一些小折扣、小补偿，这样他们自然会心满意足"。对于纠纷问题，吴女士想强调的是，不要跟客人纠结你就是不对的，我就是对的，这样对于解决问题于事无补，尽量给客户一些小补偿，这样他会经常光顾你的店铺。

让客户有钱可赚　可持续经营

当然，除了秉持服务至上的理念，吴女士认为让客户同样赚到钱才是最根本的可持续经营之道，因为在她店铺购买商品的客户大多在当地有实体店面或是在 eBay 上进行再销售，吴女士认为"让客户方便的赚到钱"非常重要。在平常的经营中她对于利润方面没有太多计较，总是觉得利润差不多就行。"客户要是有抱怨，对尺码颜色不满意，我就给他补发。长期合作，你也有账目，我心里也有账目，最关键是大家都能赚到钱，如果最终人家不能赚到钱，肯定不会跟你再合作下去。"

对于未来自己店铺需要改进的地方，吴女士认为好评率100%并非一个需要追求的目标，只要顺其自然，就会水到渠成。在她看来，对于潮流的把握自己还做得不够，而这是最难把握，也是最容易提升销量的。

吴女士表示之前对于一些童装的流行趋势，自己以前看得不是很清楚，现在发现可以找到一些好的办法，例如，研究客户当地流行的动画片，"小孩子的童装，其实有很明显的趋势，例如，动画片流行什么，她就需要什么，往往就指定要电视中的那种款式"。另外还有一个可以改善的地方就是发货速度以及物流方式，这是越来越多客户非常在意的地方。为此吴女士如今时常关注各种物流资讯，并经常研究物流公司新的产品，"客人非常在意时间和速度。有些事情也许你把控不了，不过可以尽量选择适合的物流渠道和运送方式"。

第三章　跨境电商客户信息管理

【知识要点】

开展客户调查的基本步骤和实际调查的方法，了解和避免客户调查中的误区，掌握建立客户资料信息的方法和内容。

【核心概念】

客户信息管理制度　客户忠诚度　客户满意度　客户信息数据

【情景导入】

Mr. John 是某国际品牌网络销售部亚洲区的经理。最近中国广州有一个 Mr. Wang 给他发 Email，要求做中国广州的网络经销批发商，并说每年销量保证可以达到其公司要求。公司要求 Mr. John 提供 Mr. Wang 的资料及参考意见，Mr. John 应该如何处理？怎样进行调查？怎样进行信息的处理？

一、跨境电商客户信息管理

（一）客户信息管理制度

相信在跨境电商还未蓬勃发展的十年前，国内很少有人将会将客户信息的重要性摆到与企业存亡紧密相关的位置上。但是现阶段随着互联网经济的发展，原有的市场格局被一一打破，企业间的激烈竞争使国际贸易市场逐渐行成了买方市场，这也进一步加剧了企业资源重新整合的压力。每个企业为了更好的生存都在深入挖掘自身的企业潜力，提高企业产品创新能力，与此同时企业也越来越关注的一个重要资源——客户信息。可见客户信息已然成为了企业的宝贵资源。客户信息资源的特性已经越发明显，传统地关注与客户之间的关系、维系客户的思想已经不能够适应企业发展的要求，把客户作为企业资源进行管理和开发已经成为企业发展的新的方向。因此客户信息管理就成为了每个企业是否能够取得成功的关键，制定合理的客户信息管理制度也就成为了企业工作当中一个不可或缺的环节。每个公司都会制定相应的客户信息管理制度，首先我们看一下某企业客户信息管理制度。

第 1 章　总　则

第 1 条　为防止客户信息泄露，确保信息完整和安全，科学、高效地保管和利用客户信息，特制定本制度。

第 2 条　本制度适用于客户信息相关人员的工作。

第 3 条　客户的分类如下。

①一般客户：与企业有业务往来的经销单位及个人。

②特殊客户：与企业有合作关系的律师、财务顾问、广告、公关、银行、保险等个人及机构。

第 2 章　客户信息归档

第 4 条　客户开发专员每发展、接触一个新客户，均应及时在客户信息专员处建立客户档案，客户档案应标准化、规范化。

第 5 条　客户服务部负责企业所有客户信息、客户信息报表的汇总、整理。

第 6 条　为方便查找，应为客户档案设置索引。

第 7 条　客户档案按客户服务部的要求分类摆放，按从左至右、自上而下的顺序排列。

第 8 条　客户信息的载体（包括纸张、磁盘等）应选用质量好、便于长期保管的材料。信息书写应选用耐久性强、不易褪色的材料，如碳素墨水或蓝黑墨水，避免使用圆珠笔、铅笔等。

第 3 章　客户信息统计报表

第 9 条　客户服务部信息管理人员对客户信息进行分析、整理，编制客户信息统计报表。

第 10 条　其他部门若因工作需要，要求客户服务部提供有关客户信息资料的定期统计报表，须经客户服务部经理的审查同意，并经总经理批准。

第 11 条　客户信息统计报表如有个别项需要修改时，应报总经理批准，由客户服务部备案，不必再办理审批手续。

第 12 条　客户服务部编制的各种客户信息资料定期统计报表必须根据实际业务工作需要，统一印刷、保管及发放。

第 13 条　为确保客户信息统计报表中数据资料的正确性，客户信息主管、客户服务部经理应对上报或分发的报表进行认真审查，审查后方可报发。

第 4 章　客户档案的检查

第 14 条　每半年对客户档案的保管状况进行一次全面检查，做好检查记录。

第 15 条　发现客户档案字迹变色或材料破损要及时修复。

第 16 条　定期检查客户档案的保管环境，防潮、防霉等工作一定要做好。

第 5 章　客户信息的使用

第 17 条　建立客户档案查阅权限制度，未经许可，任何人不得随意查阅客户档案。

第 18 条　查阅客户档案的具体规定如下。

①由申请查阅者提交查阅申请，在申请中写明查阅的对象、目的、理由、查阅人概况等情况。

②由申请查阅者所在单位（部门）盖章，负责人签字。

③由客户服务部对查阅申请进行审核，若理由充分、手续齐全，则予以批准。

④非本企业人员查阅客户档案，必须持介绍信或工作证进行登记和审核，查阅密级文件须经客户服务部经理批准。

第 19 条　客户资料外借的具体规定如下。

①任何处室和个人不得以任何借口分散保管客户资料和将客户资料据为己有。

②借阅者提交借阅申请，内容与查阅申请相似。

③借阅申请由借阅者所在单位（部门）盖章，负责人签字。

④信息管理专员对借阅申请进行审核、批准。

⑤借阅者把借阅的资料的名称、份数、借阅时间、理由等在客户资料外借登记册上填写清楚，并签字确认，客户资料借阅时间不得超过三天。

第 20 条　借阅者归还客户资料时，及时在客户资料外借登记册上注销。

第 6 章　客户信息的保密

第 21 条　客户服务部各级管理人员和信息管理人员要相互配合，自觉遵守客户信息保密制度。

第 22 条　凡属"机密""绝密"的客户资料，登记造册时，必须在检索工具备注栏写上"机密""绝密"字样，必须单独存放、专人管理，其他人员未经许可不得查阅。

第 23 条　各类重要的文件、资料必须采取以下保密措施。

①非经总经理或客户信息主管批准，不得复制和摘抄。

②其收发、传递和外出携带由指定人员负责，并采取必要的安全措施。

第 24 条　企业相关人员在对外交往与合作中如果需要提供客户资料时，应事先获得客户信息主管和客户服务部经理的批准。

第 25 条　对保管期满，失去保存价值的客户资料要按规定销毁，不得当作废纸出售。

第 26 条　客户信息管理遵循"三不准"规定，其具体内容如下。

①不准在私人交往中泄露客户信息。

②不准在公共场所谈论客户信息。

③不准在普通电话、明码电报和私人通信中泄露客户信息。

第27条 企业工作人员发现客户信息已经泄露或者可能泄露时，应当立即采取补救措施，并及时报告客户信息主管及客户服务部经理。相关人员接到报告后，应立即处理。

第7章 附 则

第28条 本制度由客户服务部负责解释、修订和补充。

第29条 本制度呈报总经理审批后，自颁布之日起执行。

（二）客户信息调查方法及规范

企业在收集客户信息方面的方法有很多，主要使用的有：自行收集客户信息、从公共渠道取得客户信息，还可以委托专业资信调查机构收集客户信息。

1. 自行收集客户的信息资料

自行收集客户的信息资料主要来源于客户自身，这种搜集方式既有优势也有弊端。优势在于这种信息来源渠道不必花费额外的费用，信息收集工作在日常与客户接触过程中就可以顺便完成，既节省人力又节省物力。弊端在于信息客观性较差。因为客户在提供信息时往往倾向于提供那些对自身有利的信息而回避对自身的不利信息，这就在一定程度上造成了收集的信息客观性相对较差。

2. 通过公共信息渠道收集客户信息

现代社会是信息化的社会。我们身边的互联网、电视、报纸杂志等大众传媒包含了大量的企业客户信息，这其中互联网对于企业信息展示的及时性、丰富性是其他传媒方式不可比拟的。我们通过互联网可以在第一时间主动地获得自身需要的相关企业客户的信息。但是我们也需要注意很多垃圾信息也充斥在整个互联网上，这就需要我们在选择信息方面有自我辨识能力。解决这一问题的最好方式就是选择一些知名网站或者是企业官网去获得信息，通过这种方式在互联网上获得信息的可靠性非常的强。

3. 通过专业机构收集客户信息

我们也可以通过一些专业机构去收集所需的客户信息。在选择"专业机构"时我们要考虑他们的规模、专业程度、人员构成、服务价格等相关因素。选择一个信誉状况良好、工作态度严谨的"专业机构"能够提高所收集客户信息的可靠程度，有利于企业做出正确的赊销决策。

在对企业客户调查方面我们也应该对所调查的企业信息进行整理和归类。在企业规模方面我们主要可以将其分为三种类型：小客户、中等客户以及大客户。对于不同规模的企业客户我们要区别对待，这样有助于我们后期工作的顺利进行。

小客户是指那些与企业达成的交易合同的金额不大的企业，这些企业的单笔数目虽然少但是确占企业客户总数的大部分。个别小客户发生坏账，给企业带来的损失也不会特别大。出于降低成本的需要，在企业的实践经营过程中，企业再对小客户进行赊销之前并不做任何资信调查，而是在给出信用额度之后才开始收集小客户的信用信息。对小客户选择的信息来源主要有：小客户提供的商业资信证明书、一线销售人员的内部评价报告，以及和客户交易的经验。如果在拖欠的客户名单中很快就出现了某个被授予信用的小客户，应立即追回欠款，并不再考虑给该客户提供赊销。

中等客户是指对公司商品需求量达到中等水平的客户，从企业发展阶段上讲，大都刚刚度过了最困难的初创时期，基本上在市场上站住了脚。这些公司在激烈的市场竞争中会朝着两个方向发展，一部分可能规模不断扩大，而另外一些则在经营中出现失望，陷入经营危机或财务危机，这对销售企业的影响要比小客户大得多，所以企业应该对中等客户有足够的重视程度。对中等客户不能不做任何信用调查就对其分配信用额度，应该从专业信用评估机构取得客户的标准信用报告或银行资信证明书后再决定是否授予该中等客户信用额度。在与中等客户交易过程中，一线销售人员的内部评价报告和企业与客户交易的经营也是客户信息的重要来源。正是因为中等客户有可能朝这两个相反的方向发展，所以管理部门应该比较注重对他们的信息做收集工作，除了考虑信息的收集成本和时效性以外，更要考虑信息的质量、准确性和及时性，如果条件允许，还可以订购信用评估机构的信用报告。

大客户是指对公司商品需求量达到大量水平的客户。这些客户往往是那些在某一领域从事多年的大型企业。这些客户可以为公司带来大量的经济效益，但是由于与其贸易金额较大这些大型企业也可能会带给公司巨大的损失。所以公司的相关部门要十分重视对于大客户信息的收集工作，要确保所收集的信息准确程度高，时效性强。这样才能更好地保证本公司的公司利益不受损害。

（三）客户档案管理制度

客户档案就是有关客户情况的档案资料、企业自行制作的客户信用分析报告，是能够较为全面反映出企业客户资信状况信息汇总。它包括客户的基本情况、市场潜力、发展方向、财务信用能力、竞争力等相关方面。建立客户档案的目标是缩减销售周期和销售成本，有效规避市场风险，寻求扩展业务所需的新市场和新渠道，并且通过提高、改进客户价值、满意度、盈利能力以及客户的忠诚度来改善会馆的经营有效性。所以建立客户档案应侧重于为方便会馆销售工作的各类信息查考、利用，提供全方位的管理视角，帮助正确的分析和决策，赋予最大化客户收益率。

1. 收集客户档案资料

B2C平台上客户档案的建立要充分利用互联网机制专门收集客户与公司联系的所有信息资料，以及客户本身的内外部环境信息资料，并在公司的内部为客户建立电子档案，做到B2C平台上客户信息的有效管理。档案收集不是老总一个人或是丢给几个业务人员就能做的出来的，而是要全员投入，根据各人所掌握的资讯状况，各划一块去分头收集整理。B2C 平台上客户档案资料的建立主要有以下几个方面：

①有关客户最基本的原始资料，包括客户的名称、地址、电话、经营管理者、法人代表及他们的个人性格、兴趣、爱好、家庭、学历、年龄、能力、经历背景、与本公司交往的时间、消费种类等，这些资料是客户管理的起点和基础，需要通过销售人员对客户的访问来收集、整理归档形成的。一些客人表现出对公司的态度和意见，则要通过各部门来收集，可做为针对性服务或改善服务的方向准则。

②关于客户特征方面的资料，主要包括客户所从事工作的市场区域、业务范围、公司销售能力、发展潜力、经营观念、经营方式、经营政策、经营特点等。其中对大客户，还要特别关注和收集客户市场区域的政府贸易政策动态及信息。这样可针对客户公司的经营动态进行有针对性的推销。

③关于与竞争对手的关系及行业发展趋势。其中对于客户的"市场流向"，要准确到每一个"订单"；与竞争者的关系要有各方面的比较数据。这样有利于销售部门在每一阶段对整体市场大趋势进行了解和把握。

④关于交易现状的资料，主要包括客户的销售活动现状、存在的问题，会馆销售战略、未来的展望。客户公司的形象、声誉，财务状况、信用状况等。

2. 客户档案的分类整理归档

在国际市场及互联网科技的飞速发展的大背景下，企业客户信息是不断变化的，因此企业 B2C 平台上的客户档案资料就会不断的更新，所以客户档案的整理必须具有管理的动态性。根据基本的销售运作程序，可以把客户档案资料分成六大类，编号排列定位并活页装卷。

第一大类，客户基础资料，包括：客户信息登记表、客户身份证复印件、有效签单人员名单、客户背景资料、客户的一切初始资料（包括销售人员对客户的走访、网络调查等情况报告）。

第二大类，客户与本方企业签订的合同、协议情况，包括：历次签订合同协议记录，具体合同协议文本。合同协议要按签订的时间先后排列。

第三大类，客户的欠款还款情况（签单客户），包括：客户还款计划（签单合同），客户信用额度，历次欠款还款情况，欠款还款协议，延期还款审批单。其中对于直接外销客户，还应有付款方式、授信金额抵押保证登记。

第四大类，客户投诉、折价情况，包括：折价审批、投诉折价原因、责任鉴定、取消合作企业或个人的基本资料及取消合作原因说明等。

第五大类，同行业发展趋势，包括：与本公司同档次的企业的基本情况、现行促销方案、提成方式等一系列行业动态。

第六大类，公司内部人员促销方案，内部人员销售记录，提成情况。外联促销人员促销方案，外促人员的促销记录、提成记录。

以上每一大类都必须填写完整的目录，并编号，以备查询和资料定位；客户档案每年分年度清理、按类装订成固定卷保存。每位客户经理在各大类中均有自己独立的卷章。

3. 档案审批

①客户经理在 B2C 平台上提交电子档案前要认真审核、校对确保档案的真实准确性。

②所有客户档案均需有客户签名、经办人、直接领导审批签字方可入电子档。

4. 档案的查阅

①每位客户经理有权随时查阅自己所负责客户的电子档案记录。

②总经理、销售部经理有权查阅公司所有客户的档案记录。

③其他客户经理或部门经理需查阅客户档案时，需有销售部经理或总经理的审批方可查阅。

客户档案属公司保密资料，严禁外泄。

5. 档案的增加、修改、删除与管理

行业在发展，消费者的消费理念在不断地更新，不断的理性化，所以档案资料也要不断地更新。以便更好地确立公司正确发展方向。

①档案的增加，对于客户在建档时不完善的资料进行补充，新的行业发展趋势，竞争对手的最新动态等。所有公司员工都有及时提供资料和完善客户档案的权利和义务。

②档案的修改，在建档时客户资料难免有差，所以及时的发现修改是极为重要的。对客户档案进行修改前要得要销售部经理的同意批示，并在留存修改记录和修改原因。

③对错误和过时行业情报、死档进行及时的删除。删除时需有销售部经理的同意批示和删除原因。对确定删除的资料也要有一个月保留期，确定删除时再进行彻底删除，以免误删除有用资料。

④销售部会同其他一线部负责人每月召开一次客户档案补充更新专题会，确定月度重点关注的客人名单。每季度召开一次消费分析会，并根据客户消费情况，对其进行各类客史档案动态转换，并做好各类客户上半年、下半年及年度消费的分析会议。

6. 设立日常档案

对日常运营中一些重要数据资料进行归档，如各级会议记录，日常来信、传真，客户预订记录，客户访问表同，日销售报表，周销售的报表，月季年销售报表及计划总结，散客的表扬、投诉及处理意见，各大活动方案的计划、实施、收效等文献档案。日常档案要实时更新，重要记录及时归入各大类档案中。

7. "两套制"

由于印章和签署是文件生效的主要标志，在现在技术条件下，对一些具有凭证作用和法律效力的文件必须以纸介质形式保存。鉴于电子文件载体和信息技术的不稳定性，以及电子文件的易修改性，也有必要将重要的电子文件制成硬拷贝（纸文档）存档，以确保数据的安全。

目前，电子文件、纸质文件转化为档案一般采取"双轨制"，归档内容形成"两套制"，即纸介质

与磁、光介质两种文件一起归档，形成内容相同的两套档案。其归档时使用不同的编目方法和存贮装具。应在每一卷纸质档案的备考表或卷内目录"备注"项中注明相应的电子文件的编码及存址，同时在电子文件归档目录"备注"项中注明相应的纸质文件的档号及存址，以便利用时参照互补。

8. 如何利用和完善客户档案

通过在 B2C 平台上建立客户档案资料，加强主要客户和潜在客户的信息管理，是为公司销售工作服务，着重在兼顾销售与收款两个目标。因此，公司对客户档案的利用主要把握以下三个方面，并在利用中不断地补充和完善客户资料。

①通过对 B2C 平台上客户档案中各类市场信息的利用，把握和预测公司准新策略方针的可行性及风险规避，对寻找、挖掘新客户起积极的参考作用。所以对于 B2C 平台上建立客户档案，在收集客户背景材料时，不仅要充分了解客户的喜好和消费能力，还要了解同等公司在经营中的失败案例。在利用客户档案时要整体评价客户的消费水平及意向，分析整体市场占有率和市场份额，以便决定公司服务和经营战略的整体发展方向和战略布局。

②通过对客户档案中交易状况信息的利用，把握公司自身管理程序的适应性和市场定位，挖潜堵漏，降低销售成本和经营成本，最大化整合、利用公司资源。提高本公司服务水平和业内定位，应设法让公司内部所有员工知道自己所在岗位的服务流程，并让他们了解自己负责的工作与某些流程有何关联。因为每个流程只要一个环节不到位，就可能导致宾客的不满意或赔款损失，造成不好的影响，流失客源。

③通过利用客户档案的交易付款信息和客户背景材料，把握公司销售业务中的赊销比重，同时重视应收账款管理工作，正确评估客户信用状况，减少交易风险。在判断和列入公司重要客户时，不仅要看其预订量，可能产生的消费费用，更要评价其真正的偿付能力。因此，需要强化信用管理职能，并将信用管理风险的权责合理地分配各客户经理中去，落实在从开发客户到欠款回收工作的全过程，解决"增加销售额和保证欠款收回"这样一个两难问题。

另外，由于客户档案信息量较大，在利用中涉及公司的经营、管理、成本合算、财务管理等诸多方面，数据处理的重复性、频繁性大，所以公司应该导入客户关系管理，辅助通过信息技术的手段集成在软件上面，组合成一套完整的客户档案系统。

（四）客户信息保密制度

1. 目的
为保障客户隐私权益，特制定客户保密管理办法。

2. 适用范围
本规定所指的客户信息，包括在代维服务过程中所有涉及用户隐私的用户信息资料。
本规定所指的系统（存储有客户信息的系统，以下简称"相关系统"）是指直接存储某些客户信息的系统，如 OA 办公、机房平台、短信中心、呼叫中心，等等，或能间接从其他系统获得客户信息的业务系统或支撑系统。

本规定针对客户信息产生、传输、存储、处理、消除等各个环节，系统完整地提出保密要求。客户信息载体包括电子和纸质两种形式。以电子方式承载客户信息的系统范围包括但不限于：传输以及使用各种代维业务或者进行业务运营管理的所有业务系统、支撑系统。

本规定适用于内部人员和第三方系统开发、维护人员。如客服人员、通信系统维护人员、第三方代维人员、在本地或者通过远程方式进行技术支持的厂家技术人员，等等。

3. 客户信息管理要求

各系统管理员应明确识别各系统中存储、传输的客户有关信息，并具体标注需要保护的客户信息类型，等等，按照本管理规定要求制定各类信息及系统的客户信息保密管理规定细则。对于各相关系统中的客户信息，未经授权许可不得查询，更不能用于维护服务之外的其他商业用途。

4. 系统安全功能要求

各相关系统应在信息获取、处理、存储、消除各环节保护客户信息的完整性、保密性、可用性，具备但不限于如下功能：

①客户信息存储时应具备相应的安全要求，包括存储位置、存储方式等，对于重要的客户信息，应根据系统实际情况提供必要的加密手段。

②应具备完善的权限管理策略，支持权限最小化原则、合理授权，对不能支持此原则的系统，应减少掌握该权限的人员数量，并加强人员管理。

③具备完整的用户访问、处理、删除客户信息的操作记录能力，以备审计。新建系统必须满足本要求，对于不支持本要求的已建系统，应根据实际情况在系统升级中进行改造。

④在传输客户信息时，经过不安全网络的（如 internet 网），需要对传输的客户信息提供加密和完整性校验。

5. 系统管理要求

禁止在相关系统中运行与业务无关的其他程序，尤其是可能自动获取用户资料的程序。按照最小化原则配置账户权限，保证对客户信息的访问不得超过本身工作范围。对于访问相关系统的用户，能直接获得客户信息的，必须经过授权，未经授权的用户不得访问该系统。应对相关系统的对外接口（互联网、系统间、第三方系统、合营系统等）定期检查，避免出现不可控访问路径。

6. 授权要求

特殊情况下查询客户信息（如公安机关侦破需要），应按照审批流程、获得主管领导的审批授权。

7. 用户管理要求

本规定中的代维内部人员主要包括两类：

①系统管理员：包括与客户信息有关的系统维护管理员和应用系统管理员，系统维护管理员指直接负责系统有关维护和管理的人员。

②普通用户：指具体使用系统的人员，如市场部门、客服部门、监控部门人员等。

第三方人员：指因维护需要而拥有维护系统或者能够间接获取客户信息的第三方相关系统账号口令的非本公司人员，如开发商、集成商、设备提供商、合作伙伴等。

以上人员因工作需要而获得的客户信息，未经许可不得告知他人，更不能作为商业用途使用。系统用户有严格保守客户信息的义务和责任。

以上人员都应与所属公司签订保密协议，明确保密责任。如发生私自查阅或者泄漏客户信息的行为，将按照公司相关管理规定进行处罚，情节严重者移交法律机关处理。

二、跨境电商客户满意度与忠诚度管理

（一）客户满意度指标与分析

1. 什么是用户满意度

通常，用户满意是用户基于自身感受对相关产品、服务及特定事件和对象进行的直接的综合评价，在相当程度上反映了用户对评价对象的认可和接受程度。用户满意度通常是用户满意程度的量化的表述，以便于度量、计算和对比分析。

满意度集中反映了用户对相关产品和服务的感知、评价和期望，是用户是否对相应的产品及服务进行增加使用、反复购买以至于产生用户忠诚或转换其他品牌等后续行为的重要影响因素。

2. 研究用户满意度的重要意义

用户满意度直接反映了用户对产品及服务的总体期望、感受、认可及接受程度，在相当程度上决定着用户对产品进一步的购买、使用以及基于口碑的宣传推广，对于提供产品和服务的企业（尤其是以用户需求为导向和中心目标）来说是至关重要的。对用户满意度的研究不仅是企业调整、企业经营、战略的重要参考；同时能够有效的帮助企业通过提高用户满意度进而提升忠诚度的方式来进一步提高企业的经营绩效；更重要的是通过对用户满意度的研究和利用，有助于促进企业产品及服务的创新和提升，进而增强企业的核心竞争力。

3. 用户满意度的度量与评测步骤

用户满意度的度量与评测是指通过分析选取能够客观反映用户满意程度方面信息的可观察并可测量的指标，通过一定的方法对这些指标进行收集、观测以及分析和评价的过程。

用户满意度度量与评测主要经过如下一些步骤：

①首先是针对目标问题确定研究范围。

②接下来选定与目标问题对应的能够反映用户满意度的主要及关键指标（如果此类指标不容易选定，可以辅以一定的定性研究的方法来进一步筛选和确定）。

③随后针对所选定的能够反映用户满意度的指标，设计定量观测、提取及收集的方案。

④收集指标数据及进行进一步的分析。

⑤对用户满意度结果的分析和利用。

4. 用户满意度指标的选取

用户满意度指标的选取体现着对目标问题的理解和刻画，同时也决定着后续具体的数据测量和分析方法的设计，从而直接影响到用户满意度评价和分析的结果，是用户满意度分析的核心问题。对用户满意度指标的选取通常遵循如下一些原则：

①用户满意度指标应该是用户认可并关注的重要因素，通常直接反映了用户的实际需求。

②用户满意度指标应该是可观察和测量的，可以量化或给出定性的判断和赋值，从而利于定量的统计、计算和分析。

③用户满意度指标应该是可控的，可控的指标应该是企业有能力改进和调整的，以利于企业进行有针对性的改进和提升。

④用户满意度指标也应该考虑与竞争者和竞争产品对比的内容，以利于产品或服务的横向对比和借鉴提高。

5. 用户满意度评测的指标体系

总体来说，用户满意度指标的选取、指标体系的建立以及相关的评测方法是当前质量控制领域及经济领域的热点前沿及研究重点。到目前为止，国外不少国家已经建立起用户满意度指标及测评体系，我们国家这方面的工作尚处于起步阶段。

具体来讲，用户满意度评测指标体系通常是层级结构，利用该层级结构的指标体系可以在不同的层面和尺度上对用户满意度进行研究。通常情况下，每一个层次的指标是其下一层对应的指标总结结果，同时是其上一层对应指标的展开和细化。

不同行业及产品的具体的用户满意度指标体系有所不同，在实际使用中需要进行有针对性的设计。

（1）用户满意度模型

瑞典于1989年建立了用户满意度指标模型，是最早系统研究用户满意度的国家；随后欧美的大批国家和地区相继建立起了全国或地区性的用户满意度指标模型，在产品性能的改进及服务水平的提升方面发挥了重要的作用。

其中值得一提的是美国密歇根大学商学院质量研究中心的 Fornell 博士总结了相关的理论研究成果后于1989年提出的关于用户满意度的计量经济学的逻辑模型——Fornell 模型，该模型综合考虑用户期望、用户购买后的使用感受及购买价格等多方面的因素，并将基于数学运算的用户满意度的计算方法与用户购买、使用产品或服务的心理感知结合在一起，重点研究和确定影响用户满意度的因素和指标，以及这些因素和指标与用户满意度之间的定量关系和相关程度。

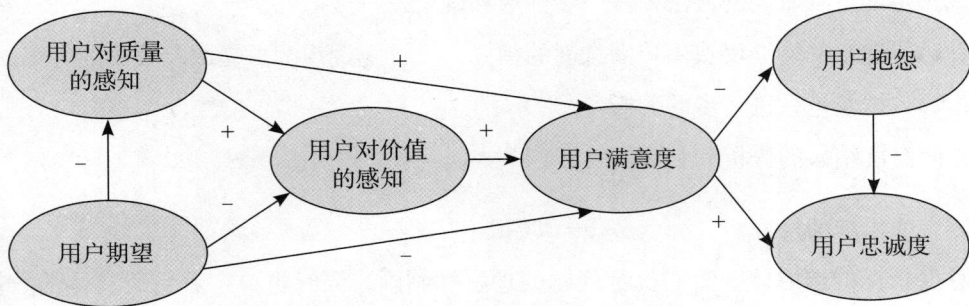

Fornell 模型

如上图所示，Fornell 模型包含六个变量，其中"用户期望""用户对质量的感知"及"用户对价值的感知"是三个前提变量；"用户满意度""用户抱怨"及"用户忠诚度"是三个结果变量，通过该模型研究所得出的变量之间的相关性也比较直观和易于理解。

①"用户期望"与"用户满意度"之间是负相关的关系，"用户期望"越高，往往"用户满意度"越低。

②"用户期望"与"用户对质量的感知"及"用户对价值的感知"是负相关的关系，"用户期望"越高，对质量或者价值的感知越低。

③"用户对质量的感知"及"用户对价值的感知"与"用户满意度"之间是正相关的关系，感知越好，用户满意度越高。

④"用户满意度"与"用户抱怨"之间是负相关的关系，用户满意度越高，投诉和抱怨越少。

⑤"用户满意度"与"用户忠诚度"之间是正相关的关系，用户满意度越高，忠诚度越高，越容易频繁和持久的使用产品或服务，以及向他人推荐。

但这些变量之间的直观的相关关系也有值得深入研究和商榷的地方。比如，一些变量之间的或正或负的相关关系是广义单调的吗？也就是说在这些变量的取值范围内，变量之间的关系始终满足或正或负的相关关系吗？是否存在一个平衡或者临界点而使相关关系发生显著变化甚至逆转吗？

举例来说，直观上来说"用户期望"与"用户满意度"及"用户对质量（价值）的感知"是负相关的关系，那是否存在这样的情况，在一定的合理范围内"用户期望"相对越高，用户越容易深入细致的进行感知，也就使对产品或服务的感知和评价水平也越高，从而表现出一定的正相关的关系呢？

用户偏好的研究中也普遍存在偏好反转的现象，而引发偏好反转的原因是多方面的，虽然有用户在经济方面以及投入—产出方面的考量，但与用户偏好相对应的用户满意度也应该有反转现象。类似的例子还能够举出很多，这些都是值得我们进一步深入细致研究的。

（2）用户满意度应用的现状与动态

用户满意度的调查、评测已经广泛应用于国民经济与社会生活的方方面面，针对产品质量及用户满意度的评测，我国已经建立了相应的满意度指标体系，有关部门定期针对特定领域的产品或服务开展用户满意度的调查和测评，并及时向公众公布权威的结果，一方面对用户的消费权益起到了有效的保护作用，对用户的消费进行积极合理的引导，另一方面也为相关企业找准产品或服务存在的问题和努力的方向，以期进一步提高产品品质和服务水平提供了依据和借鉴；有关的软件公司开发了用于用户满意度调查的平台和软件，为用户满意度评测方法的广泛应用提供了便利条件；基于行业产品和服务的标准化方面的考虑，相关部门也面向社会、政府及企业在用户满意度方面的相关需求提供高品质的服务。

（二）提高客户满意度的五大要素

1. B2C 平台上的客户接触面直接影响客户满意度

在 B2C 平台上和客户接触的方方面面都会直接影响客户的满意度，那么和客户的接触面有哪些方面呢？包括企业的产品、市场活动、咨询热线电话、销售人员、销售渠道、技术支持人员、售后服务人员、电子邮件、书信来往、短信交流、传真沟通等。

（1）根据客户需求、市场调研进行产品设计

对于跨境电商企业而言客户的需求是产品研发的基础，只有这样，产品才能更人性化，更能满足客户的需求，最后实现双赢。简而言之，要让客户满意，首先要从产品设计开始。这里我们来看一个非常经典的故事。1986 年，IBM 公司在快速成长的小型计算机市场的地位已危机四伏，竞争对手从四面八方向 IBM 袭来。然而 IBM 的高增长掩盖了市场的危机，其实当时的 IBM 的市场份额已急剧下降。这时 IBM 的罗彻斯特研究中心甚至还不知道怎样计算市场份额，虽然"银狐计划"做出了要设计新型计算机的决定，但是很长一段时间，他们的进展是非常缓慢的。到底制造什么样的机器成为他们的一大难题。后来他们邀请了一些平时对 IBM 不满意的客户和具有需求的客户到 IBM 的罗彻斯特研究中心做"顾问"，将他们变成"委员会"的一员。在邀请客户成为开发组的成员问题上，研究中心也面临着很大的挑战，诸如保密问题等。在解决了这些问题之后，研究中心的人发现很难与客户代表进行合作，主要是业务和技术语言的不同导致了沟通上的大问题。因为多年来 IBM 倾向于"以产品为导向"，他们使用的是工程师的语言，而客户讲的是日常的商务语言，因此根本无法了解客户的真正需求。经过几天的讨论，他们终于有了共同语言，客户提出了他们的建议和新想法。有一位客户甚至提出了能否简化彼此生意上的手续，因为他很厌烦每个月给 IBM 开三张不同的支票：一张是机器的租金、一张是软件的费用还有一张是服务和维护费用。像这样的会议后来坚持一个季度召开一次，IBM 共接待了来自 20 个行业，代表 4500 家客户的代表和合作伙伴，并与之进行了交流，结果在 IBM 的新产品 AS400 投入生产之前，客户已经下了大量的订单。参与设计的客户高兴地对其他客户讲："你发现了吗？我的 90% 的建议都被采纳了，我觉得自己好像就是开发团队中的一员。"新产品发布会安排在 1988 年 6 月 21 日夏至——一年中最长的这一天，正像 IBM 期望的那样，它得到了所有的阳光，几天里，股票上涨了 10 个百分点，短短 60 天，仅在欧洲销售量就超过了 35000 台。从客户中来的建议和意见使 AS400 的寿命长达 10 多年之久，改变了 IBM 的命运。

（2）网络咨询和服务

几年前，张先生装修新房在某一跨境电商企业购买了三台空调，因为安装时已入深秋，因此空调一直闲置着，直到第二年才开始使用，可是从未真正投入使用的空调却不能正常工作，于是张先生立即在网上用即时通软件向售后部投诉。由于天气燥热，心情也很烦，憋了一肚子的火正打算发泄一通，可是联系到相关客服后，还没等张先生说话，对方就用汉语说："您是张先生吗？您在去年 10 月购买了我们三台空调是吧，有什么需要我为您服务的吗？"张先生一听，气一下子就消掉了一半。这样的网络客服服务很人性化，让人觉得舒服。接着，网络客服人员向他解释了遥控器在较长时间不使用时应该重新设置，很快，问题就迎刃而解了。第二天，网络客服人员又打电话来询问空调工作是否正常，是否还有什么问题需要帮助。这就是网络销售、服务一体化的体现。该跨境电商之所以能做到这一点，是因为利用了电脑高科技将客户的资料信息在销售与服务部门之间实现了共享。当客户联系客服时，如果所使用的联系方式与购买时客户留下的联系方式一致，那么电脑就会自动在客户信息中搜索，一旦匹配，马上弹出有关客户的一切资料供网络客服人员查用。由此可见，网络客服服务的质量直接影响着客户的满意度，网络客服人员的每一句话都应该体现对客户的关怀和尊重，这样才能提升客户满意度，避免客户流失。

（3）销售人员的言行影响客户满意度

国庆长假期间，有一个朋友在某跨境电商处买鞋，看了很多，最后终于看上了一双，网络报价 768 元。国庆期间该跨境电商采取的是满 200 减 80 的网络促销模式，按照规则，购买这双鞋可以减 3 个 80 元，也就是只需要支付 528 元。朋友问网络客服人员："按照这种模式，另外的 168 元就不能优惠了吗？"这时一个负责销售客服讲："今天是节日，就按照 6.5 折计算吧！"这样实际的购买价格就应是 499 元，朋友很满意，正当他准备在网络上下订单时，客服人员又画蛇添足地补充了一句："主要我们经理人很好的，要是我本人，还真不愿意做这样的促销哦！"结果听完这句话，朋友立刻取消了订单。看看，就是因为网络客服人员这么一句无心之词就让煮熟的鸭子飞了。从上则案例我们可以看出，网络客服人员应该时刻留心自己的言行，多采用夸奖模式以让客户高兴。比如，客服人员应该这样讲：您是我们今天的幸运客户，希望鞋子和价格都能让您满意。事实上，这样的"小恩小惠"，在很多时候都能够起到不错的效果，关键就在于其抓住了客户的心理，让客户觉得占了很大便宜一样，非常合算。

（4）渠道影响客户满意度

实际上，客户的满意度不仅仅取决于产品质量及售后服务的好坏，还与我们的渠道管理息息相关，杜绝"踢皮球"现象。前段时间，一个朋友买了一部手机，可是没用几天座充就坏了。因怕耽误重要事宜，他赶紧送到某维修网点去修理，可是售后人员无奈地告诉他说："很抱歉，这是你自己损坏的，得由你自己掏钱更换。"没办法，既然说是自己的责任，那就再买个新的吧。可是售后人员又告知没货了，要买得去其他维修点的售后服务部。无奈，朋友只能赶到另一个维修点，可是工作人员不紧不慢找了半天才讲："对不起我们这里也没货了，要不你再等等让我再找找？"好不容易找到了一个，可新座充既没有包装盒也没有配套的插头，而且工作人员的服务态度非常不好。朋友非常不痛快，但还是买下了。可是没过两周，新座充又坏了。于是朋友给售后服务人员打电话，结果被告知自己弄坏的还得自己再买。朋友实在不想反复折腾，就说："这样吧，你们给我快递一个新座充，所有费用全部我自己掏了行不行？"答复是不行，没有这个业务。朋友非常愤怒，把他们的电话录音存到了电脑里，走到哪里宣传到哪里。后来，朋友直接打电话到公司总部投诉，结果答复是："很抱歉，我们公司的售后服务外包了，座充也不是自己生产的，所以实在是无能为力。"对消费者来说，他们不关心哪个环节出了问题，更不关心理由是不是合情合理，只要影响了产品的正常使用，就决不容许。虽然充电器和售后服务已经由其他企业承包了，但是它们毕竟是企业面向外界的窗口型服务机构，影响着企业的品牌和形象。案例中的消费者以后不但不会再购买该企业的产品，而且负面宣传效应也会使企业受损。由此可见，不仅产品的质量和售后服务会影响客户满意度，渠道对客户满意度和企业品牌形象的影响力也是不容忽视的。

（5）角色定位和客户管理

我们知道，跨境电商企业的营销是一个集销售、市场、服务为一体的过程，因此客户管理自然也要涉及企业的销售部门、市场部门、服务部门以及各部门的相关人员。那么，这些与客户管理密切相连的部门或个人在整个客户关系管理过程中各自扮演着什么样的角色呢？

第一，在线客服人员

在 B2C 平台上，客户管理是一个以客户为中心的过程管理，而在线客服人员的日常工作就是与客户打交道，收集、管理客户的相关信息并反馈到数据系统中以供查用，并选择适当的时机开展一系列市场调研和营销推广活动。因此我们说在线客服人员与客户关系管理是密切相关的，并且是客户关系管理里最前沿的，也是最有用的一个角色。

第二，数据分析人员

如何进行报表分析一般情况下，数据分析人员使用的最基本的分析工具是报表。如何灵活地制作报表，进行 OLAP（在线分析处理）分析呢？比如，就某公司的情况进行分析，假定发现公司的月营收不是非常理想，那么我们就可以从以下几个方面进行考虑：哪些地域不理想？哪个产品造成的？哪些销售行为导致的？市场活动带来了什么影响？等等。对此，数据分析人员将通过 OLAP 分析得到到底是什么原因导致产生了这样的结果，以及下一步该如何实施改进。比如，如果推销的产品不是客户所需要的产品，那么怎么办？怎样设计产品套餐更合理？如何定价？等等。这些都属于数据分析人员的工作范畴。

第三，IT 部门

很多企业都拥有不止一套管理系统和数据库，市场部有自己的系统和客户资料库，客户部甚至不同营业厅也都有自己的一套系统和数据库，这些系统之间彼此独立、没有联系，那么如何将这些信息有效整合到一起，变成一个可供市场部、数据库部、客户服务部、营销部门、渠道、营业厅以及一线的客户经理等共同享用的较完整的数据库呢？这就得依靠 IT 部门了。IT 部门的第一重要任务就是将不同部门的信息整合起来，然后统一到一个面向各部门的信息平台上，让每一个与客户直接接触的人都可以及时调整、补充、完善客户的信息，特别是大客户的信息，以便据此进行客户细分和跟踪营销。当再次向客户推销产品时能够直接切入主题，有的放矢地说出客户的期望，让客户觉得备受关注和理解，如此提高市场定位的准确性和推销活动的成功率。举个例子，北京移动向来以客户为中心，他们给每位客户设定了一个唯一的代码与其对应，如要查询某一客户的信息，只要输入相应的代码即可查知，比如，性别、年龄、收入、职业、婚否、出生日期等。此外，还有一些重要的行为信息也可查知，比如，客户的电话打到什么地方，打了多长时间？国际长途费占多少？漫游费占多少？短信息费又占多少？数据业务占多少？等等。如果不把所有信息都整合到一起的话，他们根本没办法了解客户具体都使用了哪些产品，更没办法进行客户细分，也就不能使市场推广和促销活动更有效。由此可见，企业的 IT 部门扮演着一个不可或缺至关重要的角色，即把客户的背景信息和行为信息整合在一起，形成一个唯一统一的客户信息源（即所谓的以客户为中心），以便进行客户细分。

第四，领导人员

领导人员是一个起着承上启下的重要作用的个体，必须自己先把上级、公司最基本的一些想法、营销策略、战略目标等吃透，这样才能准确无误地传达给下级。特别要强调的是：首先，领导自己要非常清楚，客户关系管理将会带来怎样的利益和利润；其次，要让一线的员工、一线的客户经理知道，客户关系管理能给他们带来什么，给整个公司带来什么。要使所有人对客户关系管理的认识达到高度一致，认为客户关系管理是至关重要的，没有它就根本没有办法在竞争日益激烈的市场占据主角的位置。同时还要对下面的员工进行培养和教育，让他们时时刻刻都要以客户为中心，要有主动服务和营销的思想和意识。此外，领导还需要考虑员工绩效考评的问题。

由此可见，客户经理收集信息，建立客户信息数据库；分析人员处理信息，指导市场实践；IT 人员整合所有有用信息，建立统一平台；领导人员负责教育、培训以及最后的绩效考评。在客户关系管理里面，各种各样不同的角色有各种各样不同的职能，但是只有相互协作、相互配合，才能把客户关系管理好。

2. 产品质量是提高客户满意度的基础

一般情况下，在 B2C 平台上销售的产品其产品质量总是客户考虑的第一要素，但是由于客户不一定是专家，当他们接触到一件新产品，根本谈不上对产品的质量有多么深刻的了解和认识。确切地说，在他们购买之前，只能从朋友的推荐、广告的宣传、网络客服人员的讲解中获悉产品的质量和性能。但是一旦客户购买了产品，那么马上就会知道产品的实际质量和性能。一旦发现产品的质量有问题，或者当发现产品的性能和销售人员介绍的出入太大时，客户就会感觉上当受骗了，不满情绪也会油然而生。这就是一般客户投诉的起因。但是，因产品的质量问题引起的不满，最后很可能由于服务不到位而导致不满情绪进一步激化。通过市场研究可以了解客户需要什么样的产品和性能，了解竞争对手的产品质量和性能，了解客户对产品不满的原因；但只有坚持学习和创新，产品的质量和性能才会逐步得到改善和提高，才能越来越受到客户的肯定和支持。只有客户满意了，才会有更多的回头客和良好的口碑效应。因此，我们说产品质量是提高客户满意度的基础。

优质服务是提高客户满意度的保障客户在购买产品的过程中，开始可能并不了解产品的质量和性能，但是通过和销售人员、客户服务人员打交道，就会逐渐对产品的质量和性能、企业的品牌和形象有一个认识。销售人员、客服人员代表着企业的形象，从他们身上基本上可以看出一家企业的管理水平和服务水平，能在很大程度上决定客户是不是会购买我们的产品。客户服务是客户印象的第一窗口，也是购买产品的第一决定因素，除非产品是垄断型的，客户没有其他的选择。正因为客户对产品的质量和性能的了解，很大程度上依赖于销售人员或者客户服务人员的介绍，因此客户经理和服务人员良好的职业素养便是吸引客户的第一关，也是客户满意度的第一保障。比如，当客户使用了产品以后，发现产品质量有问题或者对其他不满，于是进行投诉，这时接待他们的客户服务人员的态度、讲话的礼貌和技巧都会直接影响客户的满意度。因此，我们说优质的客户服务是提高客户满意度的保障。

3. 企业形象是提高客户满意度的期望

客户对企业和企业的产品的了解，首先来自于企业的形象、品牌和口碑效应。当客户计划购买的时候，他们会非常关心购买什么样的产品，购买谁家的产品，这时对于跨境电商而言企业形象就起到了非常大的决定作用。通常，客户的第一选择总是脑中第一个出现的品牌的产品，然后才会在市场上进行分析和比较，最后决定购买谁家的产品。一般情况下，客户是希望购买牌子比较硬、价格又不太贵的产品，也就是有高的价格性能比的产品。因此，我们说对于跨境电商企业而言企业形象是提高客户满意度的期望。

4. 客户关系是提高客户满意度的法宝

当客户决定从企业的形象、品牌去探索该产品时，遇到的第一个人往往是网络客服人员，他们的态度、对产品的了解程度、服务水平直接影响到客户的购买决策，但是最关键的还在于客户经理是否能很快地和客户建立起一种相互信任的关系。大部分客户认为销售人员只是从自己的利益角度出发一味地推销产品，而不是帮助客户进行咨询的，甚至认为销售人员为了卖出产品可以不择手段，这就导致销售人员越卖力地推销产品，客户躲得越远。由此可以看出，销售人员和客户之间建立相互信任的关系是十分重要的。只要客户和销售人员之间建立了信任关系，那么不管以后销售人员如何推销自己的产品，客户都会认为销售人员是为客户着想。因此，我们说客户关系是提高客户满意度的法宝。

5. 客户服务——贯穿售前、售中和售后

讲到客户服务，很多人认为就是售后服务部门或者客户服务中心的事，其实我们知道，客户服务

不仅仅是客户服务部门的事情，客户服务涉及企业的方方面面。首先我们看一下销售的流程：第一步，市场研究。通过对企业、市场、客户需求的市场调研和分析，研究市场定位，这时需要考虑的有企业的强项、弱项、机会和挑战（SWOT 分析），考虑竞争对手的情况、政策的发展等。第二步，完成了市场分析后，下一步就是进行市场目标的设定。根据市场分析得到的结果，制订市场推广计划，包括市场定位、政策设定和营销规则等。第三步，有了市场定位和市场政策、目标，我们就要通过市场活动，提升企业的品牌形象，为打响某市场战役做好充分的准备。通过广告、地域巡展、招聘会、论坛、展览会、直销宣传册、电话销售、电邮等，或者参加著名学府开办的讲座等市场活动，为企业带来更多的潜在客户和销售机会。第四步，通过市场活动为企业争取到更多的销售机会后，这时就需要一对一的服务、销售。销售人员需要进一步跟踪机会客户，通过电话联系、和客户约会等，为客户进行进一步的宣传推广，让客户了解更多的有关公司、产品、解决方案的信息，同时了解客户最头痛的问题和希望得到的解决方案。通过进一步的交流，让客户认可你的产品、方案和服务，最终和客户在价值上达成一致，实现共赢，签订合同。第五步，和客户签订合同后，就要严格按照合同所列的条款执行。如客户需付首付款或订金，销售商或厂商需按时、按要求给客户发货，或者进行服务咨询等。第六步，产品顺利交付并验收完毕之后，接下来客户就应该付完其他款项，同时客户有权利享受相应的售后服务和进一步的维护、升级等服务。第七步，当市场活动接近尾声时，企业一定要对这次的市场活动或者策划进行评估。评估的方法有很多种，比如，每当接到客户的来电、拜访、来信时，一定问问客户是如何了解到我们公司、产品或者服务的；或者统计通过市场活动争取到的销售机会的成交率等。在以上这七步中，第一、第二、第三和第七步属于市场前期阶段，也叫售前阶段；第四、第五步属于销售阶段，也叫售中阶段；第六步为服务阶段，也叫售后阶段。所以客户服务不仅是客户服务部门或者呼叫中心的事情，更是贯穿企业整个流程的事情，包括产品研发、生产、内部流程、外界渠道、供货商、政府部门等都需要提供以客户为中心的客户服务。加之每个企业的销售模式不同，有直销、分销、主动式营销、被动式营销、合作营销，本书主要以一对一主动营销模式为主，讲解客户服务与客户管理。

（三）提高客户满意度的服务流程

要想提高客户的满意度，我们必须做好自身的服务工作，具体的流程主要包括：选择目标客户、明确客户的需求和期望、合理进行抱怨管理、建立以客户满意为导向的企业文化以及建立客户导向的组织结构及流程。

1. 选择目标客户

射击前先要对准靶心才有可能打出好成绩。企业在面对客户时道理也相同。并非所有的客户都是企业要为之服务的。要集中资源和能力去挖掘能给自己带来回报的价值客户。

2. 明确客户的需求和期望

实现客户满意首先要明确客户的需求、期望。客户需求和期望不是一成不变的，它呈现出多元化、动态性的特点。这要求企业必须要对客户需求和期望的漂移方向保持高度的警觉，透析他们在购买产品和服务时希望获得的理想结果以及那些可以增进客户满意进而驱动其购买行为的因素。

可以通过建立客户信息数据库对客户需求进行分析。客户大致可以分为价格敏感型、服务主导型和产品主导型三种类型。每一类型的客户还可以再细分，然后对这些同质客户进行研究，以找出影响其购买决策的关键驱动因素，并确定客户的需求和价值的优先顺序。研究表明客户购买企业的产品或服务，并非仅追求功能利益，流程利益和关系利益也同样受到关注。企业应能描绘目标客户的偏好取向图，然后提供符合其价值主张的产品或服务。

3. 合理进行抱怨管理

（1）投诉型抱怨管理

第一时间处理是消除不满的关键。服务失败后，客户的容忍区域迅速收缩，等待只能恶化客户不满的情绪。海尔推行的"首问负责制"，就是使问题能够在第一时间得到关注，先从情绪上稳住客户。然后通过客户投诉管理系统，倾听客户的不满并给予迅速有效的解决。

（2）非投诉型抱怨管理

客户抱怨只是冰山一角。更多的客户选择对企业保持沉默，沉默并非没有怨言。促使客户沉默的原因是很多的，如抱怨渠道不畅通或不了解抱怨渠道、认为损失不值得浪费时间和精力抱怨、计划改购其他企业的产品和服务等。这就要求企业要定期进行客户满意度调查，从中挖掘出更多的没有反馈给企业的有价值的信息。收集信息和处理信息的能力是企业推进客户满意、维系良好客户关系的法宝。每一次调查之后，企业都要让客户知道自身的改进，否则再次调查就会使客户产生不信赖感。

（3）改进服务（产品）体系

服务质量的第一条准则就是第一次就把事情做对，这是关于服务质量最重要的度量。因此，企业应尽可能避免服务失误。当平息客户投诉或进行客户满意度调查后，企业应回顾该事件，找出本质问题究竟是发生在哪一个环节，是由企业所提供的价值、系统还是人员造成的，然后加以改进并固化，避免同类事件再次发生。

4. 建立以客户满意为导向的企业文化

企业文化是企业的灵魂，对企业内部具有导向、凝聚和规范作用。企业要想把以客户满意为导向的理念植根于员工的思想中，并在行为中体现出来，必须先要把这种观念融入到企业文化中。

5. 建立客户导向的组织结构及流程

以客户满意为导向的企业文化是软件保证，它构筑了员工的价值观和行为模式。但仅有软件支撑是不够的，企业必须具有合理的组织结构、通畅的业务流程来确保客户导向的目标得以实现。企业在设计组织结构和业务流程时，必须从客户角度出发，一切以能给客户增加价值为准绳。百事公司的组织结构就把传统的组织结构金字塔翻转过来，将直接与客户打交道的员工置于组织结构图的顶部，组织的其余部分都是为支持他们而存在的。这样做的好处是把优先权赋予了一线部门和员工，同时也可以打破部门壁垒，使各个职能部门都在为客户利益而动。组织结构、业务流程和客户体验三者之间是正相关关系。合理的组织架构保证了流程效率，而通畅的业务流程又能增加客户的全面体验，进而导致客户流程满意。企业对组织结构和业务流程中不利于增加客户价值的环节必须要持续改进，确保企业具有卓越的执行力。

（四）建立与忠诚客户间的纽带

忠诚顾客是指那些持续关注并且购买企业产品或者服务的顾客。忠诚顾客是对企业十分满意和信任，而长期、重复地购买同一企业的产品和服务的顾客。从其购买行为上看，具有指向性购买、重复性购买、相关性购买、推荐性购买等4个特征。意大利经济学家和社会学家帕累托（Pareto）的营销法则也表明，企业经营利润的最大来源是占企业顾客群体中20%的忠诚顾客的重复购买。为了更好的保持企业的盈利我们应该注重与忠诚客户的关系，与忠诚客户建立良好的纽带关系。

（五）提升客户忠诚度的五个方法

客户忠诚度是指客户因为接受了产品或服务，满足了自己的需求而对品牌或供应（服务）商产生的心理上的依赖及行为上追捧。客户忠诚度是客户忠诚营销活动中的中心结构，是消费者对产品感情的量度，反映出一个消费者转向另一品牌的可能程度，尤其是当该产品要么在价格上，要么在产品特性上有变动时，随着对企业产品忠诚程度的增加，基础消费者受到竞争行为的影响程度降低了。所以客户忠诚度是反映消费者的忠诚行为与未来利润相联系的产品财富组合的指示器，因为对企业产品的忠诚能直接转变成未来的销售。

在变化迅速的今天，很多企业的管理者感到顾客越来越不忠诚，"变色龙"式的顾客越来越多。如何才能提高客户的忠诚度是每个企业管理者最头疼的问题，也是企业管理者急需解决的问题。因为产品的差异化越来越小，竞争的速度越来越快，企业促销的手段大同小异。而顾客的需求是多样性而且是变化的。面对竞争激烈的市场和消费多变的顾客，企业应该如何行动才能提升顾客的忠诚度，让顾客对企业时刻保持黏性呢？作为企业的管理者必须清醒的知道客户为什么要对您的企业、品牌忠诚的动因是什么。在提高客户忠诚度方面企业主要可以从以下几个方面进行：

（1）保证产品服务质量

顾客期望在顾客对服务的认知中起着关键性的作用。为提高产品质量，企业必须对顾客期望进行有效的管理。

主要途径有以下两条：一是保证实现承诺。承诺可以降低顾客的购买风险，使顾客放心。企业的承诺要能够反映企业真实服务水平和保证兑现。二是坚持与顾客沟通。与顾客进行有效地沟通，有助于在产品和服务发生问题时减少或避免顾客的挫折感，从而使顾客树立对企业的信任与容忍，提高顾客的忠诚度。

（2）提高顾客满意度

超越顾客期望，提高顾客满意度，是企业通过提供超过顾客预期的、更完美、更关心顾客的服务，使顾客得到意想不到的利益而感到惊喜，对企业产生一种情感上的满意，进而形成企业忠诚顾客群。

（3）留住有价值顾客

留住有价值顾客就是要研究顾客的转换成本，并采取有效措施适当设置转换成本，以减少顾客退出，保证顾客对本企业产品或服务的重复购买。通过提高顾客的转换成本的方式是留住顾客，提升顾客忠诚的有效途径。一般来讲，企业构建转换壁垒，使顾客在更换品牌和供应商时感到转换成本太高，或顾客原来所获得的利益会因为转换品牌而损失，这样可以加强顾客的忠诚。

（4）提升品牌形象

品牌往往不是代表某项单一的服务产品，而是代表整个企业的形象，一个出色的服务品牌，能展示服务质量和价值、顾客获得的利益，体现企业文化和个性，能深植于顾客的内心和思想中，得到顾客的认同，最终赢得顾客忠诚。提升品牌形象可以从企业和产品两个层面展开。

（5）加强内部营销

企业员工在很多情况下会和顾客面对面直接接触，在长期的交往过程中，容易与顾客建立起一种基于信任和情感的密切关系。所以对企业来说稳定员工队伍、提高员工素质是留住顾客的重要保障。培养和维系忠诚的顾客是由忠诚的员工来实现的，要留住顾客，首先就要留住员工，员工的忠诚是赢得顾客忠诚的重要保障。所以对服务业来说，经常对员工培训，提高员工素质是非常必要的。

综上所述，顾客忠诚度是由很多因素决定的，只有企业根据其实际情况，把各种因素综合考虑，才能对症下药，更好地提高顾客忠诚度。

三、跨境电商客户信息数据分析

（一）客户信息数据采集

客户信息是企业进行客户分析的前提和基础，做好客户信息数据的采集对于跨境电商企业就显得尤为重要。通过做好客户信息数据的收集，企业可以更好地与客户进行沟通、更好地进行客户关系管理、分析以及分类等。使企业能够更好的维护好现有客户以及开发潜在客户。那么企业应该如何收集客户信息呢？其实，客户信息收集的方法有很多，对于跨境电商企业来讲，比较常用的方式主要有：网上问卷调查、电子邮件联系、网络通信工具的交流等。

（二）客户信息数据库构建

客户信息数据的构建是客户关系管理的关键，合理的库户关系管理是让公司的管理层能够很好跟踪销售的趋势，并建立些策略来应对销售中的问题。在客户关系管理系统的设计上，国外的专家力图让客户关系管理系统具备营销的功能，即所谓的营销辅助支持（前面即所谓的销售自动化）。可见客户信息数据库发展起来就将成企业核心竞争力。那么我们如何构建客户信息数据库呢？主要有以下几个方面：

1. 客户数据的收集平台

要想构建一个全面、立体的客户数据库，必须依托一个平台的强大运作。不管是采用电子表格报告形式，还是利用一个分布式信息系统，都必须跨空间的，并且横渡时间坐标的。我们知道一个信息系统在技术上都能具备分布和实时性，一个好的信息系统就可以做到。

2. 客户数据的收集过程

客户数据的收集过程，是企业管理之功。对于企业来说把握好自己的动脉（客户数据）才可以形成企业的核心竞争力。客户数据的收集过程主要有以下几个步骤：明确调查目的、确定调查对象、选择调查方法、具体进行调查、记录调查结果。只有严格的按照数据收集过程的步骤进行收集工作才能够保证所收集到的信息是真实有效，有利于公司未来发展的客观数据信息。

3. 客户数据的分级策略

客户对于企业的贡献率是不同的，如何的有效管理客户，特别是有价值的客户，是销售经理心中的一个结。因此企业要对掌握的库户数据进行分级也就是对客户进行分类。在分级标准上根据企业要求的不同，可以有不同的分级标准。比如，客户的信用状况、客户的下单金额、客户的发展前景、客户对企业利润的贡献率等。

①客户的信用状况：即企业统计客户最近一年的付款情况是否及时，有否拖延及拖延的天数与原因，然后根据这些因素，来判定客户的级别。

②客户的下单金额：统计企业近一年或者两年的客户下单金额，然后，按照其下单量从大到小，进行排列。下单量可以从下单的金额，也可以从下单的数量进行考核。

③客户的发展前景：这主要针对新客户，企业通过考察、了解等手段，挖掘客户的潜在价值，然后，去人为的判断其重要性。新客户因为没有历史交易的情况，所以很难用具体的数据来支持企业的决策，只有通过这主观的判断，才可以指定客户的优先级别。

④客户对企业利润的贡献率：这种方法，不但从客户下单的金额考虑，还涉及其购买产品的成本与利润问题。统计一年客户的销售订单量及其购买产品的利润率问题，然后算出起给企业创造了多少的利润。再以这个利润的大小进行排名，进行优先级的排名。

4. 客户数据的分析平台

对于各跨境电商企业而言，客户数据的分析是能否获得有效信息的关键，因此建立客户数据分析平台就显得尤为重要。公司应该指派专业的电脑及统计人员进行客户数据分析平台的建立工作，并在建立成功后将搜集的客户信息进行输入分析，从而得出公司需要的切实有效的客户信息。满足公司对于客户信息的需求。

有了以上的步骤和海量客户数据，那么你的营销策略、市场策略就可以启航，同时你的企业"核心竞争力"就形成了。因此客户关系管理是一个长期的效益的工程，并且一定是"人之为"，加上新技术的充分利用。

（三）客户信息数据挖掘

客户信息数据挖掘的技术定义：从技术角度看，客户信息数据挖掘是从大量的、不完全的、随机的实际数据中提取隐含在其中的、人们所不知道的但又是潜在有用的信息和知识的过程。

客户信息数据挖掘的商业定义：从商业应用角度看，客户信息数据挖掘是一种崭新的商业信息处理技术，其主要特点是对商业数据库中的大量业务数据进行抽取、转化、分析和处理，从中提取辅助商业决策的关键知识，即从一个数据库中自动发现相关的商业模式。简而言之，数据挖掘是一类深层次的数据分析。

数据挖掘的发展受到数据库系统、统计学、机器学习、可视化技术、信息技术以及其他学科的影响，例如，神经网络、模糊 / 粗糙集理论、知识表示、归纳技术、高性能计算等。如果从常用的数据挖掘技术来看可以分成为传统的分析类和知识发现类。

1. 传统分析类

传统的统计分析（或称数据分析）技术中使用的数据挖掘模型有线性分析、非线性分析、回归分析、逻辑回归分析、但变量分析、多变量分析、时间序列分析、最近邻算法、聚类分析等。利用这些技术可以检查那些异常的形式的数据，然后利用各种统计模型和数学模型来解释这些数据，解释隐藏在这些数据背后的市场规律和商业机会。例如，对于图书行业来说，可以利用统计分析工具来区分出大、中、小三种类型的客户，从而更有针对性地对待不同类别的客户，即客户细分。

2. 知识发现类

知识发现类数据挖掘技术是与统计类数据挖掘技术完全不同的一种挖掘技术。它可以从数据仓库的大量数据中筛选信息，寻找市场可能出现的运营模式，发掘人们不知道的事实。技术包括：人工神经网络、决策树、遗传算法、粗糙集、规则发现、关联顺序等。

（四）客户信息数据管理的意义

客户信息数据对企业信息化至关重要，有句话就这样描述数据的重要性"三分技术、七分管理、十二分数据"。

1. 客户信息是重要手段

在企业信息化进程中，越来越多的企业将客户数据的管理作为重点内容。然而，就像银行业在20世纪90年代的发展一样，很多企业在进行客户数据的管理方面还仅仅是收集和管理一些与企业业务直接相关的简单信息。这些数据仅仅能保证对客户情况的粗浅反映，还不足以形成为企业带来附加价值、形成市场引导的作用，客户数据的价值特征还不明显。以客户服务中心的兴起和客户管理实用化为基础，企业对客户数据的管理要求迅速提高。全面收集客户数据、分析客户数据，将客户数据应用于产品设计、市场规划、销售过程成为企业发展的重要手段。

2. 客户信息是重要资源

相信 10 年前国内不会有人将客户数据的重要性摆到现在的与企业存亡紧密相关的位置上。随着经济的发展，原有的市场格局被打破，买方市场的形成进一步加剧了企业资源重新整合的压力。在深入挖掘企业潜力，提高产品创新能力的同时，企业越来越关注的一个重要资源就是客户数据。"谁拥有客户，谁就拥有未来"，客户在企业生存、发展的进程中的地位是毋庸置疑的，而客户数据成为企业的重要资源却是近年来市场规模、地域范围、产品种类迅速膨胀，客户群体迅速扩大带来的必然结果。

客户是企业的宝贵资源，一直以来，由于客户的外部性（客户是企业外部的要素）造成了企业无法以资源的角度去看待客户，客户仅仅是企业价值实现的外部因素。随着市场的发展，客户的资源特性已经越发明显，传统地关注与客户之间的关系、维系客户的思想已经不能够适应企业发展的要求，把客户作为企业资源进行管理和开发已经成为企业发展的新的方向。

从资源的角度看客户，客户本身具有价值，在企业内部直接反映到客户数据上。从客户数据中，企业不但能够发现给企业带来收入的客户在哪里，客户的最大贡献价值是多少，客户价值的消耗和再生是如何进行的，还能够通过客户数据的发展变化来识别客户资源的占有量、流失、消亡和再生。这对企业的生存和发展起到至关重要的作用。

3. 客户信息是宝贵财富

如果问任何一家对客户管理感兴趣的企业，他们希望客户管理系统最能够帮助他们解决的问题是什么，他们最先想到的答案十之八九是要有效地管理好他们最宝贵的财富：客户的资料。因为现在越来越多的企业的管理者们已经了解，对客户信息的管理貌似简单，实际情况却复杂得多。

以国内某著名电脑制造厂商为例，他们的客户相关资料与以下部门有关：

· 渠道发展部，负责发展渠道商完成中低端产品的销售，客户信息主要来自渠道商的反馈。

· 大客户部，负责对集团客户等大客户的直接销售，客户信息直接由大客户部向客户收集。

· 在 27 个省设有办事处，设渠道经理及行业经理，分别负责各省的渠道商及行业客户。

· 在大的省份下又有区域办事机构，负责该区域里的各类客户。

4. 客户数据是企业生产的指导

充分的客户数据反映了市场的需求和产品的特性要求，这为企业设计什么样的产品产生了直接的指导作用。产品的功能、性能、价格要求将直接作用于产品的设计和生产过程。

5. 客户数据是企业市场营销的指导

产品的市场定位已经更多地依赖于客户数据的分析。以奥迪 A6 为例，正是通过市场调查，收集了大量的客户数据后，生产厂商才能够根据客户数据分析确定奥迪 A6 的市场定位为"政府用车""企业领导用车"等的高端定位策略，这些都对后期的市场宣传、产品包装起到了重要的指导作用。

6. 客户数据是企业客户服务的基础

没有完整的客户数据，没有经过认真的客户数据分析，客户服务就会沦为低水平的"应对客户问题"。充分掌握客户数据，并加以有效分析后，分析的成果可以直接指导客户服务的操作，为客户提供更为切合自己、高满意度的服务行为。而高满意度无疑将会带动新一轮销售行为，使企业的客户资源进入良性的企业价值实现过程中，不断为企业创造收益。

客户关系管理 CRM 概念引入中国已有数年，其字面意思是客户关系管理，但其深层的内涵却有许多的解释。以下摘录国外研究 CRM 的几位专家对 CRM 的不同定义，通过这些定义让我们对 CRM 有一个初步的认识。

① CRM 是一项营商策略，透过选择和管理客户达至最大的长期价值。CRM 需要用以客户为中心的营商哲学和文化来支持有效的市场推广、营销和服务过程。企业只要具备了合适的领导、策略和文化，应用 CRM 可促成具效益的客户关系管理。

② CRM 是关于发展和推广营商策略和支持科技以填补企业在获取、增长和保留客户方面目前和潜表现的缺口。它可为企业做什么？ CRM 改善资产回报，在此，资产是指客户和潜在客户基础。

③ CRM 是信息行业用语，指有助于企业有组织性地管理客户关系的方法、软件以至互联网设施。譬如说，企业建造一个客户数据库充分描述关系。因此管理层、营业员、服务供应人员甚至客户均可获得信息，提供合乎客户需要的产品和服务，提醒客户服务要求并可获知客户选购了其他产品。

④ CRM 是一种基于 Internet 的应用系统。它通过对企业业务流程的重组来整合用户信息资源，以更有效的方法来管理客户关系，在企业内部实现信息和资源的共享，从而降低企业运营成本，为客户提供更经济、快捷、周到的产品和服务，保持和吸引更多的客户，以求最终达到企业利润最大化的目的。

7. 客户信息质量的评估

要真正实现"以客户为中心"的客户关系管理，就必须建立一套比较全面的客户价值评估指标体系，并在客户价值评估的基础上进行客户细分，这对任何企业来讲都具有重要的指导意义。一般而言，客户价值包括两方面：一是客户对于企业的价值，二是企业为客户所提供的价值。前者是指从企业角度出发，根据客户消费特征、行为特征、人口社会学特征等测算出的客户能够为企业创造出的价值，它是企业进行客户细分的重要标准。后者是从客户角度出发，对企业提供的产品和服务，客户基于自身的价值评价标准而识别出的价值，这一价值在营销学中通常成为顾客让渡价值或顾客识别价值，它是决定客户购买行为的关键因素，是企业进行营销活动需要关注的核心内容之一。本节将对客户对于企业的价值进行讨论。 客户价值的要素评估客户对于企业的价值，关键需要考虑一下几个要素：金钱价值：客户对企业带来了多少利润；客户类别：年龄、性别、收入、职位、行业类别、企业规模等，不同类别的客户对利润的贡献往往不同；客户利润贡献度：获取这些利润，我们投入的成本是多少；客户终身价值：客户在整个生命周期内对利润的贡献多大。

客户价值的评估体系通过客户价值的评估要素，我们可以看到，在评估客户对于企业的价值时，不仅要考察客户当前的实际价值表现，而且要预测客户未来的潜在价值。由此，我们可以建立客户价值的评估系统框架，客户的当前／实际价值是企业感知客户价值的一个重要方面；而客户的潜在价值则是客户在整个生命周期内的价值，它直接关乎企业的长远利润、科学发展，是企业决定是否继续投资于该顾客的重要依据。客户的当前／实际价值可以从直接、间接两个维度去考虑。客户当前／实际价值的直接价值就是客户在评估周期内为企业利润带来的贡献。例如，电信行业，我们可以从收入、业务使用、投资回报率、客户类别4个方面进行描述，结合行业的客户评估管理要求，我们可以进一步对其进行细化，划分为当月 ARPU、前3个月 ARPU、当月使用时长／次数、前3个月平均使用时长／次数、当月投资回报率、前3个月投资回报率、客户类别等可操作较强的指标；客户当前／实际价值的间接价值是指虽然该客户没有直接消费，但是利润确实是通过该客户产生的。对于电信行业来说，我们可以从交往圈社会影响力、交往圈集团影响力、交往圈业务影响力、推荐新客户等。客户的潜在价值客户的潜在价值是企业在某一客户全生命周期内可能的收益，由于客户当前／实际价值已经包含了客户当前和历史的价值贡献，因此，客户的潜在价值可以定义为未来客户会带来的价值。当然，潜在价值也可以从直接、间接两个维度去考虑。但是，对客户潜在价值的计算，我们要计算客户的忠诚度、预测客户接受向上销售、交叉销售等的可能性。

8. 客户信息管理的运用

良好的客户信息管理可以保证企业获得完整的客户信息，这些完整的客户信息可以帮助我们更好地开展业务，建设完整客户信息的基础是建立相关的业务规范，因此在业务过程中不断的使用快普 M6-CRM 收集、整理和完善客户信息。以客户为中心的经营理念要求企业开展业务之前必须清楚谁是我们的目标客户，目标客户有何特征，相关的判别条件是什么，我们用什么方式来获取客户。做到从客户的需求、特征、类别、交易历史等方面出发，分析客户的状况，制定针对的营销策略。

四、跨境电商客户管理表单设计

（一）客户信息登记表

客户信息登记表

客户档案编号	No.
责 任 业 务	

一、客户基本信息

公司名称				别名	
经营地址					
邮寄地址					
负责人		电话		手机	
电子邮件		QQ		邮政编码	
采购负责人		电话		手机	
电子邮件		QQ		邮政编码	
发货收货人		电话		传真	
退货收货人		电话		传真	

二、工商税务信息

企业类例	□ 国有企业，□ 有限公司，□ 个体经营，□ 无工商注册 / 个人		
经营范围	□ 音像制品，□ 图书杂志，□ 计算机软件，□ 播 放机，□ 其他：		
销售模式			
注册地址			
注册号码		经营期限	
成立日期		注册资金	
注册地		开户银行	
国税号码		账号	
财务联系人		发票电话	
寄送地址			

★机密文件、严禁外泄。

★以上内容敬请详细登记填写，此文件将作为业务的重要考核资料。请连同营业执照、税务登记证、组织代码证等复印件快递一并存档。

（二）客户信息分析表

公司名称						地点：	
法人		手机：		座机：		传真：	
邮箱						电话：	
员工人数		中层人数		成立年份		年营业额	
公司性质				行业类型			
组织框架 股东组成 决策权限 嫡系结构	（此版块不限篇幅，越细越好）						
老总脾气 性格个性	（包括喜好和偏好）						
培训历史	一年培训费用多少？						
	和哪几家机构合作？						
	内部培训体系如何？						
该企业同行业目前经营状况如何？							
近几年企业发展的状况（营业额过去三年和未来三年计划）							
该企业对需求的表诉（请用客户原话填写）：该企业目前存在的问题（客户描述的问题和我们认为的问题）							
方案经理对客户的判断		（请于此处认真填写）					
方案总经理对客户的判断		（请于此处认真填写）					
对锡恩公司的第一反应		一听锡恩公司直接挂断		无人接听		一听锡恩公司没兴趣	对锡恩公司有兴趣

（以下信息请严格按照每次接触的时间进行记录，不得遗漏）		
联系日期	接触点信息（你做的什么 / 客户反馈什么）	潜意识信息（　）
结果定义	基本节点设计	需要支持

（三）客户销售信息表

客户销售信息表

1. 客户销售资料一览表

客户编号						
产品编号						
经营性质						
优先等级						
详细地址						
部门主管						
经办人						
联系方式						
交易金额	第一季度	1				
		2				
		3				
	第二季度	4				
		5				
		6				
	第三季度	7				
		8				
		9				
	第四季度	10				
		11				
		12				

2. 客户销售信息月报表

日期：　　年　　月　　日

客户名称	客户编号	负责人编号	商品编号	销售金额	折扣金额	毛利额	毛利率	备注

3. 客户销售毛利排名表

序号	客户编号	客户名称	联系人	联系电话	平均销售毛利	备注
1						由高到低排名

（四）潜在客户管理表

客户名称	在售产品	出货量预估	方案要求	现有供应商	大约采购价位	付款方式	客户分级

（五）优质客户统计表

优质客户名称	主营项目	负责人	年交易额	优惠产品	优惠价格	年交易毛利

（六）黑名单客户统计表

序号	地区	企业名称	法人代表	列入黑名单理由

五、综合案例解析

通用塑料集团是通用电器中最早也是最成功利用相关软件进行客户信息管理的部门，这项计划单单在 2001 年就为公司节省了 17 亿美元。彼得·福斯，通用塑料集团的老总，每天早晨 7 点来到他的办公室时，在他办公桌的电脑上是最新的关于公司的客户信息报告、产品销售、网络订单的增加和取消，等等。福斯可以查看所有的销售数据，或者挑选某些地区和项目。"在过去，这些工作需要一组人工作 3~4 个小时才能完成。现在，这些客户信息都是实时更新的，这意味着我可以扼住我手下的脖子逼迫他们努力工作。"福斯开玩笑说。

通用塑料集团的网络系统是在 1997 年引进的，旨在对产品和定价进行客户信息的搜集和研究。1999 年 1 月，福斯在其中增加了电子商务的内容。公司最初的销售额仅仅是 1 万美元一个星期，但是现在，有 60% 的订单是通过网络得到的，每个星期创造 5000 万 ~ 6000 万美元的销售额。通过网上销售而节约的成本同样引人注目。通用塑料的客户服务中心每年减少 20 万到 30 万的客户来电，仅仅这一项就为公司减少了 35% 的日常开支。

【案例解析】

从案例中我们不难看出在现实生活中客户信息的有效管理是高科技运用的结果，更是成功的跨境电商企业文化的体现。合理的进行客户信息收集于分类既可以增加跨境电商企业的潜在客户的数量，又可以维持并提高现有客户的忠诚度，从而增加跨境电商企业的企业利润。

【知识总结】

本章主要讲解了跨境电商客户信息管理的相关知识。分别从跨境电商客户信息管理、跨境电商客户满意度与忠诚度管理、跨境电商客户信息数据分析、跨境电商客户管理表单设计这 4 个方面进行了阐述。在第一部分跨境客户信息管理中主要从客户信息管理制度、客户信息调查规范、客户档案管理制度、客户信息保密制度 4 个方面进行了学习。而第二部分跨境电商客户满意度与忠诚度管理中主要讲诉了客户满意度指标与分析、提高客户满意度的 5 大要素、提高客户满意度的服务流程、建立与忠诚客户问的纽带以及提升客户忠诚度的 5 个方法等内容。在后面的部分又分别对客户信息数据采集、客户信息数据构建、客户信息数据挖掘、客户信息数据管理、客户信息质量的评估、客户信息管理的运用及跨境电商客户管理表单设计进行了详细的讲解。

【知识检测】

问题一：提高客户满意度的有几大要素分别是什么？

提高客户满意度有 5 大因素：（1）B2C 平台上的客户接触面直接影响客户满意度；（2）产品质量是提高客户满意度的基础；（3）企业形象是提高客户满意度的期望；（4）客户关系是提高客户满意度的法宝；（5）客户服务——贯穿售前、售中和售后。

问题二：跨境电商企业如何进行客户信息数据采集？

客户信息收集的方法有很多，对于跨境电商企业来讲，比较常用的方式主要有：网上问卷调查、电子邮件联系、网络通信工具的交流等。

【拓展阅读】

王某小时候，家庭贫困，人多，15 岁小学毕业就辍学，被父亲送到永嘉县的一个小镇上去做米店的学徒。做学徒几乎没什么工钱，每天做很辛苦的活，但他并不怕苦。当时这家米店生意平平，同行业的米店也很多，老板经常叹气：生意越来越难做。王某听了也担心，自己才来没多久，如果生意不好米店关门可能自己会没工作做，所以他开始观察其他米店的情况。他发现所有的米店基本和他老板开的米店没什么区别，同质化竞争激烈，卖一样的大米，生意也一般。然后王某开始对经常来店里买米的几位客户询问，王某听了客户的想法后向老板提出：每天向镇上年纪大的顾客家送米到家，再收钱。这样一来，镇上家里年纪大的都来到王某老板的米店里要求送米到家。老板发现这个方法使米店生意一下子好了起来。觉得王某人很聪明，救活了他的米店。

启示：几百年来人们习惯了这种买卖方式，米店老板都认为卖米就是这样，没有其他方法了，大家都生意难做，而实际人们的习惯是可以打破的。

但好景不长，其他米店的生意清淡了许多，这些米店的老板们一打听原来是这么一回事，纷纷效仿王某的做法，没过多久，镇上的米老板都采用了送米上门的销售方法，王某老板的米店生意又不太好了。

启示：同行业都信息灵通，因这项营销创新没有多大的技术含量容易被模仿。

一天老板找王某谈，生意不好了能否再想些办法？王某说他会有办法的。过了几天王某开始询问镇上的客户，为什么每次买米总是很少？而且经常到不同的店里去买。客户告诉他，大家都是这样的，习惯了，到不同的店里可以比较一下。这是几百年来的消费习惯，王某记下了。于是他对现有的店里的老顾客一个个了解，每次去送米时问他们家有几口人，家里是否今年办些喜事等。

启示：在解决问题前一定要先对顾客做大量的需求调研获取真实有效的客户信息。

他每天白天送米，晚上回来开始做功课，在小本子上记录下今天送过米的几个顾客的家里情况。

启示：对客户的档案信息资料要进行详细记录，分类管理，这样销售有针对性，正确掌握客户的需求时间点，以便更周到地提供服务。

有一天他背了一袋米，"咚咚"地敲一家顾客的门，主人出来满脸疑惑地问："小王，我们家今天没有让你送米，怎么你送来了？"王某回答："东家，你家的米缸里已快没米了，今天我特地给你们送一袋过来。"这位东家，打开自家的米缸一看，果然快没米了，对王某当场就表示赞赏，并表示，以后我家的米就指定让你送了，以后他也不再到镇上其他米店去买了。

启示：个性化的用心服务，正确把握客户的需求点才能真正满足客户的需求，才能有回头客，稳定客户源，留住客户。

又有一天，王某看到一位以前的老顾客从他的米店前路过，他马上叫住他，说："李某某，你家的米缸里已没米了，你今天是否买些回去？"那人一听觉得奇怪了，你怎么知道我家没米了，就是不信，他说我回家看如果没有的话我就到你店来买。他回家打开米缸一看果然所剩下无几，他真的来到王某老板的米店来买米了，并请教了王某："你难道是我家米缸里的老鼠，我家的米有多少你也知道？"原来，王某每次去送米时都从左口袋掏出小笔记本对客户作了详细的记录，家里的人口数量，每天吃多少，这样他就完全掌握了客户的需求信息，服务很有针对性。并且每次出门送米时右口袋放着一把卷尺，测量一下客户家的米缸的深度和直径，也掌握了最多能存放的米的数量。另外还了解客户每有几次大的事要办，在办大事的月可以多储备些，在过节前多储备些等。这样一来，王某老板的米店生意非常红火，使镇上的其他米店生意惨淡，有些米店老板甚至连自己怎么倒闭的也不知道，只感觉客户越来越少。

这样做王某觉得还不够，因为这些方法同行业还会模仿，为了让购买过他米店的客户再次购买，并一直留住，他又想出了方法。一般的米店伙计都只将米送到客户的门口就放下收钱走人了，让客户自己搬到家里面。而王某发现有时家时是老弱病残的，放在门口搬到家里面也有困难，于是他每次到了客户家敲开门后说"东家，米送到了，请问您家的米缸在哪儿我给你倒进去"。就这一小步路的服务，又使米店增加了客户。

王某了解到，一般的家里每个月到月底米缸里总会有剩米，这样新的米放在上面时间长了下面的米容易生米虫。于是每次王某送米到客户家里时先在地上铺一块白布，打开米缸的盖子，将米缸里的剩米倒在白布上面，然后拿出一块布将米缸擦干净，再将新米倒入米缸，将剩米放在上面，最后，盖上盖子。这个方法解决了客户长期来的问题，客户既能吃到新米，又不用担心剩米生虫子。

这样起早摸黑在米店做了一年老板赚了不少钱，也为老板赢得了许多客户。可他只是学徒只能解决有口饭吃，王某想自己也能开个米店。第二年他回家向家里要了钱，他父亲向亲戚借了200元，他为了不和原来的老板竞争，在另外的镇上开起了米店。当时是日治时期，他看到周边的日本米店服务非常周到，于是他又想出办法。以前的米店卖的米都有米糠，沙石等，他将这些杂物拣去再卖给客户，又在服务上更上一层，一下子打开了更大的市场，为了提升服务，吸引更多的客户，王某不断提升更周到的服务，没过多久，镇上的其他米店纷纷倒闭。他又在其他几个镇上开了几家米店，后来只要王某到哪开米店，那儿原有的米店老板都闻风丧胆，成批的倒闭。他占领了很大的市场，创造了卖米的奇迹，一直被后人传为服务经营的佳话。他悟出了经营之道，从此，也步入了经商之路，他最终成了台湾首富，华人经营之神。

启示：当一个行业面临的同行企业越来越多时，当产品不能及时创新，一定区域内客户的数量有限，竞争的差异化焦点就在人的服务上了，因为不同的销售员可以提供个性化的服务，所以服务营销才能取胜，这就需要企业在第一时间掌握大量真实有效的客户信息。

第四章 跨境电商客户信用管理

【知识要点】

理解客户信用管理的概念、了解客户信用管理目标、熟悉客户信用管理的流程以及认识客户信用管理的模式。

【核心概念】

客户信用 客户信用管理 客户信用管理的流程与模式

【情景导入】

蒙牛是一家总部位于中华人民共和国内蒙古自治区的乳制品生产企业,蒙牛是中国大陆生产牛奶、酸奶和乳制品的领头企业之一,1999年成立,至2005年时已成为中国奶制品营业额第二大的公司,其中液态奶和冰激凌的产量都居全中国第一。控股公司的中国蒙牛乳业有限公司是一家在香港交易所上市的工业公司。蒙牛主要业务是制造液体奶、冰激凌和其他乳制品。蒙牛公司在开曼群岛注册,现主席为宁高宁。

1999年1月,牛根生等成立了蒙牛乳业有限责任公司,注册资金100万元。同年8月,成立了内蒙古蒙牛乳业股份有限责任公司,注册资金增加到1398万元,折股1398万股,发起人为10个自然人(参股者事实上是40余人)。牛根生投资180万元,其余1200多万元全部来自其他自然人投资者。2002年10月蒙牛乳业变更为合资企业。2003年,摩根士丹利等投资机构与蒙牛乳业通过"可换股文据"向蒙牛乳业注资3523万美元,折合人民币2.9亿元。2004年6月10日,蒙牛乳业在香港挂牌上市,公开发售3.5亿股(其中1亿股为旧股),股票发行价格达到了最初设计的询价区间3.125~3.925港元的上限,摊薄市盈率高达19倍,IPO融资近14亿港元。这些数据可以看出,蒙牛乳业的成功与其重视品牌信用是密不可分的。

蒙牛原始资本的筹集更多的是建立在牛根生个人信用基础之上,企业的信用与其领导者的信用是紧密相连的,尤其是在企业初创期,市场尚未给企业建立信用的机会,投资者进行投资决策多以企业领导者的个人信用为参考。在企业的成长过程中,企业领导者的个人财务信用也会为企业信用的建立起到积极的推动作用。在蒙牛乳业此后的筹资过程中,牛根生留有进行奖励的股份,并在2005年捐出自己与家人的全部股份（约占蒙牛股份的 10%）创立了"老牛专项基金"。这些做法在强化牛根生个人信用的同时，也使得企业信用得到了增值。

一、建立跨境电商客户信用管理体系的必要性

随着电子商务全球化的迅猛发展，从 2014 年开始跨境电商迎来了规模化的拐点，目前，跨境电商正在经历从量变到质变的过程，电子商务是基于网络虚拟性及开放性的商务模式，由此产生的参与者信用不确定性已经成为电子商务发展中的桎梏。这在跨境电商中也不例外，除面临跨境物流、关税、支付外汇兑换风险等难题外，诚信问题已成为阻碍行业发展的重要因素。而在实际操作中，由于各国法律不同且存在地区差异，缺乏统一的信用标准，各国的信用管理体系尚不能很好地应用到跨境电子商务领域。相比信用体系建设及管理相对完备的美国及欧盟国家，我国的企业信用管理机制则显得滞后很多。2013 年，商务部在《关于促进电子商务应用的实施意见》中也提到要加快跨境电子商务物流、支付、监管、诚信等配套体系建设。而在支持跨境电子商务零售出口的有关政策中也明确提出要建立电子商务出口信用体系，主要用以解决信用体系和市场秩序有待改善的问题。跨境电子商务信用体系建设是一项系统工程，需要各国政府及相关机构的协调配合，制定行业规范、完善认证体系，以及寻求在法律框架下的信用制度安排，都将是跨境电子商务发展中亟须解决的问题。培养国内中小企业的信用，并制定行业规范等也将是亟须解决的问题。在跨境电商诚信体系建设中，主要举措包括：一是建立信用公共服务平台；二是跨境电商平台发挥把关作用。作为对外贸易提供信用服务的窗口和载体，电商信用公共服务平台将提供电商主体身份识别、电商信用评价、电商信用查询、商品信息查询、货物运输以及贸易信息查询、对外贸易法律咨询服务、商务咨询服务、法律机构在线服务等信用服务。鼓励发展法律机构和信用评价、秘书服务等中介机构重点发展跨境电商服务。政府部门支持发展跨境电商信用服务，向信用公共服务平台、信用服务机构开放政府部门相关数据资源，提供资金、政策等方面的支持。诚信体系的建设，跨境电商平台的积极参与必不可少。平台方可通过推出企业认证、支付认证、黑名单等措施，确保跨境电商的健康良性发展。企业认证包括对企业主体进行认证，针对卖方发布的信息，货物的各种参数可能有残缺、不准确的情况，要对货仓里每一件货物都进行详细的记录。而对于"不诚信"的客户，可采取公告曝光、通报违规企业所在的当地工商部门、放入网上黑名单等措施惩罚，净化电子商务的市场环境、规范从业者的行为。如 2012 年，敦煌网推出的"扬帆计划"，就重点治理乱放类目、不如实描述、不按时发货等问题。跨境电商平台必须营造良好的交易环境，给海外买家提供更好的用户体验，也给国内信誉好的卖家提供一个公平竞争环境。当然，社会信用制度的不完善也是重要原因。而要进一步实现我国跨境电商市场的深层发展，适应行业规模化增长，就要加快诚信建设和规范市场的步伐，打造一个真正成熟的跨境电商社会信用管理体系。

二、跨境电商客户信用管理制度

（一）客户信用管理控制制度

1. 客户信用管理控制制度目的及内容

为规范往来客户的信用评级授信及其后续管理工作，有效地控制商品销售过程中的信用风险，减少应收账款的呆坏账，加快资金周转，跨境电商企业应该结合自身实际情况制定相应的客户信用管理控制制度。制度的内容一般包括：对客户进行信用分析、信用等级评定，确定客户的信用额度；迅速从客户群中识别出存在信用风险、可能无力偿还货款的客户；财务部和营销部紧密合作，提供意见和建议，尽可能在扩大销售额的同时避免信用风险。

2. 适用范围

客户信用管理控制制度应适用于公司的往来客户的信用评级授信业务及其后续管理工作，是该项业务操作的基本依据。

3. 职责分工

各企业的营销部主要负责客户评级授信的操作及其后续管理工作，财务部负责对该项业务的初审和监督，总经办对该项业务进行终审。

4. 具体内容

（1）信用期限

信用期限是公司允许客户从购货到付款之间的时间。根据行业特点，信用期限一般为30~90天不等。对于利润高的产品，能给予较长的信用期限；对于利润率低的产品，给予的信用期限较短甚至采用现款现货。

（2）新客户的评级与授信

包括首次交易的客户授信，不适用临时额度申请的客户。营销业务主管对于客户进行首次往来交易时，必须进行资信调查，填写新客户信用等级、信用额度、信用期限申请表。

（3）老客户的评级与授信

包括（i）有历史交易但尚未授信过的客户授信；（ii）已授信过客户的重新授信；不适用临时额度申请的客户。营销业务主管需填写老客户信用等级、信用额度、信用期限申请表。

（4）临时额度申请

包括各种特殊情况下的额度临时额度调整如超额度发货特批等，营销业务主管需填写临时额度申请表样表（详见附表3）。

（5）信用等级一般设定为 AAA、AA、A、B、C 五个等级

AAA 级：超优级客户，得分90分以上，且对本公司到期货款偿还状况、在本公司的采购状况两项指标得分分别在 35 分及 27 分以上，有一项不达标的信用等级下调一个等级；

AA 级：优良客户，得分 80~89 分，且对本公司到期货款偿还状况、在本公司的采购状况两项指标得分分别在 30 分和 24 分以上，有一项不达标的信用等级下调一个等级；

A 级：基础客户，得分 70~79 分，且对本公司到期货款偿还状况、在本公司的采购状况两项指标得分分别在 25 分和 21 分以上，有一项不达标的信用等级下调一个等级；

B 级：一般客户，得分 60~69 分，且对本公司到期货款偿还状况、在本公司的采购额状况两项指标得分分别在 20 分和 18 分以上，有一项不达标的信用等级下调一个等级；

C 级：存在风险客户，合作价值小，得分 59 分以下；

①出现以下任何情况的客户，应评为信用 C 级：

a. 过往 2 年内与我方合作曾发生过不良欠款、欠货或其他严重违约行为（对于本条需进行具体分析，客户不按照合同规定的期限进行付款的原因是本公司出现了某些不符合合同的事项：例如，产品质量客诉、交货不及时，引起客户不满，此种情况排除在外）；

b. 经常不兑现承诺；

c. 出现不良债务纠纷，或严重的转移资产行为；

d. 资金实力不足，偿债能力较差；

e. 生产、经营状况不良，严重亏损，或营业额持续多月下滑；

f. 最近对方产品生产、销售出现连续严重下滑现象，或有不公正行为（例如，以质量客诉为由，拖欠正常无客诉货款）；

g. 开具空头支票给本司；

h. 出现国家机关责令停业、整改情况；

i. 客户已被其他供应商就货款问题提起诉讼；

j. 对于出口业务，为保证货款的安全性，对客户的信用额度定为 C 级，即通常采用款到付款的形式；

②原则上新开发客户或关键资料不全的客户不应列入信用 AA 级（含）以上。除了少数行业内声誉较高的客户首次交易可列入信用 AA 级（含）以上，需要经过特批。

（5）授信原则

①新客户授信额度 = 客户预计月平均销售额 * 信用期限 * 风险修正系数

老客户授信额度 = 客户历史月平均销售额（按照实际有发货月份的销售额）* 信用期限 * 风险修正系数

AAA 级客户：信用状况相当良好，极具合作前景，信用额度需要考虑战略合作协议等因素；

AA 级客户：形象良好，信用度高；

A 级客户：偿债能力和信用状况一般；

B 级客户：存在风险，授信额度从严控制；

C 级客户：风险很大，不能给予授信，业务往来采取预付订金或款到发货方式进行。

风险修正系数的规定：

风险级别	修正系数
AAA	150%~300%
AA	100%
A	80%
B	60%
C	0

②原则上信用等级越高，给定的授信额度越大，具体按客户的实际情况确定。

③对于首次交易的客户，通常不进行授信（除了行业内实力较强的新客户可以给予授信）；对零散客户和交易量少的客户通常不进行授信，交易采取现款现货等方式进行。

④对于新客户的信用额度逐步放大，采取如客户按时付款则逐步增加信用额度。对于新客户给予3 个月的考察期，随着与客户往来的增多，客户能够证明他们可以支付更大的金额，则可以提高其信用额度。

⑤如客户支付能力不足，财务部将维持现有额度以限制客户的购买，甚至降低额度。

⑥授信时，应实施以下控制措施：

a. 公司对实施授信总额控制，原则上授信总额不能超过最近一个月月末合并财务报表流动资产总额的 40%；

b. 公司应根据客户的信用等级实施区别授信，确定不同的信用额度；

c. 对信用额度在 100 万元以上或信用期限在 1 个月以上的客户，营销主管每季度应不少于走访一次；信用额度在 200 万以上，信用期限在 1 个月以上的，除营销业务主管每季度应不少于走访一次外，营销经理（在有可能的情况下副总经理或总经理）每年必须走访一次以上。在客户走访中，应重新评估客户信用期限、信用等级和信用额度的合理性并结合客户的经营状况、交易状况及时调整信用等级。

（6）评级与授信后的业务运作

信用等级、信用额度及信用期限的复测原则上每季度全面更新一次；期间如果需要对个别客户进行紧急调整，应及时对相关资料进行补充修改。

（7）责任的划分

①信用等级、信用额度及信用期限的管理部门为公司的营销部和财务部，财务部负责数据传递和信息反馈，营销部负责客户的联系、资信调查和款项催收，财务部和销售部共同负责客户信用等级、信用额度及信用期限的确定。

②营销业务主管负责进行客户资信前期调查，保证所收集客户资信资料的真实性，认真填写《客户信用等级、信用额度、信用期限申请表》，经营销业务主管复核后，由营销部文员输入 ERP 系统，经营销部经理在 ERP 系统中审核，财务总监审批，副总经理进行最终审批。填表人应对《客户信用等

级、信用额度、信用期限申请表》内容的真实性负全部责任。

信用额度申请审批流程如下：

营销业务主管填写信用额度申请表 → 销售文员输入 ERP → 营销部经理审批→财务总监审批→副总经理终审

超信用额度申请审批流程如下：

营销业务主管填写临时额度申请表→销售文员输入 ERP →营销部经理审批→财务总监审批→副总经理终审

③营销部经理和财务总监具体承担对营销部授信执行情况的日常监督职责。

（8）注意事项

①信用额度审批的起点，是在接受销售订单之前，进行信用额度的审批；如客户信用额度超额，业务员将无法下订单。

②单个客户的信用额度不得超过 500 万元。

③超过信用额度的客户订单需要审批，临时额度申请表。

④所有货物的发出需经过财务部审批；如客户应收账款余额超过信用额度，客户仍未回款，财务部有权停止发货。

⑤对于超出信用额度的发货，财务部审批人员必须在填写并完成《临时额度申请表》的审批程序或是得到上级相关部门的正式批准文书后，方可放行发货。如发生超越授权和重大风险情况，应及时上报。

⑥对于款到发货销售的发货指令由财务部发出，财务部确认收到款项，营销部才能发出货物。

⑦收到客户远期支票，将不会恢复客户的信用额度，只有当远期支票到期后，才能恢复信用额度。

（9）资料存档

客户的客户信用等级、信用额度、信用期限申请表信息资料为各公司的重要档案，所有经管人员须妥慎保管，确保不得遗失，如因公司部份岗位人员的调整和离职，该资料的移交作为工作交接的主要部分，凡资料交接不清的，责任自负。在完成客户的信用等级、信用额度、信用期限审批后，《信用等级、信用额度、信用期限申请表》由销售部和财务部各备存一份。

（二）客户信用调查工作规范

客户信用调查是通过对客户信用状况进行调查分析，从而判断应收款项成为坏账的可能性，为防范坏账提供决策依据。几乎所有成功的企业，都非常重视客户信用调查。调查完成后，编写客户信用调查报告。对于信用状况恶化的客户，要采取措施，如要求客户提供担保人和连带担保人，增加信用保证金，或将交易合同取得公证，减少供应量或实行发货限制，或者接受抵押等。

1. 如何对客户进行信用调查

①可以通过金融机构或银行对客户进行信用调查。这种方式可信度高，所需费用少。不足之处是很难掌握客户全部资产情况和具体细节，因可能涉及多家银行，所以调查时间会较长。

②利用专业资信调查机构进行调查。这种方法能够在短期内完成调查，费用支出较大，能满足公司的要求。同时调查人员的素质和能力对调查结果影响很大，所以应选择声誉高、能力强的资信调查机构。

③通过行业组织进行调查。这种方式可以进行深入具体的调查，但往往收到区域限制，难以把握整体信息。最后一种方法是询问同事或委托同事了解客户的信用状况，或从新闻报道中获取客户的有关信用情况。

2. 客户信用调查的内容

（1）对客户经营状况的调查

①客户的总体经营状况如何？

②客户的声誉、形象如何？

③对自己的生意，是否有做很好的规划？

④客户对自己所在的行业是否非常了解？

⑤是否具有公司战略或者竞争战略？

⑥公司的内部管理如何？

⑦是否具有成熟的公司文化？各部门之间的协作精神如何？

⑧经营者本人的素质如何？

⑨各界管理人员的素质如何？

⑩公司整体的士气怎样？

（2）对客户财务现状的调查

①客户手中的现金是否充足？

②是否持票据贴现？

③是否有延期支付债务？

④是否出现预收融资票据的情况？

⑤是否有为融资而低价抛售的情况？

⑤是否有提前回收赊销款？

⑦是否开始利用高息贷款？

⑧与银行的关系是否变得紧张？

⑨是否有其他债权人无法收回其货款？

⑩其票据是否曾经被银行拒付？

⑪银行账户是否已被冻结?

（3）对客户支付情况的调查

①是否已不能如期付款?

②是否有推迟现金支付日?

③是否有推迟签发支票?

④是否有提出要求票据延期?

⑤是否有要求延长全部票据或货款的支付日期?

3. 客户信用调查的方法

客户信用调查方法有多种，我们这里介绍三种基本的方法。

①银行征信法：银行征信法是对客户进行全方位的信息调查。企业间的交易，只有极少数情况下存在担保品的问题，但我们还是参考相关内容，将银行征信套用在了企业间的信用调查中。

②信用"6C"分析法："6C"分析法是一种全方面的信用调查方法，它涉及6个方面：品质、能力、资本、经济状况、连续性、抵押品，这些方面的英文词语第一个字母都是"C"，故称"6C"分析法。

③"5P"分析法：银行征信法和"6C"分析法都是针对客户整体情况来调查信用的方法，而"5P"分析法既可以针对全面情况进行调查，也可用于具体的债务项目的信用和风险分析。该方法包括五个因素：个人因素、欠款意图、还款因素、保障因素、企业前景。

4. 客户信用调查结果的处理

调查完成后，编写客户信用调查报告。对于信用状况恶化的客户，要采取措施，如要求客户提供担保人和连带担保人，增加信用保证金，或将交易合同取得公证，减少供应量或实行发货限制，或者接受抵押等。

5. 客户信用额度的确定

根据客户的实际情况，制定出相应的信用额度。对于A类客户，信用额度可以不受限制；对于B类客户，可先确定以信用限度的上限，以后视情况逐渐放宽或收缩；对于C类客户，则应仔细审核，只能给予少量的信用限度。

（三）客户信用评估控制细则

为了规范公司处理客户信用额度评定、批准等具体工作，在维持对客户提供良好服务的同时，降低应收账款，减少潜在的坏账损失风险，各跨境电商企业应该制定相应的客户信用评估控制细则。

1. 客户信用等级的评定流程

①事业部业务员定期根据工作职责要求，填写准确的"客户信息表"及其附件，并及时反馈给销售经理。

②由销售经理对收集的客户资料和对客户的信用分析情况进行初步审查，对收集的资料的真实性、全面性和准确性进行鉴定后，填写《客户信用等级评定表》，评定表中的相关指标。

③主管副总依据销售经理报来的《客户信用等级评定表》及其附件，评定客户信用等级，确定客户的信用额度和信用期限。

④信用等级评定结果报送财务总监审核签字。

⑤对超过主管副总授权批准金额的客户，主管副总在对客户进行信用评级初步评定后，再由总裁对客户信用等级予以批准。

⑥对于已经存在的客户，主管副总负责根据销售人员提供的客户资料，结合事业部编制的客户黑名单、财务部提供的该客户的历史欠款情况、该客户与黑名单上的其他客户间的关系，以及其他客户资料，对客户进行综合分析后，进行信用等级初步评定后，报财务总监及总裁进行审批。

2. 信用等级、信用额度、信用期限的调整及审批

①为适应市场发展，客户经营状况、应收账款、资金回笼速度等产生了较大的变化，实际运作中，销售部门可根据实际情况，提出申请调整客户信用额度及信用期限。

②对于申请调整客户信用额度，应该由客户提出，由业务员或销售经理填制《客户信用额度、信用期限调整申请表》，获得主管副总签字后，交财务总监、总裁审批同意后，即可进行调整。

3. 客户黑名单管理

①公司各销售事业部负责建立并维护公司客户黑名单。

②属于下述情况的客户，公司应当列入客户黑名单：

一是长期拖欠公司货款，然后要求公司中途给予不合理回款折扣或不按合同规定要求以实物方式抵销欠款，从而达到拖延付款或减少其债务目的的无赖客户。

二是面临破产倒闭的客户。

三是开始以良好的现款采购方式购买企业产品，然后利用企业已经为其建立的良好客户信誉，最后突然以支付有困难等为由，要求企业按赊销方式一次性向其发出大宗货物，从而达到侵占企业资产的客户。

四是事业部认定应列入黑名单的其他情况。

③符合以上条件的黑名单，由事业部每月根据情况书面向财务事业部上报，并由财务总监、总裁审批后，列入到黑名单范围内（在客户信用档案中注明）。

④列入黑名单的客户如果要取消黑名单，必须在还清所有之前的欠款之后，由销售经理上报主管副总、财务总监、总裁审批后，可以取消黑名单。取消黑名单的客户在三个月内不能给予授权信用，必须在三个月后达到授权的标准后才可以重新申请授权信用。

⑤对于被列入黑名单的客户，事业部、财务部等部门应当采取如下措施控制和减少损失：

一是立即无条件停止批准所有发货，基层业务人员向客户立即收回垫款。

二是组织专人或公司清欠小组负责催收欠款。

三是收集有关欠款证据，送交企业法律顾问或律师咨询有关起诉事宜。

四是应谨慎考虑或禁止与其关联企业发生业务往来。

4. 信用情况的日常管理

①在日常销售发货管理过程中，当客户申请发货量超过赊销额度时，业务员应当立即与客户联系，要求客户首先归还前期欠款。

②信用情况的定期评定。每年年末，根据客户整年度的销售情况、信用额度的使用情况、还款情况，事业主管副总应该对客户的信用等级、信用额度、信用期限进行审阅，由统计员编制《客户信用情况年度评定表》，如需调整信用额度，需附相关审批表。对于不良客户，则纳入"黑名单"。

《客户信用情况年度评定表》及"黑名单"呈销售经理、事业部副总、财务总监、总裁或其授权人员审阅批准。批准后，统计员将不良客户从"客户信用管理档案"中剔出。

③事业部统计员负责编制及维护《客户赊销记录》：

一是每天由统计员根据每日销售情况及收款情况对《客户赊销记录》表进行更新。

二是每月底，统计员将《客户赊销记录》交各办事处的销售经理对其负责的客户情况进行确认，并将确认后的《客户赊销记录》交主管副总进行审阅及签字。签字后的《客户赊销记录》抄送财务事业部备案。

④主管副总应每季度对"客户信用管理档案"进行审阅，以确保不会出现错误的档案修改。

5. 禁止赊销的规定

属于下列情况之一（但不仅限于以下情况）的客户，均需现款现货交易。

①经销商客户信用等级属于 C 级以下或未进行信用等级评定的经销商。

②新建立业务关系的经销商，原则上现款现货交易，如确有必要赊销的，依据本制度中客户信用额度、信用期限申请流程办理。

③业务往来虽没有突破授信额度，但最近业务中断超过三个月的客户。

④应收账款超过规定天数的客户。

⑤已列入黑名单的客户。

⑥有破产、改制、逃避债务迹象的客户。

⑦公司讨论确定的其他禁止赊销的客户。

6. 保密规定

所制定制度确定的所有文件，属各公司的商业机密，制度文件通常仅印发给各销售事业部、财务事业部、主管销售业务的副总裁、财务总监、副总监，参与草拟、讨论、印发、使用、保管、回收和销毁者均应遵守保密规定。任何人不得向客户和竞争对手泄露公司的商业机密。

7. 监督管理

审计监督部负责监督信用管理工作。审计监督部每季度组织财务事业部和各销售事业部有关人员进行一次跟踪检查，并出具书面的检查情况报告。

三、跨境电商客户信用管理工作流程

（一）客户信用管理

所谓客户信用管理，就是授信者对信用交易进行科学管理以控制信用风险的专门技术。信用管理的主要功能包括五个方面：征信管理（信用档案管理）、授信管理、账户控制管理、商账追收管理、利用征信数据库开拓市场或推销信用支付工具。

1. 信用管理与信用风险

讲到信用管理就必须提到信用风险，这样才能理解信用管理的宗旨和职能，以及由此引申出的管理技术和方法。信用风险是风险的一种，它专指在信用交易中存在的风险，即客户到期不付款的风险。造成信用风险的因素是多方面的，主要包括政治风险、信息风险、商业风险、管理风险、财务风险，等等。

2. 信用管理的职能和目标市场

信用管理就是提供信用的一方利用管理学的方法来解决信用交易中存在的风险问题。信用管理的主要职能包括识别风险、评估风险、分析风险，并在此基础上有效地控制风险，并用经济、合理的方法综合性地处理风险。在现实的市场环境下，由于信用交易主体和形式的不同，信用管理的目标市场被分成三个部分：资本、工商企业和消费者个人。在不同的目标市场上，信用风险的特征不同，信用管理的职能和内容也各不相同。

（二）客户信用评估

客户信用评估是指商业银行为有效控制客户信用风险，实现信贷资金的安全性、流动性和收益性，从客户经营能力、盈利能力、偿债能力、发展能力以及客户素质和信用状况等方面，对客户进行综合评价和信用等级的确定。

客户信用评级的对象，是经营期已满两个会计年度，财务管理制度健全，能提供会计报表的企事业法人、合伙类企业、个人独资企业、法人客户分支机构和其他经济组织，包括已与银行建立信贷关系的客户，向银行申请建立信贷关系的客户，委托银行评估资信的客户。为使信用评级具有更强的操作性和评定结果更具可比性，评定对象可按行业和客户性质进一步细分，如农业、工业、商贸、房地产、事业法人、银行、非银行金融机构、综合等各类客户。不同客户可采用侧重点不同的评定标准。

可见，做好客户的信用评估对于跨境电商而言是十分重要的，具体工作流程如下：

1. 材料的准备

①客户的法律资质：客户必须是按照国家法律成立，并依法经营的企业，具有合法有效的营业执照、税务登记证、特殊行业经营许可证等相关证照。可以反映企业的行业、实力等信息。

②客户的其他资质：主要是ISO9000认证、ISO14000认证等权威机构的认证。可以反映企业的管理水平等。

③客户的交易金额：近2年的交易的金额状况，反映企业的发展状态，企业的发展规模。

④客户的盈利情况分析：近2年的交易的某客户的收入利润状况，反映客户对企业的贡献。

⑤回款状况：客户年度回款总额，是否在本公司规定的期限内及时回款，是否按照合同期限回款等。反映企业的资金状况、信誉程度。

⑥主观评价：业务员、销售经理等对客户的印象评价。

⑦不良信息记录：对账不良记录，客户不按照合同约定结算，客户承诺后也未按期付款，其他情况。

2. 设立客户价值评估小组

①经营部部由专人对客户材料的信息进行整理、分析。

②经营部长负责提出客户价值评估的初步等级方案。

③财务部负责对初步方案的评定。

④报总经理批准。

3. 评估办法

①一般可以采用分数评定法进行评估

②分值设置如下表：

项　目	分　值	说　明	备　注
法律资质	0~10	企业是否是合法经营	加分项
其他资质	0~5	公众对企业的评价；是否具有长期经营的能力	
交易金额	0~20	企业在我公司的地位和重要程度	
盈利贡献	5~20	企业对我公司带来的实质性的利益和合作的价值	最低为0分
回款总额	5~30	客户的实际业务能力和风险反映	
主观评价	0~15	业务人员对客户的总体评价	
不良记录	1~5	风险程度比较大	扣分项

③评定标准：

a. 法律资质方面

项 目	内 容	分 值
营业执照	具备；按时年检	2
税务登记证	具备；按时年检	1
特殊行业许可证	具备；按时年检	1
一般纳税人资格证	具备；按时年检	2
商标许可证	具备	1
合同订单	具备	2
委托加工证明	具备	1

b. 其他资质方面

项 目	内 容	分 值
ISO9000 认证 ISO14000 认证	具备；按时年检	2
ISO14000 认证	具备；按时年检	1
银行信用级别	具备；按时年检	1
纳税信用级别	具备；按时年检	1

c. 交易金额

年交易额	分 值
万元以上	20
__万 ~ __万	19
__万 ~ __万	17
__万 ~ __万	15
__万 ~ __万	12
__万 ~ __万	10
万以下	5

d. 盈利贡献

年盈利额	分 值
万元以上	20
__万 ~ __万	18
__万 ~ __万	15
__万 ~ __万	10
__万 ~ __万	8
__万 ~ __万	6
万以下	5

e. 回款总额

年回款额	分　值
万元以上	30
__万~__万	25
__万~__万	22
__万~__万	20
__万~__万	15
__万~__万	10
万以下	5

注：关于 c 项、d 项、e 项的说明：

（1）年内新开发的客户短于 3 个月的不参与评级。

（2）年内新开发的客户不足 9 个月的按照实际发生的业务折算为年交易额。

（3）年内新开发的客户在 9 个月以上的按照视同全年时间计算年交易额。

f. 主观评价

项　目	内　容	分　值
合作态度（0~2）	不配合	0
	配合	1
	很配合	2
客户产品销售状况（0~5）	差	0
	一般	1
	好	2
	很好	5
企业经营状态（0~2）	半停产	0
	一般	1
	满负荷	2
企业设立年限（0~3）	1 年以下	0
	1~2 年	1
	3~5 年	3
	5 年以上	1
员工平均工资水平（0~3）	低	0
	一般	1
	略高	2
	很高	3

g. 不良记录

项　目	内　容	分　值
拖延回款（0~2）	客户承诺后也未按期付款	−2
	客户不按照合同约定结算	−1
对账不良记录（0~3）	拒绝对账	−3
	被迫对账	−1

h. 等级划分以及赊欠限额

分数区间	总承包业务等级	设计业务等级	赊欠限额（万元）
90 分以上		一级	
80~90 分	一级	二级	
70~80 分	二级	三级	
60~70 分	三级	四级	
60 分以下	四级		

4. 评估管理

①对评级中的无任何法律资质的客户不予评级，纳入现款现货管理，并且由业务人员承担相应的法律风险。

②对主观评价低于 10 分的下调一个级别。

③对由业务人员自行代客户垫支款项的客户下调一个级别。

④对发生混合业务的客户以类别孰大为标准进行评价。

⑤对客户评级每季度更新一次。

⑥经营部对客户级别发生变动的主要客户按季度逐一做出情况汇报。

⑦对隐瞒、伪造客户资料和信息，导致评估结果失真的行为和人员，一经发现罚款 100 元，导致损失的追究相关人员的责任。

⑧赊欠限额为该级别能够赊欠给客户的最大货款额度，实现对客户信用的差别化管理。

（三）客户信用分级

客户信用评级十分重要，其结果是商业银行授信业务授权管理、客户准入和退出管理、授信审批决策、授信定价和授信资产风险分类的重要依据和参考。它就像一面镜子，可以照清客户，知道怎样的客户可以贷款，以及贷款的大小和额度，知道怎样的客户应该主动退出，甚至回避。用一句通俗的话来说：让该借钱的企业顺利借到钱，并付出合理代价；让不该借到钱的企业，即使愿意付出再高的代价也借不到钱。这样，不但可以争取到业务，而且可以降低贷款风险。

1. 一般客户信用等级的计算方法

（1）资信调查

客户资信调查是指收集、整理客户的基础资料，并从定性角度对客户的经营风险和财务风险进行综合分析判断。客户资信调查工作内容主要包括：走访客户，实地查看经营场所和经营设施状况，调查了解客户经营管理情况和财务情况，收集财务报表和资料信息，通过其他渠道征询客户资信状况，收集客户产品、市场、经营信息，整理归纳分析资料数据等。直接评价人员必须全面深入多方了解收集情况，取得足以证实客户资信状况的有关证据，确保客户资信情况的真实性、准确性和完整性。评价审查人员应负责审核直接评价人员所收集到的情况和资料。

直接评价人员应从维护商业银行信誉和权益的角度出发，深入发掘和充分揭示客户的风险状况。既要充分信任客户，与客户保持良好的信息沟通，又要对客户的陈述和提供的材料进行认真核实和分析，不受任何人的主观意志干扰，必须如实报告调查所掌握的客户情况。

（2）客户评价信息的录入

客户信息录入是指将客户评级所需的全部信息录入到评级预警系统之中。具体包括客户的行业信息、区域信息、财务信息、信用记录和基本面信息等五部分。

①行业信息录入。直接评价人员应根据客户所从事的主营业务，正确选择客户所属行业。若客户从事跨行业经营，直接评价人员应选择客户最大三项主营业务所属的行业。对客户所属行业的判断依据参见评级预警系统中的行业分类标准。

②区域信息录入。直接评价人员应该根据客户注册地确定其所在的区域。若客户注册地与经营实体所在地存在差异，则客户所在区域以经营实体所在地为准。

③财务信息录入。客户财务信息来源于 CIMS 系统，主要是客户近三年财务报表，包括资产负债表、损益表和现金流量表对于事业法人客户，财务报表包括资产负债表和收入支出表。直接评价人员应收集整理上述报表，并按要求录入 CIMS 系统。评级预警系统从 CIMS 系统中直接抽取数据，导入评级模型进行计算。若系统无法自动调用客户财务报表或者财务数据不完整，直接评价人员应补录客户财务数据。直接评价人员须认真录入并核对财务报表，对财务数据的真实性、准确性、完整性负责。

④客户信用记录信息录入。客户信用记录信息来源于 CIMS 系统。直接评价人员须按要求及时将客户信贷数据录入 CIMS 系统。评级预警系统从 CIMS 系统中直接抽取数据，并以此作为客户信用记录评价的基础，导入评级模型进行计算。

⑤客户基本面信息录入。客户基本面信息源于直接评价人员对客户经营风险和财务风险的定性判断。调查人员应在客户资信调查基础上，根据客户实际情况在评级预警系统中录入客户基本面信息。评级预警系统以直接评价人员录入的基本面信息作为客户基本面风险评价的基础，导入评级模型进行计算。直接评价人员对客户基本信息的真实性、准确性负责。

（3）客户信用的初始评级

客户初始评级的确定建立在量化分析基础上，包括行业风险评价、区域风险评价、财务风险评价和信用记录评价等四个方面。评级预警系统根据直接评价人员录入的基础信息，自动计算出客户行业风险分值、区域风险分值、财务风险分值和信用记录风险分值和综合风险分值；再将综合风险分值转化为初始违约概率，并根据违约概率与信用等级的映射关系，确定客户初始评级。

（4）客户信用初始评级的定性调整

定性调整是指评级预警系统应用客户基本面风险等级，对其初始评级进行适当调整，得到调整后的系统评级。直接评价人员应本着客观、审慎的原则对客户基本面风险进行评价，同时参照客户信用等级的核心定义对基本面风险评价结果的准确性进行复核，并在客户评级报告中从品质、实力、环境、资信状况和危机事件等五个方面对客户的基本情况进行评价说明。

（5）客户信用评级的等级和授信建议

直接评价人员应根据所掌握的信息和经验，在认真研究基础上，对评级预警系统提供的客户信用级别，提出建议等级，并对客户提出建议授信量，认真完成客户信用评级报告。若建议等级与系统评级结果不一致时，直接评价人员和评价审查人员必须在客户评级报告中说明具体原因，并对客户的等级和授信建议签字确认。

（6）客户信用评级的审定

信贷经营部门按照信用评级职责完成评级前期工作，并形成正式的客户信用评级报告后，提交有权审批行进行信用等级的审批认定。客户最终评级须经有权审批行审批部门审定后才能生效。

审批部门在收到信贷经营部门提送的客户评级材料后，应尽快受理并及时提出审定意见。在审定工作中，审批部门应对信贷经营部门的等级和授信量建议进行重点分析。

2. 特殊客户信用等级的计算方法

特殊客户是指初次申请信贷业务的客户、新成立的客户和集团客户三类。根据商业银行的业务实际，具体规定了上述客户信用等级的计算方法。

①初次申请信贷业务客户是指截止评级时点前三年内未与商业银行发生信贷业务的客户。对于初次申请信贷业务的客户，系统在计算初始评级时，其信用记录风险分值直接取全行信贷客户的平均值；同时，将信用记录风险分值的权重降为原权重的50%，剩余权重分配给财务风险模块。

②新成立的客户是指向正式成立起经营期不足两个完整会计年度的客户。由于重组改制导致其财务和经营状况发生重大变化且经营期不足两个完整会计年度的客户应按照新成立客户进行计算。新成立客户信用等级计算方法的特殊性体现在初始评级计算、基本面评价和基本面自动调整等三个方面。

一是在计算初始评级时，财务风险分值和信用记录风险分值取全行信贷客户的平均值；同时，将财务风险分值和信用记录风险分值的权重下降50%，剩余权重按照其他模块的权重做相应分配。

二是新成立客户的基本面评价指标体系中增加了控股股东影响力指标，降低了客户信用记录分析指标的权重。

三是新成立客户系统评级确定的原则为：当基本面等级优于初始评级2级以上（含）时，客户信用等级在初始评级的基础上自动上调1级，且最多只能上调2级；当基本面等级劣于初始评级2级以上（含）时，客户信用等级在初始评级的基础上自动下调1级，且最多只能下调2级。

③对于集团客户根据具体情况采取如下的信用评级方法。

一是对于能够获得合并报表的集团客户，使用合并报表按照上述评级方法对整个集团进行信用评级，确定集团客户的系统评级。

二是如集团客户不能获得合并报表，则对各成员单位按照上述评级方法分别进行评级，经审定得到最终评级转换为相应的违约概率。

（四）客户信用管理表单设计

附表1

客户信用等级、信用额度、信用期限申请表（新客户）

客户名称：　　　　　　　　　　　　　　　　　　　　　　　时间：　　年　　月　　日

序号		评定结果	评定结果			
			A	B	C	D
1	品质特性评价	整体印象	A.公司为LED国内外上市公司，在业界享有很高声誉 B.成立3年以上，公司规模较大，员工素质较高，同业中形象良好 C.成立1年以上，公司规模较中等，员工素质较一般，同业中形象良好 D.成立未满1年，公司规模较小，员工素质较低，同业中形象较差	10	9	7	
2		行业地位	A.在当地销售规模处于前三名 B.在当地销售规模处于前十位 C.在当地有一定销售规模，但排名在前十名以后 D.在当地处于起步阶段	10	8	5	0
3		负责人品德及企业管理素质	A.主要负责人品德及企业管理素质好 B.主要负责人品德及企业管理素质一般 C.主要负责人品德及企业管理素质差	10	6	0	
4		业务关系强度	A.计划以本公司为主供货商 B.计划以本公司为次供货商 C.只是计划偶尔在本公司提货	10	6	0	
5		发展潜力	A.业务发展方向和本公司高度一致，产品线与本公司主推产品一致，能完全配合本公司业务发展规划 B.业务发展的某个方向与本公司一致，有部分产品是本公司非主推产品，基本能配合本公司业务发展规划 C.业务发展方向与本公司不一致，产品并非本公司无法配合本公司业务发展规划	10	5	0	

序号		评定结果	评定结果			
			A	B	C	D
6	员工人数	A. 人员稳定，从业人数 100。人以上 B. 从业人数 30~100 人 C. 从业人数少于 30 人或人员流动性大	10	7	0	
7	诉讼记录	A. 无诉讼记录 B. 有诉讼记录但已全部胜诉 C. 有未决诉讼，或已胜诉但不能执行 D. 有诉讼记录，败诉	10	8	3	0
8	未来月度平均采购额预计	A. 100 万以上 B. 50~100 万 C. 20~50 万 D. 0~20 万	20	16	10	5
9	资金结算方式	A. 现金 / 银行存款 B. 承兑汇票 / 即期支票 C. 远期支票	10	7	6	0

得分合计		信用等级申请	
信用额度申请		信用期限申请	
申请人		营销经理意见	
财务总监意见			
总经办意见			

注：1. 信用等级划分：得分 90~100 分为 AAA 级、得分 80~89 分为 AA 级、得分 70~79 分为
A 级、得分 60~69 分为 B 级、59 分以下为 C 级。

2. 信用期限 30 天、45 天、60 天和 90 天及其他天数。

3. 信用额度每 10 万元一个档次，单个客户信用额度不得超过 500 万。

四、跨境电商客户信用风险

（一）客户信用风险分析

跨境电商客户信用风险又称违约风险，是指货物赊账人因种种原因，不愿或无力履行合同条件而构成违约，致使跨境电商企业遭受损失的可能性。

1. 形成原因

信用风险是赊账人因各种原因未能及时、足额偿还债务或银行贷款而违约的可能性。发生违约时，跨境电商企业必将因为未能得到预期的收益而承担财务上的损失。信用风险是由两方面的原因造成的。

①经济运行的周期性。在处于经济扩张期时，信用风险降低，因为较强的盈利能力使总体违约率降低。在处于经济紧缩期时，信用风险增加，因为盈利情况总体恶化，借款人因各种原因不能及时足额还款的可能性增加。

②对于公司经营有影响的特殊事件的发生。这种特殊事件发生与经济运行周期无关，并且与公司经营有重要的影响。例如，产品的质量诉讼。举一具体事例来说：当人们知道石棉对人类健康有影响的事实时，所发生的产品的责任诉讼使 Johns- Manville 公司，一个著名的在石棉行业中处于领头羊位置的公司破产并无法偿还其债务。

2. 信用风险的特点

①风险的潜在性。很多逃避债务的企业，明知还不起也要借。例如，许多国有企业决定从赊账就没有打算要偿还。

②风险的长期性。观念的转变是一个长期的、潜移默化的过程，尤其在当前中国从计划经济向市场经济转变的这一过程将是长久的阵痛。切实培养银行与企业之间的"契约"规则，建立有效的信用体系，需要几代人付出努力。

③风险的破坏性。思想道德败坏了，事态就会越变越糟。不良资产形成以后，如果企业本着合作的态度，双方的损失将会减少到最低限度；但许多企业在此情况下，往往会选择不闻不问、能躲则躲的方式，使银行耗费大量的人力、物力、财力，也不能弥补所受的损失。

④控制的艰巨性。当前银行的不良资产处理措施，都具滞后性，这与银行不良资产的界定有关，同时还与银行信贷风险预测机制、转移机制、控制机制没有完全统一有关。不良资产出现后再采取种种补救措施，结果往往于事无补。

（二）客户信用风险控制

信用风险控制是指授信方根据信用识别和评估的结果，针对自己所承受的信用风险及经济损失的严重程度，针对具体的环节进行调整和改良，从而达到风险管理的最佳结果。

客户信用等级、信用额度、信用期限申请表（老客户）

客户名称：　　　　　　　　　　　　　　　　　　　　时间：　　　年　　月　　日

序　号		评定内容	得　分
1	到期货款偿还状况	（1）到期货款未清还数占该客户月均销售额的10%以下	40
		（2）到期货款未清还数占该客户月均销售额的10%~20%	35
		（3）到期货款未清还数占该客户月均销售额的20%~30%	30
		（4）到期货款未清还数占该客户月均销售额的30%~40%	25
		（5）到期货款未清还数占该客户月均销售额的40%~50%	20
		（6）到期货款未清还数占该客户月均销售额的50%~60%	15
		（7）到期货款未清还数占该客户月均销售额的60%~80%	10
		（8）到期货款未清还数占该客户月均销售额的80%~100%	5
		（9）到期货款未清还数占该客户月均销售额的100%以上	0
2	在本公司的采购状况	（1）在本公司的年采购额200万元以上且逐年增长	
		（2）在本公司的年采购额200万元以上并保持原状，或150万元以上200万元以下且逐年增长	
		（3）在本公司的年采购额200万元以上但逐年下降，或150万元以上200万元以下并保持原状	30
			27
		（4）在本公司的年采购额150万元以上200万元以下但逐年下降，或100万元以上150万元以下且逐年增长	24
			21
		（5）在本公司的年采购额100万元以上150万元以下并保持原状，或80万元以上100万元以下且逐年增长	18
			15
		（6）在本公司的年采购额80万元以上100万元以下但逐年下降，或50万元以上80万元以下并保持原状	12
			6
		（7）在本公司的年采购额50万元以上80万元以下但逐年下降，或40万元以上50万元以下且逐年增长	0
		（8）在本公司的年采购额40万元以上50万元以下并保持原状	
		（9）在本公司的年采购额40万元以上50万元以下但逐年下降，或40万元以下	
3	品质特性评价 整体印象	A.公司为LED国内外上市公司，在业界享有很高声誉	5
		B.成立3年以上，公司规模较大，员工素质较高，同业中形象良好	3
		C.成立1年以上，公司规模较中等，员工素质较一般，同业中形象较好	2
		D.成立未满1年，公司规模较小，员工素质较低，同业中形象较差	0
4	行业地位	A.在当地销售规模处于前三名	5
		B.在当地销售规模处于前十位	3
		C.在当地有一定销售规模，但排名在前十名以后	1
		D.在当地处于起步阶段	0
5	负责人品德及企业管理素质	A.主要负责人品德及企业管理素质好	5
		B.主要负责人品德及企业管理素质一般	3
		C.主要负责人品德及企业管理素质差	0
6	业务关系持续期	A.与本公司的业务关系持续1~2年	5
		B.与本公司的业务关系持续2~12个月	3
		C.与本公司的业务关系期少于2个月	1

续 表

序　号		评定内容	得　分
7	业务关系强度	A. 以本公司为主供货商 B. 以本公司为次供货商 C. 偶尔在本公司提货	5 3 0
8	发展潜力	A. 业务发展方向和本公司高度一致，产品线与本公司主推产品一致，能完全配合本公司业务发展规划 B. 业务发展的某个方向与本公司一致，有部分产品是本公司非主推产品，基本能配合本公司业务发展规划 C. 业务发展方向与本公司不一致，产品并非本公司无法配合本公司业务发展规划	5 3 0

得分合计		信用等级申请	
信用额度申请		信用期限申请	
申请人		营销经理意见	
财务总监意见			
总经办意见			

注：1. 客户信用等级划分：得分 90~100 分为 A 从级、得分 80~89 分为从级、得分 70~79 分为 A 级、得分 60~69 分为 B 级、59 分以下为 C 级。

2. 信用期限 30 天、45 天、60 天和 90 天及其他天数。

3. 信用额度每 10 万元一个档次，单个客户信用额度不得超过 500 万。

临时额度申请表

时间： 年 月 日

客户名称		客户编码	
已定信用等级			
已定信用额度			
临时额度申请		有限时间	
申请原因	申请人： 年 月 日		
营销经理意见			
财务总监			
总经办意见			
备注			

1. 信用风险控制的重要性

对信用风险进行控制的重要性在于：一是它为防止受信人由于过度投资于债务或贷款而发生现金短缺的问题；二是公司为了扩大销售，放松信用政策，但同时也面临着更大的拒绝付款或延期付款的风险，信用风险控制有利于确保两者保持最佳平衡。如果授信人没有信用风险控制措施将有可能导致现金流动性减弱和盈利能力的下降。

2. 信用风险控制的分类

为了进一步健全企业的信用管理体系，规范信用风险管理，我们按照赊销业务发生的前后将风险控制主要分为事前控制、事中控制和事后控制三种。

（1）事前控制

事前控制也就是事前预防，该阶段应侧重于客户选择。业务人员在开发客户和争取订单的过程中，往往基于开发业务的考虑，忽视对客户的全面考察，在缺乏对客户信用了解的情况下贸然签约，或迫于竞争压力和开拓市场的急切心情，与信用不良客户签约，这种由于客户选择不当造成的不良应收账款占了企业逾期应收账款的绝大部分。因此，事前预防是多数企业的控制重点。企业应做的具体工作包括：

①建立并维持一个机构来控制信用风险。

②确立提供信用的原则。

③制定信用政策。例如，对客户制定普通的信用条款，限定客户的总的信用额度。

④建立专门的信用体系，对客户进行信用评估，从而决定是否提供信用。在进行信用销售之前，要通过对客户的初步筛选，排除掉交易价值不大和风险明显较大的客户，选择有潜力客户和风险不确定客户进行资信调查。调查时广泛利用企业内外部渠道，以确保客户信息的完整和准确；有关客户信用信息的收集、使用和维护，应有统一的管理规定和制度，这些规定和制度要明确到具体业务流程中去，并有考核和激励措施；有条件的企业对客户信息管理要实现计算机化，即建立客户数据库，并配备信用管理软件或客户关系管理软件，做好客户的信用调查。由于应收账款大都是企业在赊销商品过程中形成的，因此企业在做出是否对客户提供商业信用之前，首先要对客户的信用情况进行调查，做到防患于未然。主要是对客户的财务报表以及客户以往的业务信用运用恰当的方法进行评价分析。具体方法在其他章节中已做详细介绍。

⑤仔细审核销售合同。签约时要对销售合同的各项条款进行逐一审查核对，合同的每一项内容，都有可能成为日后产生信用问题的凭证。合同是解决应收账款追收的根本依据。合同的签订必须经过市场部经理审核确认才可以盖章。在销售合同中应明确的主要内容：（a）明确交易条件，如品名、规格、数量、交货期限、价格、付款方式、付款日期、运输情况、验收标准等；（b）明确双方的权利义务和违约责任；（c）确定合同期限；（d）签订时间和经办人签名加盖合同专用章或公司印章（避免个人行为的私章、单一签字或其他代用章）；（e）电话订货，最好有传真件作为凭证。

（2）事中控制

事中控制也就是事中监控，该阶段应侧重于科学决策。现在，许多企业的信用销售决策往往是凭感觉或经验做出的，没有一个科学的决策程序和充分的决策依据，重要交易决策通常凭借高层决策者的一支笔。这样既没有发挥各级员工和经理人员的积极性和责任感，又使决策难度和风险加大，高层领导陷入到具体的交易决策时间过多。或者，有的企业让业务人员完全承担交易风险，这样往往会出现失控的应收账款或业务人员无力承担风险。正确的方法是：基于业务人员收集到的信息和销售建议以及外部渠道对客户的资信调查结论，由专门的部门或人员对客户信用进行分析，得出结论和信用销售决策意见，交给主管部门或经理审批。企业应有明确的客户信用审批程序，针对不同类型客户和不同情况的信用政策，外挂于计算机系统上的自动的信用评估模型，使评估分析和信用决策能够较快做出，并实现与客户数据库和日常监控工作的集成。另外，企业应不断完善自己的标准合同文本，使其漏洞和条款风险尽量减少，非标准合同文本要经过严格的评审，避免合同条款风险和履约风险。

事中控制应该做的具体工作是：

①执行信用政策。

②信用周期的执行管理，包括开出发票、收款以及监督和控制过程。

③发货查询，货款跟踪。每次发货前客服部必须与销售合同保持核对；公司在销售货物后，就应该启动监控程序，根据不同的信用等级实施不同的收账策略，在货款形成的早期进行适度催收，同时注意维持跟客户良好的合作关系。

④持续不断地监督债务人，关注是否有违反信用政策或者其他不良目的的行为发生。

⑤监督顾客的信用情况，并相应地调整顾客的信用限额。一旦客户的信用状况发生变化，企业就应该相应地调整向客户提供的信用条款。例如，如果预计客户的信用状况恶化，企业应该调低客户的信用限额；相反，如果预计客户的信用评级提高，企业对客户提出的更高信用额的要求，应该给予肯定、及时的答复，这有助于保持同客户的良好关系。

⑥选择合适的信用条件和结算方式。科学、合理的信用条件和结算方式，是加强企业应收账款管理，提高应收账款资金效益的重要前提。

信用条件是指企业赊销商品时给予客户延期付款的若干条件，主要包括信用期限和现金折扣等，企业在进行充分的客户信用调查后，根据评价的结果制定恰当的赊销政策，给予客户相应的现金折扣和赊销期限。

企业也可以根据客户的盈利能力、偿债能力、信用状况等选择适当的结算方式。对信用好、效益好、偿债能力强的客户，企业可以选择风险性较大的结算方式，这样有利于建立双方相互信任的关系，促进企业扩大销售量，提高企业的市场竞争力；对于盈利差、信誉不高或一些比较生疏的新客户，企业应选择风险小，有约束力的结算方式，这样企业才能有效避免损失。

⑦建立应收账款的内部控制制度。市场的销售情况和客户的信用情况是不断变化的，因此建立有效的应收账款的内部控制就尤为重要。企业应建立严格的产品赊销审批制度，加强内部管理。对采购、

销售、付款、收款以及理财等企业生产经营活动中的各个关键环节点进行控制。规定每个环节的负责人，按照企业的规章制度办事，并且实行责权利相结合的方法，责任到人，各负其责，加强控制，确保应收账款及时收回。

⑧回款记录，账龄分析。财务要形成定期的对账制度，每隔一个月或一季度必须同顾客核对一次账目，形成定期的对账制度，不能使管理脱节，以免造成账目混乱、互相推诿、责任不清；详细记录每笔货款的回收情况，经常进行账龄分析。下列几种情况容易造成单据、金额等方面的误差：一是产品结构为多品种、多规格；二是产品的回款期限不同，或同种产品回款期限不同；三是产品出现平调、退货、换货时；四是客户不能够按单对单（销售单据或发票）回款。以上情况会给应收账款的管理带来困难，定期对账可以避免双方财务上的差距像滚雪球一样越滚越大，减少呆、死账现象，同时对账之后要形成具有法律效应的文书，而不是口头承诺。

（3）事后控制

事后控制，即事后处理。该阶段应侧重于加强监控力度。好多企业的拖欠账款是由于履约纠纷造成的，有的是由于签约前对本企业履约能力认识不足或部门间信息沟通不畅，有的确实是未能履约，有的则是客户提出的借口或利用合同中的漏洞。再一方面，客户拖欠账款也是由于企业对客户的监控和提醒付款工作做得不够好，因为客户总是先把账款付给管理严格的公司，你不提醒和催收，客户当然是能拖一天算一天。因此，要控制履约风险应从两方面入手：一方面，加强对客户账款的监控，提醒客户付款的时间越早，提醒的方式越高明，越能及早收回账款，对于拖欠账款则要尽早采取恰当的催收方式；另一方面，企业内部要协调好各部门的关系，做好合同履行工作，对于经常出现的履约问题应反馈到签约前，做到签约前就注意不再出现类似问题。对账款回收工作要制定考核指标体系，方便考核和改进工作，并很容易发现问题所在，及时纠正。

①加强应收账款基础资料的日常管理，选择科学合理的收款政策。建立应收账款详细的档案资料，并实行严格监控。主要是通过从赊销原因、时间、催收方式等方面完善基础资料制度；编制应收账款分析表，进行分析；采用合理的催款策略。其中包括通知客户还款的剩余期限、加强电话通知客户的次数、委托专业的收款理财机构进行催收。

②通过法律方式收回货款。在必要时可以利用法律武器捍卫自己的利益，通过诉讼来追收债权，以及在客户面临破产时实施债权人权利的行为。当债权人选择以法律的方式控告未偿还债务的客户时，通过法律进行偿债的程序就已经开始了。因此，信用控制者必须对相关的法律程序有所了解，这样可以直接通过法律手段收回小额欠款。对于大额的欠款，企业一般需要选择专业律师。

存在大量坏账的企业，一般不希望自身投入过多的精力来通过法律程序收回货款，而是求助于专门的收账机构来解决问题。但是，企业必须在收账的费用和收回的货款之间进行权衡。如果通过法律方式收回债务付出的费用比收到的货款数额还多，尽管注销客户的债务会对企业造成损失，但是，从成本收益角度看，此时作出注销债务的决定是明智的。所以，企业有必要从过去的失误中吸取经验，不断改善信用评估程序，努力降低未来的坏账水平。

③适时转移应收账款的风险，利用应收账款融资。企业可以利用应收账款作为债务的担保，进行贷款融资。企业把应收账款转让给银行或专门购买应收账款的财务机构，同时企业承担的应收账款的风险也得以相应的转移。

合理有效地控制和防范应收账款的风险，是企业经营管理中的一项重要工作。加强客户信用管理，制定科学合理的信用政策、结算方式以及有力的内部控制制度，企业尽可能把应收账款的风险控制在最低程度，确保企业的良好运营。

④坏账的处理。建立坏账准备制度，将预计不能收回的应收账款作为损失及时计入费用，使其在财务报表中及时列示，以便分散坏账造成的损失，提高企业的自我保护能力。

无论企业采取怎样严格的信用政策和严密的控制手段，只要存在着商业信用行为，坏账损失的发生总是不可避免的。按照现行制度的规定，确定坏账损失的标准主要有两条：一是因债务人破产或死亡，以其破产财产或遗产清偿后，确实无法收回的应收款。二是债务人较长时期内未履行其偿债义务，并有足够的证据表明无法收回或收回可能性较小的应收款项。企业的应收账款只要符合上述任何一个条件，均可作为坏账损失处理。不过，在此需要注意的是，当企业的应收账款按照第二个条件已经作为坏账损失处理后，并非意味着企业放弃了对应收账款的索取权。实际上，企业仍然拥有继续催收的法定权利，即企业与欠款人之间的债权债务关系不会因为企业已作坏账处理而解除。

既然应收账款的坏账损失无法避免，那么，遵循谨慎性原则对坏账损失的可能性预先进行估计，并建立弥补坏账损失的准备制度，即提取坏账准备金就显得极为必要。这样不仅可以缓解坏账损失对企业正常经营秩序的冲击，正确反映各期财务成果的真实水平，而且对于加速企业资金周转，降低损失程度也有极为重要的作用。每个大规模采用信用销售的企业，都了解信用销售的风险性，应该做出合理水平的坏账准备金预算。一般信用管理水平达到平均值的企业，其年坏账发生水平都在信用销售总额的1%~5%，但是也因企业所在行业不同而不同，企业可以根据具体情况按照一定比例来计提坏账准备金。

企业应收账款的回收是由很多因素决定的，有些因素企业根本不可能有效控制。从这种意义上讲，企业为了有效控制信用销售的风险，除了合理控制应收账款持有水平外，也有必要通过提取坏账准备金以控制应收账款总体水平。

五、综合案例解析

德国一家成立于1992年的机械制造厂，在5年时间中，从小作坊式的企业发展成拥有5000多职工、产品出口到30多个国家、年出口额20亿美元，而且正以每年30%速度增长的大型工业企业。这家制造厂拥有一项机械加工的专利技术，使同类机械产品的效率提高了100%。因此，欧美各国和东南亚国家均向其大量采购产品。该制造厂的产品原料部分从中国进口，由于数量很大，中国共有7家机械公司向其供货。开始时每家公司的年出口额在100万美元左右，到1996年，已经达到七八百万美元的规模，而所有供货都是采用 D/A90~120 天。这几家公司的老总虽然也对赊销如此大的货物心存疑虑，但考虑到该公司的规模和效益，尤其是几年来该厂没有发生拖欠的情况，所以也就未加干涉。

1997 年 4 月，7 家机械公司突然接到从德国法院发来的关于这家德国制造厂的破产通知书。这时，几家公司合计有 3000 多万美元的应收账款还没有收回。经过紧急磋商，7 家机械公司很快组成了工作小组，奔赴德国参加破产企业财产清算。最后，我国的 7 家机械公司在债务人偿付了破产费用、职工工资和其他福利费用、税金、银行本息后，和其他债权人一起分得了部分财产，但核算下来，每家企业的损失都在 50% 以上。

从后来得到的该企业的财务报表中可以看到，该企业虽然利润很大，但企业的资产多为固定资产和应收余款，银行存款等流动资产很少，而其负债金额非常庞大。如果我们的企业事先得到它的财务报表并认真分析了它的财务状况，就应该对这种状况有所警觉，或者降低给予的信用额度，或者采用其他付款方式，从而降低和排除这样的损失，然而我们的企业没有一家这样做。

案例解析

我们的跨境电商企业在日常工作中要注意相同事情的发生。对于跨境电商企业而言，和客户的接触多半是发生在网络上的，而网络的虚拟性则造成了公司的相关客户的信用的不确定性更为突出，从而影响到公司的贸易稳定与公司利润。这就要求跨境电商企业一定要做好跨境电商客户的信用管理，从而减少甚至避免以上案例的情况在自身发生。

【知识总结】

本单元主要讲解了跨境电商客户信用管理体系、跨境电商客户信用管理制度、跨境电商客户信用管理工作流程、跨境电商客户信用风险四方面的内容。在跨境电商客户信用管理制度方面主要从客户信用管理控制制度、客户信用调查工作规范、客户信用评估控制细则进行了讲解。而在跨境电商客户信用管理工作流程章节中主要阐述了客户信用管理、客户信用评估、客户信用分级和客户信用管理表单设计等内容。最后关于跨境电商客户信用风险方面我们主要从客户信用风险分析以及客户信用风险控制两方面进行了分析。

【知识检测】

问题一：跨境电商企业如何对客户进行信用调查？

（1）可以通过金融机构或银行对客户进行信用调查。这种方式可信度高，所需费用少。不足之处是很难掌握客户全部资产情况和具体细节，因可能涉及多家银行，所以调查时间会较长。

（2）利用专业资信调查机构进行调查。这种方法能够在短期内完成调查，费用支出较大，能满足公司的要求。同时调查人员的素质和能力对调查结果影响很大，所以应选择声誉高、能力强的资信调查机构。

（3）通过行业组织进行调查。这种方式可以进行深入具体的调查，但往往收到区域限制，难以把握整体信息。最后一种方法是询问同事或委托同事了解客户的信用状况，或从新闻报道中获取客户的有关信用情况。

问题二：为什么对于跨境电商而言信用风险控制非常重要？

跨境电商企业对信用风险进行控制的重要性在于：一是它为防止受信人由于过度投资于债务或贷款而发生现金短缺的问题；二是公司为了扩大销售，放松信用政策，但同时也面临着更大的拒绝付款或延期付款的风险，信用风险控制有利于确保两者保持最佳平衡。如果授信人没有信用风险控制措施将有可能导致现金流动性减弱和盈利能力的下降。

【拓展阅读】

某大型央企客户信用管理

2002 年初，某大型央企拥有 2000 多员工，账目上逾期一年以上的应收账款，高达 2300 多万元。沉重的清欠负担以及由此而带来的费用开支、资金占用、坏账损失，等等，大大增大了企业的管理成本、机会成本和坏账成本，使企业巨额效益白白流失。是继续在"不赊销等死，赊销等于找死"怪圈中徘徊，还是跳出怪圈理智地分析和另辟蹊径公司选择了后者。

在深刻总结以往盲目赊销的教训后，公司认识到现代市场经济本质上是一种信用经济。赊销已成为所有成品油供应商扩大市场份额的现实选择。在这种选择中，企业必须不断地扩展信用销售，即"理性赊销"。同时，企业防范信用交易风险不能只寄希望于客户，而更应该引入"信用管理"理念，控制交易环节的信用风险，建立规范化、制度化的赊销程序，以增强企业防御风险能力，加强应收账款管理，减少企业呆坏账损失，在扩大销售与控制风险之间求得最佳平衡和实现盈利最大化。

第五章　跨境电商平台新老客户二次营销

【知识要点】

一、跨境电商平台二次营销关键指标

二、跨境电商平台二次营销策略

三、跨境电商平台客户价值

四、跨境电商平台二次营销活动策划

【核心概念】

二次营销

"二次营销"更应该叫"经营客户"，实际上是对相同的客户在不同时期、不同地点的不同需求的管理。"二次营销"或者"经营客户"有一个重要的条件就是要求公司有较强的客户管理系统或者管理能力。"二次营销"或者"经营客户"从营销导向上说是一种消费者（需求）导向型战略。

【情景导入】

陈先生从事跨境电商业务已经有一年了，他正在操心如何把握每一个数据，花最少的成本获取最大的回报。那么，他该怎么做跨境电商才能吸引更多新客户、带来品牌上的营销和留住更多的老客户呢？二次营销能解决这些问题。因为二次营销实际上就是对相同客户在不同时期、不同地点的不同需求的管理。

一、跨境电商平台二次营销关键指标

（一）解读重复购买率指标

1. 重复购买率的定义

重复购买率是指消费者对该品牌产品或者服务的重复购买次数，重复购买率越多，则反应出消费者对品牌的忠诚度就越高，反之则越低。经常在微博上能看到有人在公布关于自家店铺的重复购买率或独立运营重复购买率的分析，基本都比较含糊，只有一个百分比，也未公布其统计计算周期和有关的指标计算准则。所以在重复购买率分析中，统计周期至关重要，要结合自运营产品类目周期来分析，才更有参考价值和意义。

2.重复购买率的计算方法

（1）按客户计算法

这种是指在单位时间段内，所有购买过产品的顾客，再次购买人数／总购买人数，即以每个人人为独立单位重复购买产品的次数计算出来的比例，则为重复购买率。这是推荐企业采取的第一种算法。

例如，在一个月内，有100个客户成交，其中有20个是回头客，则重复购买率为20%。这里比较含糊的是，关于回头客的定义，又分为两种：

a.按天非去重，即一个客户一天产生多笔付款交易，则算重复购买。

b.按天去重，即一个客户一天产生多笔交易付款，则算一次购买，除非在统计周期内另外一天也有购买，则算入回头客。

按天去算，是B2C网站统计数据常用计算方法，相对计算出来的重复购买率要高于第二种。

（2）按交易计算法

指在单位时间内，重复购买交易次数／总交易次数，及重复购买的总次数占比。比如，在某个季度中，一共产生了100笔交易，其中有20个人有了二次购买，这20个人中的10个人又有了三次购买，则重复购买次数为30次，重复购买率为30%。

3.如何提高重复购买率

（1）设计好产品和产品线

以胶原蛋白产品为例。胶囊每天吃2粒，一瓶60粒吃1个月；口服液每天喝1支，一盒8支喝8天；谁的重复购买基础更好？大家一看便知。科学设计主销产品，是重复购买率的重要保障。对于大部分企业，用什么产品主打市场，一开始就要想个明明白白。

也有些企业，产品本身的重复购买性就不强，比如，衬衣、家电等。一件衬衣穿2年，一台电视看8年，怎么办？对于这类"先天不足"的复购产品，就是通过产品线的延伸设计来保障企业后续盈利了。比如，凡客诚品后续增加了女装、茄克、鞋类、床上用品等品项，都是为了增加复购率和交叉销售，使企业的财务更健康。设计好产品和产品线，是达到高复购率的第一要素。

（2）让消费体验达到100%

第二要素是消费体验。一些企业说：这个我懂，产品的质量要好，才能有源源不断的回头客！这只算说对了一半。通过长期实战发现，消费者更看重的是购物体验，有时甚至越过对产品的质量感受。特别是功能效果说不大清楚的产品，比如，保健品、护肤品更为显著。所以，企业送到消费者手中的每一张纸，都是一个无声的销售员，带给消费者意外惊喜之后，必然是他发自内心对产品的忠诚。

（3）科学管理复购组

卓越业绩来自团队，优秀企业关键在于会管理。如何科学分析企业的复购数据，找到管理的要点并投入精力，是提高复购率的核心。在会员营销中，一切都可以通过数据找到答案。当一个客户在一定时间段产生二次购买后，接下来的三次、四次购买会很自然地发生，只要开好头，其实不需要花费很多精力。所以，把提高客户二购率，作为保障复购最有价值的指标，制定相应的分配和管理政策，再配合相应市场推广手段的保障，复购率就有了切实可行的保障。

（二）不同类目的重复购买率

商品类目指标包括：

①产品总数指标：包括 SKU、SPU（标准化产品单元）。SKU 是物理上不可分割的最小存货单位。如 iPhone5S 是一个 SPU，而 iPhone5S 配置为 16G 版、4G 手机、颜色为金色，网络类型为 TD-LTE/TD-SCDMA/WCDMA/GSM 则是一个 SKU。

②产品优势性指标：即优势产品的销售收入占总销售收入的比例。

③品牌指标：包括品牌数和在线品牌数指标。品牌数指商品的品牌总数量，在线品牌数则指在线商品的品牌总数量。

二、跨境电商平台二次营销与品牌发展

（一）产品营销策略

1. 充分理解产品的概念

产品是市场营销组合最基本的要素，是企业经营的核心和基础。现在的产品不局限于产品的使用价值，而是能够供给市场以引起人们注意、获得、使用或者消费，从而满足某种欲望或者需要的一切东西。基于此，产品的营销策划也就不再局限于所生产的某种产品，而是以产品开发为出发点，以定位、组合和品牌为手段，同时考虑产品周期进行全面的策划。所以，特定产品的开发不再仅仅是研发部门的事情，营销部门在这过程中也要发挥重要的作用，参与到新产品开发的每一个步骤中来。

2. 产品线与产品优化组合

产品线是指一群相关的产品，这类产品可能功能相似且销售给同一顾客群，经过相同的销售途径，或者在同一价格范围内。如果能够确定产品线的最佳长度，就能为企业代理最大的利润。一条产品线就是一个产品类别，是由使用功能相同、能满足同类需求而规格、型号、花色等不同的若干个产品项目组成的。一个产品项目，则是指企业产品目录上开列的每一个产品。

产品组合是指一个企业生产或经营的全部产品线、产品项目的组合方式。它包括以下变数：产品组合的宽度、产品组合的长度、产品组合的深度和产品组合的一致性。

在制定产品策略过程中，要考虑如何实现产品的优化组合，即优化产品先线和整产品组合。

（1）优化产品线

第一，产品线的销售量与利润分析

这一分析重要的是，就产品线上每一个项目对总销售量与利润的贡献程度进行确定。一般可以通过计算每一个项目对总销售量与利润的贡献程度进行确定，通过计算每一个项目占产品线的销售额与利润额的百分比来分析。例如，有一企业某条产品线上项目A占产品线总销售量的50%，占总利润的40%；项目B占总销售量的30%，占总利润的30%；项目C占总销售量与总利润的比重分别是10%与10%；项目D占总销售量与总利润的比重分别是15%与15%；项目E占总销售量与总利润的比重分别是5%与5%。对于企业来说，要重点经营利润比重大的产品项目，对利润比重很小的产品项目可以不作为经营的重点。在上面这个例子中，项目A、项目B与项目D的利润要占到产品线利润总额的85%，所以在其他环境因素允许的情况下，就可以将这三个项目列为企业经营的重点。

值得注意的是，产品线的利润太集中在少数几个项目上，意味着这条产品线的弹性较差，遇到强有力的竞争对手的挑战，往往会受到很大的影响。因此，要尽可能地把利润均匀地分散到多个项目中去。

第二，调整产品线长度

一是增加产品线的长度。企业增加产品线的长度一般有两种方式可供选择：一是向产品项目定位空档发展，增加项目数可以通过发掘尚未被满足的那一部分需求来进行，由于竞争对手不存在，抢先占领市场的可能性很大；二是向产品项目定位薄弱环节扩展，寻找竞争对手的不稳定项目，然后对症下药，开发新的项目。

二是缩短产品线长度。有时候缩短产品线的长度反而会使产品线的总利润上升，这是因为削减了占利润比重很小的项目，可以节约成本，集中优势发展占利润比重大的项目。总之，产品线的长度不是一成不变的，要根据市场随时做出调整。

（2）调整产品组合

为了优化产品组合，使每一产品线及每一产品线下的产品项目都能取得良好效益，应对现行的产品组合不断地进行调整，使之可以随时满足市场变化的需求。企业在调整产品组合时，可以针对具体情况选用相应的产品组合策略。

第一，扩大产品组合策略

扩大产品组合策略是开拓产品组合的广度和加强产品组合的深度。开拓产品组合广度是指增添一条或几条产品线，扩展产品经营范围；加强产品组合深度是指在原有的产品线内增加新的产品项目。具体方式有以下方面：

①在维持原产品品质和价格的前提下，增加同一产品的规格、型号和款式。

②增加与原产品相类似的产品。

③增加与原产品毫不相干的产品。

④增加不同品质和不同价格的同一种产品。

第二，缩减产品组合策略

缩减产品组合策略是削减产品线或产品项目，特别是要取消那些获利小的产品，以便集中力量经营获利大的产品线和产品项目。缩减产品组合有以下方式：

①减少产品线数量，实现专业化生产经营。

②保留原产品线削减产品项目，停止生产某类产品，外购同类产品继续销售。

第三，高档产品策略

高档产品策略，就是在原有的产品线内增加高档次、高价格的产品项目。实行高档产品策略可以为企业带来丰厚的利润，有利于带动企业生产技术水平和管理水平的提高，以及提高企业现有产品声望和市场地位。但是采用这一策略的企业也要承担一定风险。因为，企业惯以生产廉价产品的形象在消费者心中不可能立即转变，使高档产品不容易很快打开销路，从而影响新产品项目研制费用的迅速回收。

第四，低档产品策略

低档产品策略就是在原有的产品线内增加低档次、低价格的产品项目。实行低档产品策略的好处是充分利用企业现有生产能力，补充产品项目空白，形成产品系列，增加销售总额，扩大市场占有率，并借高档名牌产品的声誉，吸引消费水平较低的顾客慕名购买产品线中的低档廉价产品。但是该策略也很可能会影响企业原有产品的市场声誉和名牌产品的市场形象。此外，采用这一策略需要配有一套相应的营销系统和促销手段，这势必会加大企业营销费用的指出。

（二）服务营销策略

1. 做好产品和服务

选择好的电商平台或发展自身电商平台。与传统外贸相比，境外买家的采购特点是次数多、数量少、收货时间短。涉及产品质量和服务的每个细节都能被买家迅速地体验感知出来，并在电商平台上进行反馈，这些累积的反馈口碑关系跨境电商以后的销售。许多传统外贸企业习惯做交货期少则 15 天多则几个月，成交数量多和金额几千美元到数万美元甚至更大的订单。在转型做跨境电商时，由于惯性思维，难以对原有的操作方式做出改变，不能满足境外买家的实际需求。因此，跨境电商在经营品牌产品时，在经营观念上要灵活开放，为更多境外中小买家提供符合实际的采购需求和服务。在选择电商平台或发展自身电商平台时，跨境电商要注重以下几点：一是在选择其他电商平台开店铺或发展自身平台时，要坚持买家优先为原则，通过销售快速地形成自身品牌口碑，可借鉴 Amazon 坚持以客户为中心的价值观的做法，把他们的购买体验留在产品销售页面上形成产品的口碑。二是注重平台对品牌产品的专业经营。避免不同类别产品在一起形成大杂烩。不管是在 Amazon 和 eBay 开跨境店铺，还是企业自开 B2C 网站，在经营品牌产品时应专业化，而不是大卖场式的促销。三是在平台上针对自己的品牌产品细分好不同的境外市场，以适合不同国家和地区对自己同一品牌产品的不同需求。譬如某品牌手电筒，由于客户的不同需求，在针对海洋国家如澳大利亚和新西兰的潜水爱好者时，应着重介绍防水性能；而对内陆国家的户外运动爱好者，则重点介绍防震耐摔功能。

2. 选择灵活畅通的物流公司和完善的支付系统

服务于自己的品牌产品跨境电商应根据所经营的品牌产品和境外买家的分布特点，选择好灵活畅通的物流公司配送，以最快捷的方式将货物送到买家手中。在销售利润允许的前提下，尽量选择国际知名的联邦快递（FedEx）、联合包裹（UPS）、敦豪速递（DHL）等快递公司。利用这些知名快递公司，不但使买家快速收到所买的货物，而且也可以使买家体验到跨境电商的实力和品牌服务。对于货物数量相对比较多，客户收货时间不那么急切的，跨境电商可以请马士基等国际海运公司运送。而对于小包裹所售货物价值难于支付昂贵国际快递费而买家收货时间又急切的，可以选用诸如PayPal 与北京邮政联合推出的"贝邮宝"、顺丰的"海购丰运 SFBuy"、东航的"东航产地直达"等物流配送方式。这些配送方式不但费用和送货时间能满足卖家要求，而且买卖双方可实时查询包裹的运行状态。另外在支付方面，在保障收款安全的前提下，可采用信用卡、银行转账、第三方支付等多种支付方式以满足不同买家的付款需求。应选择用户使用广泛、货币使用种类多的支付方式，如全球最大、最先进的电子汇兑——西联汇款，其拥有 1.32 亿用户的 Paypal 并能支持 25 种货币付款交易。

3. 与境外电商和媒体合作

跨境物流配送使买家收货时间长，难以让其实现退换货。使跨境电商无法有效地与境外同类电商进行竞争。因此，跨境电商应尝试与境外电商合作，在主要销售国家和地区建立站点和物流仓库，实现即时线上接单，即时线下境外仓库发货。让买家快速收到货物，实现退货和换货自如，从而实现跨境销售本地化，极大地提升买家的跨境购物体验，增强跨境电商在海外市场的竞争力。传统外贸企业在转型跨境电商时，可以与原来的国外客户合作。建立当地站点和物流仓库，以传统外贸方式将货物运输到境外仓库后，再到电商平台销售品牌产品，境外仓库发货至用户。这样企业不但享受到传统外贸的各种操作便利和政策优惠（如出口退税），而且可以使跨境销售变得更为简单。另外，跨境电商应注重与境外社交媒体合作。一是通过对品牌产品的发帖、测评、用户讨论等方式实现对其品牌产品的推广。二是通过各种渠道搜集买家对于同类产品性能、设计、缺点方面的反馈信息，以帮助跨境电商及时改进产品，迎合用户的需求，获取更大的市场份额，从而实现品牌产品销售的本地化。随着跨境电商的进一步发展，无论是热衷于品牌的欧美市场，还是金砖国家的新兴市场，都对中国跨境电商的品牌十分期待，而部分跨境电商的自主品牌进入国际市场也取得了成功。例如，2009 年自主品牌赛尔贝尔通过敦煌网等平台推广实现巨大的成功；深圳思特于 2012 年 5 月推出的"ZOPO 卓普"品牌，通过跨境电商平台仅 3 个月，就推广到欧洲，并进入美国市场。这些自主品牌营销的成功对避免价格战、同质化竞争、提升跨境电商价值以及可持续发展具有重要意义。

（三）品牌营销策略

品牌营销是通过市场营销使客户形成对企业品牌和产品的认知过程。世界著名广告大师大卫·奥格威对品牌做过这样的解释："品牌是一种错综复杂的象征，它是品牌属性、名称、包装、价格、历史声誉、广告方式的无形总和。品牌同时也因消费者对其使用的印象，以及自身的经验而有所界定。"因此，现代市场最高模式的营销不是建立庞大的营销网络，而是利用品牌符号，把无形的营销网络铺建到消费者心理。

1. 打造世界级的品牌

要打造世界级品牌，需要确保自己的全部线上、线下活动保持一致。需要最大限度地利用病毒传播效果，将曝光度推到极致，对线上和线下两个世界同时产生影响。"世界级"这一点要求在生活和生意两部分都要超越榜样。这里的重点是，在线发表自己的独到想法之前，都要经过内部筛选器对所有内容进行过滤。几年之后你对这些评论是否还会满意？哪个人的评论会让你一年都无法释怀？要始终把目标定高。

2. 加强新老产品之间的关联度

二次营销前后的新老产品关联度较高、门类接近的产品可共用一个品牌。关联度高只是表象，关联度导致消费者会因为同样或类似的理由而认可并购买某一个品牌才是实质，可以说，这是品牌核心价值延伸出来的考虑因素。

3. 品牌延伸策略

品牌延伸就是将已有的品牌名称使用到与现有产品不同的新产品上，旨在以较少的成本占领较大的市场份额。也就是将现有的成功品牌，用于新产品或修正过的产品上去的一种策略，可分为大类延伸和线延伸。大类延伸是指主品牌延伸到不同于已有品牌产品类别的品牌延伸。而线延伸是指主品牌用于延伸的产品与原产品同属一个类别，但定位于不同的细分市场。虽然品牌延伸策略可以加快品牌定位，降低新产品的市场风险，降低新产品的市场导入费用，强化品牌效应，以及增强核心品牌的形象，但并不是在任何情况下都适用。因为该策略也同时存在着诸多风险，如损害原有品牌形象，有悖消费心理，容易形成此消彼长的"跷跷板"现象，株连效应，淡化品牌特性，产品定位与品牌定位的差异化，品牌延伸的不一致性以及品牌延伸时把握不准产品种类、数量的适度性等。因此，只有出现以下情况时，才适用品牌延伸策略。第一，企业财力弱、品牌推广能力差。第二，产品市场容量较小。第三，主要竞争对手也进行品牌延伸。

此外，还要定期检查并更新品牌。许多人不理解品牌和品牌塑造之间的重大差异。基本上，每件事都在塑造品牌，所谓的品牌塑造，就是为了让目标市场知道你的品牌而采用的全部营销手段和材料。品牌实际上是无形的，它是客户接触你提供的产品和服务，是你希望客户得到的体验，想象一下苹果和维珍的客户在接触这些大品牌时的体验。如果处于品牌发展的起步阶段或者感觉现在的品牌已经过时，可以在品牌专家的帮助下，开发一个最能代表你和你的服务的新网站设计或者博客设计。

三、跨境电商平台客户价值金字塔

（一）客户细分概念

1. 客户细分的概念

客户细分是 20 世纪 50 年代中期由美国学者温德尔·史密斯提出的，其理论依据在于顾客需求的异质性和企业需要在有限资源的基础上进行有效的市场竞争。客户细分是指企业在明确的战略业务模式和特定的市场中，根据客户的属性、行为、需求、偏好以及价值等因素对客户进行分类，并提供有针对性的产品、服务和销售模式。按照客户的外在属性分层，通常这种分层最简单直观，数据也很容易得到。

2. 客户细分的目的

从客户需求的角度来看，不同类型的客户需求是不同的，想让不同的客户对同一企业都感到满意，就要求企业提供有针对性的符合客户需求的产品和服务，而为了满足这种多样化的异质性的需求，就需要对客户群体按照不同的标准进行客户细分。

从客户价值的方面来看，不同的客户能够为企业提供的价值是不同的，企业要想知道哪些是企业最有价值的客户，哪些是企业的忠诚客户，哪些是企业的潜在客户，哪些客户的成长性最好，哪些客户最容易流失，企业就必须对自己的客户进行细分。

从企业的资源和能力的角度来看，如何对不同的客户进行有限资源的优化应用是每个企业都必须考虑的，所以在对客户管理时非常有必要对客户进行统计、分析和细分。只有这样，企业才能根据客户的不同特点进行有针对性的营销，赢得、扩大和保持高价值的客户群，吸引和培养潜力较大的客户群。客户细分能使企业所拥有高价值的客户资源显性化，并能够就相应的客户关系对企业未来盈利的影响进行量化分析，为企业决策提供依据。

3. 客户细分的依据

①按照客户的外在属性分层，通常这种分层最简单直观，数据也很容易得到。

②根据客户内在因素决定的属性分层，例如：性别 / 年龄 / 信仰 / 爱好 / 收入等，这些经常用来作为分层的依据。

③根据客户的消费行为分层，可以从三方面考虑，即最近购买情况 / 购买频率和购买金额。

4. 客户细分的方式

（1）外在属性

如客户的地域分布，客户的产品拥有，客户的组织归属——企业用户、个人用户、政府用户等。通常，这种分层最简单、直观，数据也很容易得到。但这种分类比较粗放，我们依然不知道在每一个客户层面，谁是"好"客户，谁是"差"客户。我们能知道的只是某一类客户（如大企业客户）较之另一类客户（如政府客户）可能消费能力更强。

（2）内在属性

内在属性行为是由客户的内在因素所决定的属性，比如，性别、年龄、信仰、爱好、收入、家庭成员数、信用度、性格、价值取向等。

（3）消费行为分类

在不少行业对消费行为的分析主要从三个方面考虑，即所谓的 RFM：最近消费、消费频率与消费额。这些指标都需要在账务系统中得到，但并不是每个行业都能适用。如在通信行业，对客户分类主要依据话费量、使用行为特征、付款记录、信用记录、维护行为、注册行为等变量。

按照消费行为来分类通常只能适用于现有客户，对于潜在客户，由于消费行为还没有开始，当然分层无从谈起。即使对于现有客户，消费行为分类也只能满足企业客户分层的特定目的，如奖励贡献多的客户。至于找出客户中的特点为市场营销活动找到确定对策，则要做更多的数据分析工作。

（二）客户细分模型——RFM 模型

RFM 模型：R（Recency）表示客户最近一次购买的时间有多远，F（Frequency）表示客户在最近一段时间内购买的次数，M（Monetary）表示客户在最近一段时间内购买的金额。一般原始数据为 3 个字段：客户 ID、购买时间（日期格式）、购买金额，用数据挖掘软件处理，加权（考虑权重）得到 RFM 得分，进而可以进行客户细分、客户等级分类、Customer Level Value 得分排序等，实现数据库营销。

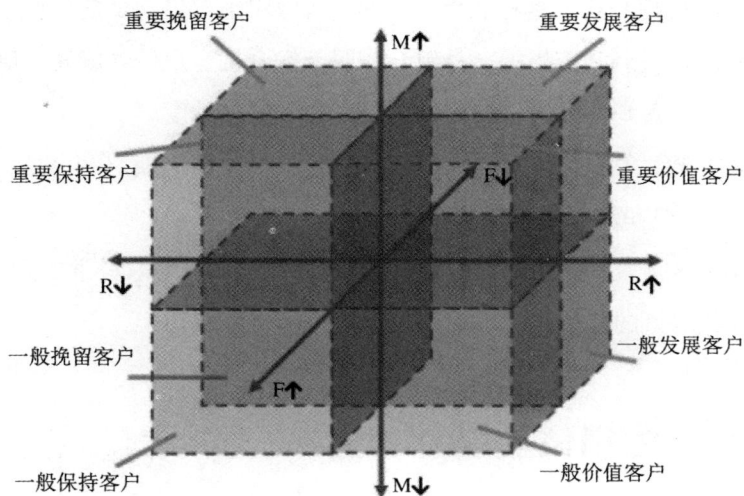

（三）客户生命周期管理

1. 客户生命周期的概念

客户生命周期是指从一个客户开始对企业进行了解或企业欲对某一客户进行开发开始，直到客户与企业的业务关系完全终止且与之相关的事宜完全处理完毕的这段时间。一个客户对企业而言是有类似生命一样的诞生、成长、成熟、衰老、死亡的过程。具体到不同的行业，对此有不同的详细定义，如在电信行业，所谓的客户生命周期，指的就是电信客户从成为电信公司的客户并开始产生业务消费开始到消费成长、消费稳定、消费下降，最后离网的过程。客户的生命周期是企业产品生命周期的演变，但对商业企业来讲，客户的生命周期比企业某个产品的生命周期重要得多。客户生命周期描述的是客户关系从一种状态（一个阶段）向另一种状态（另一个阶段）运动的总体特征。

更为准确地说，所谓"客户生命周期管理"，即从客户考虑购买哪一家运营商的服务，到入网后对其收入贡献和成本的管理，离网倾向的预警和挽留直到客户离网后进行赢回的整个过程。这个过程包括了 11 个关键的价值创造环节，即客户的购买意向，新增客户的获取，客户每月收入贡献的刺激与提高，客户日常服务成本的管理，交叉销售/叠加销售，话费调整，签约客户的合同续签，客户在品牌间转移的管理，对离网的预警和挽留，对坏账的管理，对已流失的客户进行赢回。这些环节实际上包括了运营商日常经营工作的各个重点。11 个环节环环相扣，形成一条营销价值链，也是运营商制定客户策略的入手点。客户生命周期管理是围绕着这 11 个关键价值创造环节，利用丰富的客户数据进行深入分析，设计针对单个客户的个性化策略，继而通过运营商与客户间的大量的接触点，执行这些策略。

2. 客户生命周期的阶段

在生命周期上，客户关系的发展是分阶段的，客户关系的阶段划分是研究客户生命周期的基础。目前这方面已有较多的研究，有的学者提出了买卖关系发展的五阶段模型，认为将客户生命周期划分为 5 个阶段。

阶段 A：客户获取。发现和获取潜在客户，并通过有效渠道提供合适的价值定位以获取客户。

阶段 B：客户提升。通过刺激需求的产品组合或服务组合把客户培养成高价值客户。

阶段 C：客户成熟。使客户使用电信新产品，培养客户的忠诚度。

阶段 D：客户衰退。建立高危客户预警机制，延长客户的生命周期。

阶段 E：客户离网。该阶段主要是赢回客户。

与之相关的营销学上，涉及的理论是 CRM。根据该理论，可以采取科学的方法计算客户生命周期价值，进而进行企业经营决策的分析。

四、跨境电商平台营销活动设计

（一）营销活动理念

最有效的跨境电商营销是社交媒体营销。传统营销是销售导向的，即"将产品/服务信息传播给潜在的消费者"；现代营销是关系导向的，强调的是"与消费者的互动"。通过电视、广播、报纸等媒体广告，我们无法与消费者互动；通过搜索引擎营销、邮件营销，我们同样无法与消费者互动。或许，企业可以组织一些线下推广活动，实现面对面的互动。然而，这种线下营销不仅费用高，而且辐射面窄。现在，随着 Facebook、Twitter 等社交网络的繁荣发展，企业开始踏入互动式的关系导向型营销时代。

（二）营销活动设计

在设计跨境电商营销活动，尤其是在 B2C 平台，可以考虑利用以下社交媒体开展营销活动。

1. Facebook

作为全球最大的社交网站，Facebook 每月活跃用户数高达 13 亿人。此外，大约有 3000 万家小公司在使用 Facebook，其中 150 万企业在 Facebook 上发布付费广告。当前，跨境 B2C 大佬兰亭集势、DX 等都开通了 Facebook 官方专页，Facebook 海外营销受到了越来越多跨境电商从业者的关注。当然，在面对俄罗斯市场时，你应该选择 VK 而不是 Facebook。在俄罗斯乃至东欧，VK 是人们首选的社交网站。

2. Twitter

Twitter 是全球最大的微博网站，拥有超过 5 亿的注册用户。虽然用户发布的每条"推文"被限制在 140 个字符内，但不妨碍各大企业利用 Twitter 进行产品促销和品牌营销。例如，在 2008 年圣诞购物期间，Dell 仅通过 Twitter 的打折活动就获得百万美元销售；再如，著名垂直电商 Zappos 创始人谢家华通过其 Twitter 的个人账号与粉丝互动，维护了 Zappos 良好的品牌形象。以上这两个案例其实都适用于跨境电商的海外营销。此外，跨境电商们还可以利用 Twitter 上的名人进行产品推广，比如第一时间评论名人发布的"推文"，让千千万万名人的粉丝慢慢熟知自己，并最终成为自己的粉丝。2014 年 9 月，Twitter 推出了购物功能键，这对于跨境电商来说无疑又是一大利好消息。

3. Tumblr

Tumblr 是全球最大的轻博客网站，含有 2 亿多篇博文。轻博客是一种介于传统博客和微博之间的媒体形态。与 Twitter 等微博相比，Tumblr 更注重内容的表达；与博客相比，Tumblr 更注重社交。因此，在 Tumblr 上进行品牌营销，要特别注意"内容的表达"。比如，给自己的品牌讲一个故事，比直接在博文中介绍公司及产品，效果要好很多。有吸引力的博文内容，很快就能通过 Tumblr 的社交属性传播开来，从而达到营销的目的。跨境电商网站拥有众多的产品，如果能从这么多的产品里面提炼出一些品牌故事，或许就能够达到产品品牌化的效果。

4. YouTube

YouTube 是全球最大的视频网站，每天都有成千上万的视频被用户上传、浏览和分享。相对于其他社交网站，YouTube 的视频更容易带来病毒式的推广效果。比如，鸟叔凭借《江南 Style》短时间内就得到全世界的关注。因此，YouTube 也是跨境电商中不可或缺的营销平台。开通一个 YouTube 频道，上传一些幽默视频吸引粉丝，通过一些有创意的视频进行产品广告的植入，或者找一些意见领袖来评论产品宣传片，都是非常不错的引流方式。

5. Vine

Vine 是 Twitter 旗下的一款短视频分享应用，在推出后不到 8 个月的时间，注册用户就超过了 4000 万。用户可以通过它来发布长达 6 秒的短视频，并可添加一点文字说明，然后上传到网络进行分享。

社交媒体平台 8th Bridge 调查了 800 家电子商务零售商，其中 38% 的商家会利用 Vine 短视频进行市场拓展。对于跨境电商，显然也应该抓住这样的一个免费平台，即可以通过 Vine 进行 360 度全视角展示产品，或利用缩时拍摄展示同一类别的多款产品，也可以利用 Vine 来发布一些有用信息并借此传播品牌。例如，卖领带的商家可以发布一个打领带教学视频，同时在视频中植入品牌。类似的应用还有 MixBit，由 YouTube 创始人郝利和陈士骏创办，视频长度为 16 秒。此外，Facebook 旗下 Instagram 也开发了短视频功能，时长 15 秒。

6. Pinterest

Pinterest 是全球最大的图片分享网站，其网站拥有超过 300 亿张图片。图片非常适合跨境电商网站的营销，因为电商很多时候就是依靠精美的产品图片来吸引消费者。卖家可以建立自己的品牌主页，上传自家产品图片，并与他人互动分享。2014 年 9 月，Pinterest 推出了广告业务。品牌广告主可以利用图片的方式，推广相关产品和服务，用户可以直接点击该图片进行购买。Pinterest 通过收集用户个人信息，建立偏好数据库，以帮助广告主进行精准营销。因此，除了建立品牌主页外，跨境电商网站还可以购买 Pinterest 的广告进行营销推广。与 Pinterest 类似的网站还有 Snapchat、Instagram 以及 Flickr 等。

7. 其他

社交媒体营销的范围很广，除了以上渠道外，还有论坛营销、博客营销、问答社区营销等。这三类社区尤其适合有一定专业门槛的产品，比如，电子类、开源硬件等。主打 3C 电子产品的 DX，起家时依靠的正是其创始人高超的论坛营销能力。此外，如果你的目标人群是毕业生或职场人士，全球最大的商务社交网站 LinkedIn 将是一个不错的选择；Google+ 作为全球第二大的社交网站，将社交和搜索紧密结合，也越来越受到营销者的青睐。

（三）营销活动计划与布局

1. 制订营销计划的原则

（1）营销计划应贯彻落实企业发展战略

制订企业营销计划的首要原则是贯彻落实企业发展战略。发展战略是企业发展的方向和宏观指导思想，而营销计划就是企业沿着这一方向迈进的方法和步骤，以及落实这一宏观思想的具体化、科学化、程序化的运作方案。所以，无论是制订长期的、中期的营销计划还是短期的营销计划，都应该紧紧围绕企业发展战略来进行。为此，应该注意以下两点。

①营销计划的制订应当始终与企业发展战略保持一致。如果企业发展战略中把建立跨行业、跨地区的企业集团作为发展目标，那么营销计划就应当在计划中充分体现这一战略思想，根据这一战略方向制订长期计划和中期计划来不同程度地贯彻落实这一战略意图，逐次予以落实。

②营销计划制定中应当确定具体量化的指标、实施程序以及实现方法。例如，在长期计划中，要

确定出每年以多大增长速度扩大市场占有率，最终达到一个定量的指标要求。同时，对扩展目标市场的次序，采用的分销、促销方式等也要做出明确的计划。

（2）制订营销计划应遵循市场规律

在市场经济条件下，企业的一切活动都受制于市场，因而营销计划的制订应该严格遵循市场规律。在制订营销计划时，营销部门首先要对企业面临的市场进行认真的调研，这是制订计划过程的第一阶段，也是营销管理的基础工作。

（3）由远及近，先长后短

通常，将长、中、短期计划混在一起的"一揽子"计划，在实际操作过程中是最不方便的。因为这样的计划内容表述势必会含混不清，任务、目标、方法等重要方面都将不可能明确、具体，而且在检查、考核计划完成情况时，更会出现困难。因此，长、中、短期计划必须是分开、分别制订，中、短期计划要贯彻长期计划精神，分担长期计划的任务目标，短期计划要贯彻落实中期计划的任务目标，制订时要照顾它们之间的有机联系，做到方向一致，互相支持，且各有侧重及特色。

在制订的顺序上，应首先着眼于长期，其次为中期，最后是短期。这个次序是很重要的，不能发生变化。因为它们之间的逻辑、辩证关系和各自的特点决定了必须这样才更为科学。

（4）制订营销计划应抓住重点

明确表述营销计划并不是要事事详尽，而应抓住企业营销中的关键性问题予以表述，毕竟这不同于企业的备忘录。如企业产品如何定位，定位的品种、质量、产量、销售量、市场占有率、利润完成额以及新产品开发、营业推广、目标市场拓展等关键或重大事项应作为计划的主要内容，其他一般性管理和日常事务性问题不必列入计划，以免主次难辨，轻重不分。

（5）制订营销计划应切实可行，灵活调整

没有可行性的营销计划是注定要失败的。要使营销计划具有较高的可行性，在计划制订中应注意做到如下几点：

①结合企业的实际和特点。

②实事求是，循序渐进

③反复论证，把计划建立在科学、合理的预测基础上。

④遵循市场规律。

⑤充分考虑市场、政策、企业自身等客观、主观、外部、内部等变动因素。

2. 制定营销计划的阶段

每一年的机会都必须安排在长期计划的网络之中，前后计划相互衔接，每一年都为了实现一定的目标，这些中间目标最终都是为了实现五年计划目标。形成计划周期的各阶段如下：

①明确公司目标。

②形式分析（外部宏观环境分析、市场、顾客、消费者、竞争者、内部条件分析）。

③主要的 SWOT 分析（公司主要的优势与弱势，怎样迎接机遇和威胁）。

④对未来变化所做的假设（外部宏观环境分析、市场、顾客、消费者、竞争者）。

⑤成功关键因素的明确。

⑥市场营销目标——长期目标和下一年度目标。

⑦可供选择的战略。

⑧通过目标、形式分析和假设等几方面来评估战略。

⑨战略选择。

⑩五年的总体计划框架。

⑪下一年度的详细计划（每个细分市场的营销组合、成本开支）。

⑫辨识可能出现的障碍。

⑬偶发事件的计划。

⑭检测和控制系统的机会。

⑮最终计划的表述和表决通过。

⑯实施和回顾。

营销计划的这些步骤实施起来非常烦琐，但它是营销活动方案的具体描述，它规定了企业各种营销活动的任务、目标、具体指标、策略和措施，这样就可使企业的营销工作按既定计划有条不紊地循序渐进，从而避免营销活动的混乱或盲目性。

3. 营销计划的应用实施

企业对营销计划的贯彻实施，实际上就是将计划转化成具体的行动过程，从而实现营销计划所制定的目标。在执行过程中，既要取得内部营销部门和其他部门间的配合，又要争取到经销商和零售商的支持。因此，必须制定一个具体的实施方案，明确各自的任务。

（四）营销活动策划与应用

目前，开展电商网络营销，主要是利用网络营销的方法和手段，进行网络营销活动、网络市场调研、网络营销推广、网络广告发布等工作。对于中小企业，在成本相对较低的网络营销环境下，希望能最大效果的达到企业经营目的。大型企业拥有丰富的营销资源，因此可以合理利用企业的营销资源，发挥网络营销的最大效果，这是大型企业网络营销策略选择的基本出发点。所以，网络营销活动的策划与实施，就应该基于需求分析、活动策划、活动实施和活动效果监控三个方面来进行研究。

1. 做好需求分析工作，确保活动得到预期效果

首先企业应该先分析企业运用各种网络营销的方法和手段进行网络营销所要达到的目标，有些企业的目标是希望达到品牌知名度的提高，有些企业的目标是希望提升销售量，有些企业的目标是要拓

展市场并推出新产品，有些企业是希望能通过宣传活动渡过企业的危机。因此在企业网络营销活动策划时，应该先分析企业目标，明确企业目标，在策划和实施营销活动时，都应该以制定的企业目标为基础开展活动，确保活动得到预期的效果。

2. 完成活动策划，做好充分准备，确保活动顺利进行

为了更好地开展网络营销活动，需要策划好的标题、策划好的方案、制作精美的宣传图片、设计吸引人的活动、制造热点话题、做好预算策划工作等。因此，只有做好充分的策划和准备工作，才能确保活动的顺利进行。

①策划活动标题，做到引人注目。企业策划的题目要新颖，也就是有创意性。因此只有一定的创意性才会吸引读者。营销主题比较重要，也是开展营销活动的关键，策划主题如果比较好，不需要费力即可达到预期的效果。企业策划的题目要有一定的吸引性，即标题要有一定的号召性，能吸引读者。标题是敲门砖，标题要有一定的含义甚至是歧义，让读者产生疑惑而进一步想得到答案。因此在标题策划的时候，应该选择让网友感兴趣的，吸引网友的标题，更好地完成活动策划。

②策划内容性和争议性活动，用好网友舆论双刃剑。营销活动和营销内容，好似一把双刃剑。用得好，必定达到预想不到的效果；用得不好，可能会产生企业信用危机。因此，面对网友的舆论，策划网络营销活动的内容、争议性话题、热点话题，都需要在策划活动中深思熟虑，进行一系列的策划，最终体现的营销活动中。

③策划维护性和危机公关方案。很多企业只策划活动应该如何做，但是不去策划活动开始后，应该如何维护，其实是不完善的营销活动方案。因为营销活动开展后，要不断地对活动进行分阶段的总结和维护。企业人员要积极参加回复解答网友问题、鼓励其他网友分享，这样可以更好地保证活动顺利进行。在活动策划的时候，要注意可能会产生的危机，或者是活动实施效果不顺利，应该如何弥补的危机公关方案，在遇见危机等情况，可以立即启动维护性与危机公关方案，做到扭转实施效果，转危为安。

3. 活动过程及时监控，做好活动后评价

营销活动的实施过程中，应该重视按照策划方案的步骤，按部就班进行。营销活动完成后，企业要仔细监测营销活动带来的效果，同时注意改进。目前，网络营销活动可以运用各种监控方法，收集全面的活动数据，进行数据分析。这个时候，企业就拥有了一大批针对自身的数据，就可以完成一个细致的数据分析和用户群体分析。最终达到通过一次营销，总结出很多问题，下次策划时可以借鉴，本次营销活动还能不断改进的效果。

（五）营销活动类型与客户筛选

1. 营销活动类型

（1）搜索引擎营销

搜索引擎营销分两种：SEO 与 PPC。SEO 即搜索引擎优化，是通过对网站结构（内部链接结构、网站物理结构、网站逻辑结构)、高质量的网站主题内容、丰富而有价值的相关性外部链接进行优化而使网站对用户及搜索引擎更加友好，以获得在搜索引擎上的优势排名为网站引入流量。 PPC 是指购买搜索结果页上的广告位来实现营销目的，各大搜索引擎都推出了自己的广告体系，相互之间只是形式不同而已。搜索引擎广告的优势是相关性，由于广告只出现在相关搜索结果或相关主题网页中，因此，搜索引擎广告比传统广告更加有效，客户转化率更高。

（2）电子邮件营销

电子邮件营销是以订阅的方式将行业及产品信息通过电子邮件的方式提供给所需要的用户，以此建立与用户之间的信任和信赖关系。大多数公司及网站都已经利用电子邮件营销方式。毕竟邮件已经是互联网基础应用服务之一。开展邮件营销需要解决三个基本问题：向哪些用户发送电子邮件、发送什么内容的电子邮件以及如何发送这些邮件。邮件营销的优势是精准直效，个性化定制，信息丰富、全面，具备追踪分析能力。

（3）即时通信营销

顾名思义，即利用互联网即时聊天工具进行推广宣传的营销方式。品牌建设，非正常方式营销也许获得了不小的流量，可用户不但没有认可你的品牌名称，甚至已经将你的品牌名称拉进了黑名单。所以，有效的开展营销策略要求我们考虑为用户提供对其个体有价值的信息。

（4）病毒式营销

病毒营销模式来自网络营销，利用用户口碑相传的原理，是通过用户之间自发进行的、低费用的营销手段。病毒式营销并非利用病毒或流氓插件来进行推广宣传，而是通过一套合理有效的积分制度引导并刺激用户主动进行宣传，是建立在有意于用户基础之上的营销模式。 病毒营销的前提是拥有具备一定规模、具有同样爱好和交流平台的用户群体。病毒营销实际是一种信息传递战略，没有固定模式，最直接有效就是许以利益。

（5）论坛营销

论坛（BBS）是互联网诞生之初就存在的形式，历经多年洗礼，论坛作为一种网络平台，不仅没有消失，反而越来越焕发出它巨大的活力。其实人们早就开始利用论坛进行各种各样的企业营销活动，当成为新鲜媒体的论坛出现时，就有企业在论坛里发布企业产品的一些信息了，其实这也是论坛营销的一种简单的方法。

论坛营销可以成为支持整个网站推广的主要渠道，尤其是在网站刚开始的时候，是很好的推广方法。利用论坛的超高人气，可以有效为企业提供营销传播服务。而由于论坛话题的开放性，几乎企业的所有营销诉求都可以通过论坛传播得到有效的实现。论坛营销是以论坛为媒介，参与论坛讨论，建立自己的知名度和权威性，并顺带着推广一下自己的产品或服务。运用得好的话，论坛营销可以是非常有效果的网络营销手段。

论坛营销的主旨，无疑是讨论营销之道，论坛营销应在多样化的基础上，逐渐培养和形成自己的主流文化或文风。比如，设一些专栏，聘请或培养自己的专栏作家和专栏评论家，就网友广泛关心的话题发言。不是为了说服别人或强行灌输什么，而是引导论坛逐渐形成自己的主流风格。海纳百川，有容乃大。营销论坛，包容多样化的观点，多样化的文风，是营销人强烈自信心的表现。资深互动营销专家、隆文互动营销总监冯延认为，网络营销并非就是简单的发帖、发新闻，营销人要深刻理解企业的定位及盈利模式，深挖品牌内涵，并借互联网的特性更广泛深入地与目标用户进行互动，从以前传统媒体直接"骚扰用户"的模式变成让用户主动参与，并愿意与人分享，这样品牌借助网络营销才能展现更强的生命力。

（6）博客营销

博客营销是建立企业博客，用于企业与用户之间的互动交流以及企业文化的体现，一般以诸如行业评论、工作感想、心情随笔和专业技术等作为企业博客内容，使用户更加信赖企业，深化品牌影响力。博客营销可以是企业自建博客或者通过第三方 BSP 来实现，企业通过博客来进行交流沟通，达到增进客户关系，改善商业活动的效果。企业博客营销相对于广告是一种间接的营销，企业通过博客与消费者沟通、发布企业新闻、收集反馈和意见、实现企业公关等，这些虽然没有直接宣传产品，但是让用户接近、倾听、交流的过程本身就是最好的营销手段。企业博客与企业网站的作用类似，但是博客更大众且随意一些。另一种，最有效而且可行的是利用博客（人）进行营销，这是博客界始终非常热门的话题，老徐与新浪博客的利益之争、KESO 的博客广告、和讯的博客广告联盟、瑞星的博客测评活动等，这其实才是博客营销的主流和方向。博客营销有低成本、分众、贴近大众、新鲜等特点，博客营销往往会形成众人的谈资，达到很好的二次传播效果，在外国有很多成功的案例，但在国内还比较少。

（7）播客营销

播客营销是在广泛传播的个性视频中植入广告或在播客网站进行创意广告征集等方式来进行品牌宣传与推广。例如，前段时间"百事我创，网事我创"的广告创意征集活动，在国外目前最流行的视频播客网站，知名公司通过发布创意视频广告延伸品牌概念，使品牌效应不断地被深化。

（8）RSS 营销

RSS 营销是一种相对不成熟的营销方式，即使在美国这样的发达国家仍然有大量用户对此一无所知。使用 RSS 的以互联网业内人士居多，以订阅日志及资讯为主，而能够让用户来订阅广告信息的可能性更微乎其微。

（9）SN 营销

SN：Social Network，即社会化网络，是互联网 Web2.0 的一个特质之一。SN 营销是基于圈子、人脉、六度空间这样的概念而产生的，即主题明确的圈子、俱乐部等进行自我扩充的营销策略，一般以成员推荐机制为主要形式，为精准营销提供了可能，而且实际销售的转化率较高。

（10）创意广告营销

创意广告营销，也许看完"好房网热门房地产营销分析"后你会受到一些启发，企业创意型广告可以深化品牌影响力以及品牌塑求。

（11）在B2B网站上发布信息或进行企业注册

B2B是英文Business to Business（商业对商业）的缩写。B2B网站是借助网络的便利条件，在买方和卖方之间搭起的一座沟通的桥梁，买卖双方可以同时在上面发布和查找供求信息。在如今网络界一片倒闭声中，B2B网站的地位似乎还算比较稳定。国内B2B网站中具代表性的有阿里巴巴、美商网等。阿里巴巴基本上还是商务中介，允许企业免费发布供求信息，并提供企业登记注册服务。而美商网则发展了外商集团采购招标的新模式。国外的B2B网站很多，如Yahoo！和B2B Marketplace，等等。以上这些网站都是面向全球客户，所以在上面发布商品服务信息或进行企业登记效果也很好。

（12）事件营销

事件营销可以说是炒作，可以是有价值的新闻点或突发事件，通过在平台内或平台外进行炒作的方式来提高影响力。例如，好房网刚被黑客攻击几分钟本人就发现了，于是最短时间内写出一篇文章简单介绍事件，并发给了几个经常活动的QQ群及论坛上，当然，如果能根据该事件写出一篇深度报道会更好，会使更多人注意到博客。

（13）口碑营销

口碑营销虽然并非2.0时期才有的，但是在2.0时代表现的更为明显、更为重要。如今的口碑网、360口碑资讯网在这些方面都做的很出色。

（14）在新闻组和论坛上发布网站信息

互联网上有大量的新闻组和论坛，人们经常就某个特定的话题在上面展开讨论和发布消息，其中当然也包括商业信息。实际上专门的商业新闻组和论坛数量也很多，不少人利用它们来宣传自己的产品。但是，由于多数新闻组和论坛是开放性的，几乎任何人都能在上面随意发布消息，所以其信息质量比起搜索引擎来要逊色一些。而且在将信息提交到这些网站时，一般都被要求提供电子邮件地址，这往往会给垃圾邮件提供可乘之机。当然，在确定能够有效控制垃圾邮件前提下，企业不妨也可以考虑利用新闻组和论坛来扩大宣传面。

（15）形象营销

企业形象是企业针对市场形势变化，在确定其经营策略应保持的理性态度，即现在口语化的称谓"CI"。它是在企业经营过程中，要求企业进一步个性化，与众不同，才能保持持续的经营目标、方针、手段和策略。企业形象不是一朝一夕建立起来的，它需要的是一个有始有终的过程，企业形象不但要在观念上引入，而且要将企业的市场营销行为导入"CI"的轨道。

（16）网络整合营销

网络整合营销传播是自20世纪90年代以来在西方风行的营销理念和方法。它与传统营销"以产品为中心"相比，更强调"以客户为中心"；它强调营销即传播，即和客户多渠道沟通，和客户建立起品牌关系。

其实，它就是利用互联网各种媒体资源（如门户网站、电子商务平台、行业网站、搜索引擎、分类信息平台、论坛社区、视频网站、虚拟社区等），精确分析各种网络媒体资源的定位、用户行为和投入成本，根据企业的客观实际情况（如企业规模、发展战略、广告预算等）为企业提供最具性价比的一种或者多种个性化网络营销解决方案。像百度推广、白羊网络等大公司都是这方面的佼佼者。

（17）网络视频营销

网络视频营销指"通过数码技术将产品营销现场实时视频图像信号和企业形象视频信号传输至Internet 网上。客户只需要上网登陆贵公司网站就能看到对贵公司产品和企业形象进行展示的电视现场直播。在网站建设和网站推广中、为加强浏览者对网站内容的可信性、可靠性而独家创造的。在这以前，所有的网站建设和网站推广方式所能起的作用只是让网民从浩如瀚海互连网世界找到您；而"网络电视营销"使找到您的网民相信您！

企业或者组织机构利用各种网络视频，如科学视频、教育视频、企业视频等网络视频发布企业的信息，企业产品的展示、企业的各种营销活动以及各种组织机构，利用网络视频把最需要传达给最终目标客户的信息通过各种网络媒体发布出去，最终达到宣传企业产品和服务，在消费者心中树立良好的品牌形象从而最终达到企业的营销目的，这就是网络视频营销。

（18）网络图片营销

网络图片营销现在已经成为人们常用的网络营销方式之一，我们时常会在 QQ 上接收到朋友发过来的有创意图片，在各大论坛上看到以图片为主线索的贴子，这些图片中多少也参有了一些广告信息，比如，图片右下角带有网址等。这其实就是图片营销的一种方式，目前国内的图片营销方式花样百出，你如果很有创意，你也可以很好地掌握图片营销。

（19）效益型网络营销

效益型网络营销，其核心是基于效益型网站，包含网络营销策划、综合网络推广、效益型网站建设及优化、营销效果跟踪管理等综合顾问式网络营销。针对目前大部分中小企业需要开展互联网网络推广，且对网络营销效果较为迫切的情况。vanwin 网络营销管理顾问提出了效益型网络营销，企业无论原来是否拥有企业网站，也无须拥有专业的网络营销人才，与效益型网络营销相对应的就是效益型网站，效益型网站是以网络营销导向的企业网站为基础，以网络营销效果为核心的一种综合网络营销服务模式，适应了企业网络营销应用深化的环境需要，体现了互联网营销向专业化发展的趋势。

（20）交换链接 / 广告互换

网站之间互相交换链接和旗帜广告有助于增加双方的访问量，但这是对个人主页或非商业性的以提供信息为主的网站而言。企业网站如借鉴这种方式则可能搬石头砸自己的脚，搞不好会将自己好不容易吸引过来的客户拱手让给别人。这里我们并非不鼓励宽大的胸怀和高尚的情操，但商业的根本在哪里，不就是为了追求利润的最大化吗？以竞争对手利益的最大化为代价，求得自身道德的升华，这代价是否值得值得商榷。所以，企业在链接竞争者的网站之前，一定要慎重权衡其利弊。然而，如果你的网站提供的是某种服务，而其他网站的内容刚好和你形成互补，这时不妨考虑与其建立链接或交换广告，一来增加了双方的访问量，二来可以给客户提供更加周全的服务，同时也避免了直接的竞争。此外，还可考虑与门户或专业站点建立链接，不过这项工作负担很重。首先要逐一确定链接对象的影响力，其次要征得对方的同意。现实情况往往是，小网站迫切希望与你做链接，而大网站却常常不太情愿，除非在经济上或信息内容上确实能给它带来好处。

（21）微博营销

微博营销是刚刚推出的一个网络营销方式，因为随着微博的火热，催生的有关营销方式，就是微博营销。每一个人都可以在新浪、网易等注册一个微博，然后更新自己的微型博客。每天更新的内容可以跟大家交流，或者有大家所感兴趣的话题，这样就可以达到营销的目的，这样的方式就是新兴推出的微博营销。

2. 客户筛选

在二次营销开展前通过客户资料（注册时间、线索来源、所处地域等）的分析筛选，明确客户需求和偏好，做出更有针对性的营销内容，提高二次营销成功率。同时在推介过程中也要仔细记录客户反馈，注意客户其他方面的潜在需求。如果本次营销没有成功，根据收集到的数据再找客户"痛点"，再次营销，最终将其变为回头客。

因此，企业要尽可能多的收集客户信息、记录客户变化情况，并快速导入 CRM 系统中，为二次营销提供依据。CRM 系统链接 Web 表单，客户信息直接导入系统中，快速实现二次营销。企业在做好产品、提供优质服务的同时，还要使用 CRM 系统挖掘客户信息，做好二次营销，提高客户满意度，赢得更多的回头客，保持企业的市场竞争力。CRM 系统强大的报表功能让企业从不同角度管理客户，找出客户需求，做好二次营销。客户营销是我们接触第一手客户和市场信息的最主要渠道，那么客户身上重要价值的信息有以下三点：客户评价，购买记录，买家秀。客户评价：可以通过客户的评价，发现客户的性格。如评价严格，会阐释产品情况，说明对产品要求很严格。购买记录：发现店铺的评价客单价，寻找重要的客户。除此之外，挖掘其他店铺中买过 3 次或者单次采购超过 50 美元以上的客户，善于沟通和回复及时的客户也要多留意。

（六）效果评估与统计

1. 效果评估

营销效果可以从以下几方面表现出来：

（1）对网站的推广

网络世界的网站数目多的不计其数，如何让网络使用者可以进入到网站则是一大学问，除了利用传统的营销模式大打广告，以加强网友对网站的印象外，扩大网站的访问也是网络营销的另一重点工作，扩大网站访问主要目的是希望不管各方的使用者，只要它们有寻找相关信息的需求时，可以很容易地查到，并且链接到公司的网站。

（2）加强客户的服务

如果您的行业性质要求您定期提供资料给客户，或者随时接受客户的建议，您是要抱着一长串的客户名单，随时准备跑邮局呢，还是随时准备资料联络报社的商业版刊登您的新信息资料？那我们可以告诉您，在数字商业的领域，这些已经太古老了，数字化的呈现方式已经远远领先于传统媒体，价格低廉，时效惊人。

（3）对产品销售的促进

网络营销不但是网上销售，对线下产品销售的促进也起到很大作用。网络营销与线下营销相辅相成，有机整合线下营销与网络营销，能极大地促进整体效果。

（4）对公司品牌拓展的帮助

通过客户搜索的关键词，企业能够更好地实现精准营销和效果营销。现有的互联网信息的获取方式在一定层面上改变了消费者固定消费的习惯，通过不同的关键词来锁定用户正是企业拓展品牌和销路的重要手段。

2. 营销效果评估

网络营销过程评价也就是对各种网络营销活动进行及时的跟踪控制，以保证各种网络营销方法可以达到预期的效果，同时对网络营销方案的正确性和网络营销人员的工作成效也是一种检验，因此对网络营销过程评价也是非常重要的，这也是不少企业往往容易忽视的地方。一个完整的网络营销方案包括网站规划和建设以及各种网络营销方法的实施，因此对网络营销过程评价包括网站设计、网站推广、网站流量等方面。

（1）关于网站设计的评价

网站是网络营销的基本工具和根据地，所以营销功能是企业网站的第一要素，一个企业网站的功能和基本内容是否完善，是评价网站设计的最重要指标。除了功能、风格和视觉设计等取决于网站本身的特定要求外，在网站的设计方面有一些通用的指标，主要有：主页下载时间（在不同接入情形下）、有无死链接、拼写错误、不同浏览器的适应性、对搜索引擎的友好程度（META 标签合理与否）等。

（2）关于网站推广的评价

网站推广的力度在一定程度上说明了网络营销人员为之付出劳动的多少，而且可以进行量化，这些指标主要有：一是登记搜索引擎的数量和排名。一般来说，登记的搜索引擎越多，对增加访问量越有效，同时，搜索引擎的排名也很重要，一些网站虽然在搜索引擎注册了，但排在第三名之后，或者排在几百名之后，同样起不到多大作用。二是被其他网站链接的数量。在其他网站链接的数量越多，对搜索结果排名越有利，而且访问者还可以直接从链接的网页进入你的网站。实践证明，在其他网站作链接对网站推广起到重要作用。三是用户数量。用户数量是一个网站价值的重要体现，在一定程度上反映了网站的内容为用户提供的价值，而且用户也就是潜在的顾客，因此用户数量直接反映了一个网站的潜在价值。

（3）网站流量评价指标

①独立访问者数量指在一定时期内访问网站的人数，每一个固定的访问者只代表一个唯一的用户。访问者越多，说明网站推广越有成效，也意味着网络营销的效果卓有成效，虽然访问量与最终收益之间并没有固定的比例关系。

②页面浏览数指在一定时期内所有访问者浏览的页面数量，页面浏览数量说明了网站受到关注的程度，是评价一个网站受欢迎程度的主要指标之一。

③每个访问者的页面浏览数指在一定时间内全部页面浏览数与所有访问者相除的平均数。这一指标表明了访问者对网站内容或者产品信息感兴趣的程度，如果大多数访问者的页面浏览数仅为一个网页，表明用户对网站内容或者产品显然没有多大兴趣。

④用户在每个页面的平均时间指访问者在网站停留总时间与网站页面总数之比，这个指标的水平说明了网站内容对访问者的有效性。尽管可以监测到网站的流量、反应率等指标，但这些本身并不直接代表网站有多成功或者失败，也不能表明与收益之间有什么直接关系，只能作为相对指标，需要与同一行业的平均指标或者全部上网者的指标相比较才有意义，而且指标本身也很难做到精确。尽管网络营销效果难以准确评价，但这些评价指标可以在一定程度上说明一个企业为之投入的努力以及网络营销的成效。

3. 效果统计

营销活动的效果可以从以下几方面进行统计：

（1）业绩比较

追逐收入和利润是每一场活动的主要面，同比、环比是最常见的手段。现在流行"用数据说话"，同比、环比数据对比成了营销达人、数据达人最喜欢炫耀的做法。关于同比需要谨慎的地方在于前后两年是否具有可比性。前一年销售大环境、人员、产品、活动方式等均要适当考虑，不能随意判断本期是增长或者下滑。关于环比，着重考虑销售是否具有季节性趋势或者其他周期趋势。当然也离不开"目标完成率"这个指标，在与目标对比时需要谨慎，对比的前提是目标的制定，是建立在科学合理、排除主观臆断之上的。

（2）迎合程度

如果一场促销活动未经深入调查研究而随意制定，那这样的促销活动只是一厢情愿，因为没有考虑市场是否有需求。巨大的客流量、客观的成交率将构成收入的全部，具体的分析可以包括活动客流量分析、客流构成分析、成交率分析，等等。活动的折扣力度、客单价是否迎合顾客的消费能力，为活动准备的广告页是否有足够的吸引力，诸如新品体验券、优惠券、现金券、预售券、员工券等的回收率同样是我们需要分析的内容。

（3）成本费用

其实这项内容在促销活动策划阶段就已经派上用场了。没有哪个领导不关心成本和费用，即使你把活动预期说的天花乱坠。上级需要在活动之前就看到预期的效果，"活动效用"指标或者"净活动效用"指标是比较好的选择。如果你是这场活动的策划者，我相信你会把最乐观的"活动效用"指标拿给上级看，因为活动效用比净活动效用从数值上大很多，大部分人还是喜欢接受好看的数据。不过这是一种不自信的做法，净活动效用或许才是我们需要关注的。

（4）活动影响力

每场促销活动一般都会有一个主推的主题，围绕这个主题策划人员配备了相应的产品。一场成功的活动不仅能做好主推产品，顺带着提升了其他品类的销售，也就是活动的拉动能力，这样的营销策划影响力会从活动开始一直延续到活动结束之后，使品牌或者商场的整体销售被提高到另一个高度，从活动前、活动中到活动后，销售呈现出一种向上提升的趋势。

五、综合案例解析

我们以兰亭集势的 Facebook 营销为例，简单探讨下主页运营的一些技巧。打开兰亭集势的 Facebook 官方主页，我们可以看到一个由时尚美女、包包、高跟鞋和太阳镜组成的背景图片。显然，这与兰亭集势的时尚购物风格非常契合。当前，该主页已经获得了超过 250 万个赞了，可见人气非常高。

在发帖方面，兰亭集势（截至 2014 年 9 月）保持每天更新，日均发帖数量保持在 7 个左右，一般不会超过 10 个。此外，每个帖子的时间间隔在 2 小时左右，避免给粉丝带来刷屏的感觉。然而，在前几个月，我们发现其发帖毫无规律。例如，2014 年 6 月，兰亭合计发帖 11 个，其中 6 月 11 日就发了 3 个帖。我们认为，兰亭集势近期的做法更加值得借鉴，即保持每天 7 个左右的帖子更新，更有助于 Facebook 引流。

当然，最重要的是帖子内容，什么样的帖子既能吸引粉丝的关注又能给网站带来流量呢？我们统计了最近三个月兰亭集势 Facebook 的发帖情况，总结了六大类，分别是：创意新奇帖、潮流时尚帖、幽默有趣帖、节庆活动帖、顾客晒图帖、其他帖。总发帖数为 93 个，不同类型发帖数分布如下：

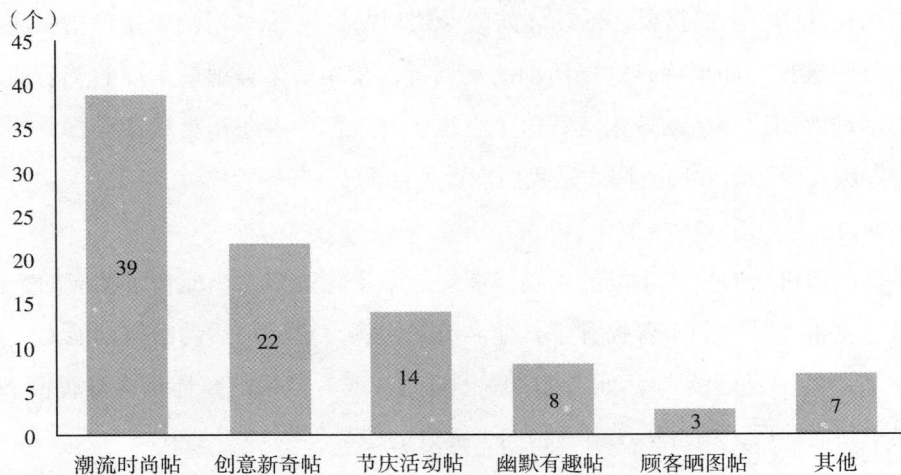

（个）

兰亭集势 Facebook 帖子类型分布

我们发现，潮流时尚帖最多。通过一些精美时尚的产品图片，唤起粉丝的购买欲。在说明性文字方面，使用非常地道的语言，同时加上一个问题，以便能和粉丝产生互动。兰亭集势主打服饰类产品，通过潮流时尚帖不仅可以彰显网站风格，而且能最大限度地导入流量，并获取转化率。如下图所示，分别是关于鞋子和蕾丝上衣的帖子。

其次是创意新奇帖。每个人都喜欢有创意的新奇类产品，因此这类帖子很容易得到粉丝的赞、评论以及转发。当然，更重要的是，年轻粉丝们会非常乐意点击链接发现更多类似产品，并下单购买。如下图所示，分别是创意台灯和新奇扳手。

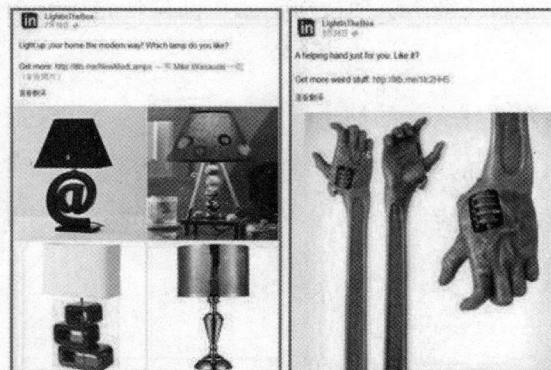

　　接下来是节庆活动帖。例如，临近西方万圣节了，可以摆出几张有趣的节日装扮照片，吸引粉丝进入网站购买相关装束。此外，兰亭集势还会时不时搞一些礼券赠送（Give Away Time）、限时闪购（Flash Sale）等活动，吸引粉丝参与。

　　没有人会拒绝幽默。幽默搞笑帖让带有商业性质的兰亭集势 Facebook 官网主页变得更加可爱。娱乐之后，即使再附上一个广告链接，也不会显得令人反感。如下图所示。

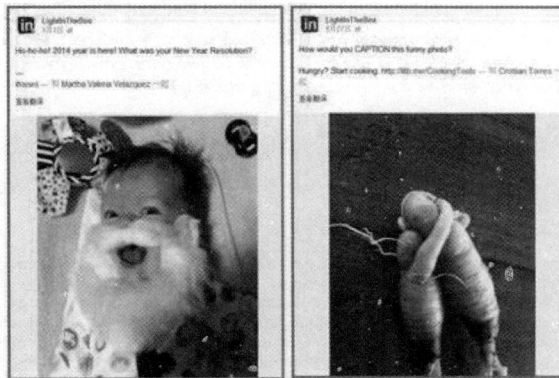

　　顾客购买产品之后晒出的图片是最具有说服力的了，这可是典型的口碑营销。所以，如果有顾客晒图，一定要发到 Facebook 主页，让所有的粉丝都看到。例如，兰亭集势把顾客晒出的图片和评语都公布出来，并给予顾客最真诚的赞美和感谢。

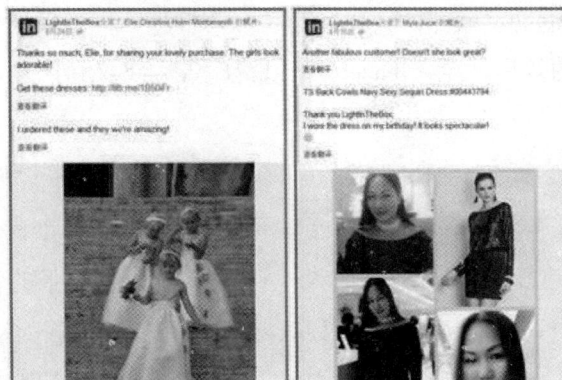

以上 5 类帖子是兰亭集势运营 Facebook 主页的主要内容。此外，兰亭集势还会时不时发些正能量帖子、风景照帖子、话题互动性帖子等，让粉丝感觉是在跟一个真实的人互动，而不是一家商业化的企业。

除了发帖内容，在运营 Facebook 主页的过程中，还常常需要处理顾客的投诉信留言。对于跨境电商企业来说，这几乎是不可避免的。即使产品没有问题，冗长的跨境物流带来的延误、破损也会招来消费者的投诉。首先，面对顾客的投诉性留言，一定要回复，以表示对消费者的重视；其次，回复要具体，切不可千篇一律地说 "Please send us a message, our CS will solve that"；最后，要尽可能引导顾客发 "private message"，毕竟当着千万粉丝的面处理纠纷肯定有损品牌形象。在这方面，兰亭集势做的非常专业，如下图所示。

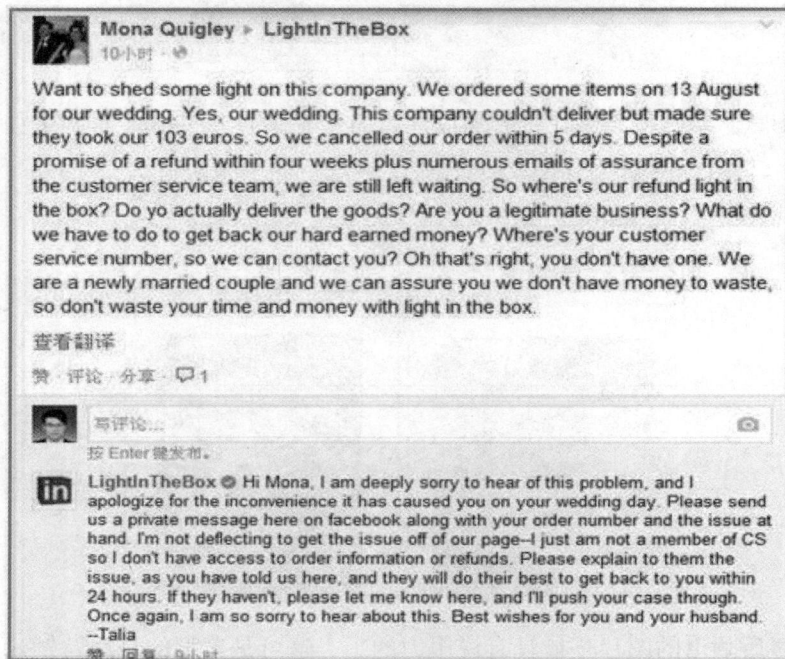

以上就是行业老大兰亭集势在官方专页运营方面的一些技巧，非常值得大家借鉴学习。当然，Facebook 营销远不止这些。除了我们刚谈到的官方专页，还可以申请几个小号，形成附属专页，并专门运营某个特定主题（如 fashion/luxury 等），以吸引特定人群加入。另外，付费购买粉丝点赞或者与红人大号合作，也能起到很好的效果。至于 Facebook 付费广告，建议和代理商一起来运作，以提高营销的投入产出比。

营销效果的分析衡量需要基于数据的监测。那么，对于社交媒体营销，怎样来监测效果呢？来自捷克的社交媒体数据分析工具 Socialbakers 能够帮助企业解决这个问题。Socialbakers 不仅可以衡量粉丝增长率、分析参与度、追踪关键传播人，还能监测竞争对手的社交媒体营销活动。目前，Socialbakers 支持 Facebook、Twitter、Google+、LinkedIn 以及 YouTube 的社交数据分析。对于跨境电商营销而言，还有一个问题：时差。我们的营销团队可能在中国，但是又不想熬夜与国外的粉丝互动，是否有类似国内皮皮时光机的定时发送工具呢？答案是肯定的，像 Buffer、Postify、Timely 都能提供定时发送服务。

如今，在关系导向型的营销时代，社交媒体凭借天然的"强互动"属性，将企业和顾客紧密结合在一起，帮助企业以很低的成本（甚至零成本）达到品牌传播的目的。跨境电商企业应该对社交媒体给予足够的重视，通过精细化运作，让社交媒体成为真正最有效的跨境营销方式。[①]

【知识总结】

一、跨境电商平台二次营销关键指标

跨境电商平台二次营销的关键指标为重复购买率指标。重复购买率是指消费者对该品牌产品或者服务的重复购买次数，重复购买率越多，则反映出消费者对品牌的忠诚度就越高，反之则越低。重复购买率有两种计算方法：（1）按客户计算法（2）按交易计算法。

二、跨境电商平台二次营销策略

跨境电商平台二次营销策略可以通过产品营销策略、服务营销策略以及品牌营销策略进行。产品是市场营销组合最基本的要素，是企业经营的核心和基础；可通过优化产品线和调整产品组合来实现。服务营销策略可选择灵活畅通的物流公司和完善的支付系统，以及与境外电商和媒体合作。品牌营销策略则包括了打造世界级的品牌、加强新老产品之间的关联度和品牌延伸策略。

三、跨境电商平台客户价值

明确客户细分是指企业在明确的战略业务模式和特定的市场中，根据客户的属性、行为、需求、偏好以及价值等因素对客户进行分类，并提供有针对性的产品，服务和销售模式。能够正确使用客户细分模型并对客户进行生命周期管理。

四、跨境电商平台二次营销活动策划

有别于传统营销是销售导向的，即"将产品/服务信息传播给潜在的消费者"，跨境电商的营销是关系导向的，强调的是"与消费者的互动"。最有效的跨境电商营销是社交媒体营销。可根据不同的情况选择最合适的营销计划。

【知识检测】

问题一：某个季度中，一共产生了 250 笔交易，其中有 50 个人有了二次购买，这 50 个人中的 10 个人又有了三次购买。请按交易计算法计算重复购买率。

（50+10）/250 * 100% = 24%

问题二：品牌延伸策略适合在什么情况下使用？

只有出现以下情况时，才适用品牌延伸策略：第一，企业财力弱、品牌推广能力差。第二，产品市场容量较小。第三，主要竞争对手也进行品牌延伸。

---

① 资料来源：雨果网，http://www.cifnews.com/Article/11100。

问题三：客户生命周期的阶段分为哪几个？

客户生命周期可划分为 5 个阶段。

阶段 A：客户获取。发现和获取潜在客户，并通过有效渠道提供合适的价值定位以获取客户。

阶段 B：客户提升。通过刺激需求的产品组合或服务组合把客户培养成高价值客户。

阶段 C：客户成熟。使客户使用电信新产品，培养客户的忠诚度。

阶段 D：客户衰退。建立高危客户预警机制，延长客户的生命周期。

阶段 E：客户离网。该阶段主要是赢回客户。

问题四：有哪些社交媒体适合跨境电商营销？

Facebook、Twitter、Tumblr、YouTube、Vine、论坛营销、博客营销、问答社区营销，全球最大的商务社交网站 LinkedIn、Google 等。

问题五：营销效果可以从哪几方面表现出来？

（1）对网站的推广

网络世界的网站数目多的不计其数，如何让网络使用者可以进入到网站则是一大学问，除了利用传统的营销模式大打广告，以加强网友对网站的印象外，扩大网站的访问也是网络营销的另一重点工作，扩大网站访问最主要的目的是希望不管各方的使用者，只要它们有寻找相关信息的需求时，可以很容易地查到，并且链接到公司的网站。

（2）加强客户的服务

如果您的行业性质要求您定期提供资料给客户，或者随时接受客户的建议，您是要抱着一长串的客户名单，随时准备跑邮局呢，还是随时准备资料联络报社的商业版刊登您的新信息资料？那我们可以告诉您，在数字商业的领域，这些已经太古老了，数字化的呈现方式已经远远领先于传统媒体，价格低廉，时效惊人。

（3）对产品销售的促进

网络营销不但是网上销售，对线下产品销售的促进也起到很大作用。网络营销与线下营销相辅相成，有机整合线下营销与网络营销，能极大地促进整体效果。

（4）对公司品牌拓展的帮助

通过客户搜索的关键词，企业能够更好地实现精准营销和效果营销。现有的互联网信息的获取方式在一定层面上改变了消费者固定消费的习惯，通过不同的关键词来锁定用户正是企业拓展品牌和销路的重要手段。

【拓展阅读】

澳库商城是绍兴客大进口有限公司投资的一个以澳洲产品为主的跨境进口电商平台，以 B2C 的跨境贸易报税形式，从澳大利亚进口各种优质产品，面向国内消费者。依托多年的外贸业务渠道和供应链的整合，利用人人店三级分销模式在微信移动端进行线上线下的结合，让消费者最方便、最便宜的选购澳洲最优质的产品。

经验借鉴一：树立品牌形象，打造商城信誉

对于消费者而言，购买跨境商品，货源和渠道是首要关注的问题，对于分销商而言同样也是最关注的的信息，掌握这些信息才能放心去跟朋友推荐。澳库商城考虑到这些问题，所以在公众号和商城，采用微网站、图文、H5 动画等形式不断强化相关内容，强调正品保证、免税政策、身份证明、支持退货等信息，树立品牌真诚形象，打造商城的信誉。这些内容转发方便，便于分销商们自己学习和分享好友。

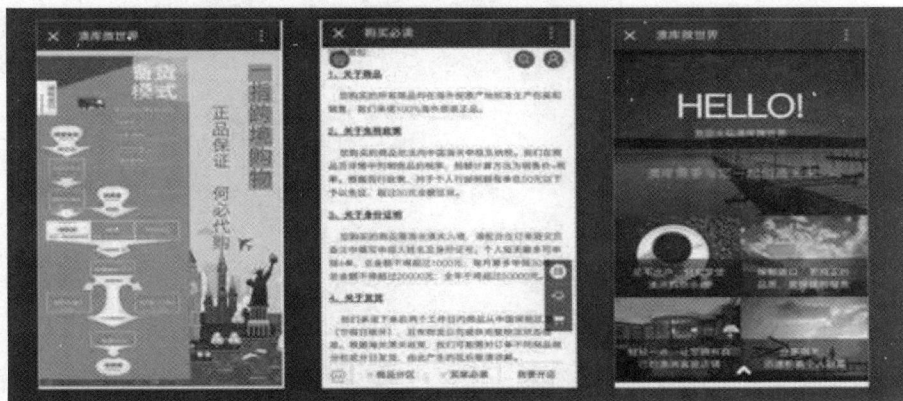

经验借鉴二：抓住时机热点，进行节点营销

澳库商城上线后，正值"双十一"的营销节点，于是推出了单品特卖的引流策略，11、12、13 日，分轮次推出限购的绵羊油、羊奶皂、德运奶粉，价格十分优惠，内部员工、分销商们的积极转发，加上"双十一"的购物氛围，促进了订单的转化。对于新店来说，尽可能降低用户的"尝鲜"成本，能够起到很好的促销推广作用。

"双十一"特价狂购的风潮过去后，新加入了很多分销商，澳库又接着推出了一些优惠促销，以"买赠、半价"的形式促进消费，既能营造店铺活动氛围也能提高客单价，同时能给分销商提供丰富的推广素材。

经验借鉴三：注重粉丝互动，定时进行粉丝活动

为了让公众号粉丝保持一定黏性，澳库也会不定期推出一系列互动活动，如"关注摇大奖""猜数字送大礼"，针对分销商也有举办"开店、下单送积分"的活动，同时在店铺首页也会派发限量的优惠券。

互动游戏策划要点：

参与简单，活动期间在微信公众号建立相应底部菜单栏，增加参与可能性；文案结合粉丝感兴趣的内容，有趣味性或时效性；针对不同对象的不同需求和游戏的主要目的来设置奖励，实物、奖金或者积分。[1]

① 资料来源：凤凰网，http://sn.ifeng.com/gongyi/newswire/detail_2016_02/26/4776024_0.shtml。

第六章　跨境电商平台客户投诉处理

【知识要点】
一、客户投诉的原因分析
二、有效处理客户投诉的技巧
三、如何减少顾客投诉的产生

【核心概念】

客户投诉

客户投诉是指客户因购买、使用商品或者接受的服务与自己的期望有差距，或因产品或服务的质量存在缺陷与不足时，通过各种途径表示对产品或服务的不满，提出具体赔偿事项，并要求相关部门给予解决和答复的行为。

【情景导入】

小红毕业后在某电商企业从事客户服务岗位，由于缺乏经验，又要经常面对客户的投诉抱怨甚至辱骂，各种失落、挫败、愤怒的感觉迫使她走到了辞职的边缘。如何处理客户的投诉才能反弊为利呢？本章从分析客户投诉的原因开始，讲述如何有效地处理客户投诉和减少客户投诉的产生，从而化干戈为玉帛。

一、客户投诉的原因分析

（一）客户投诉的根源

处理客户投诉是客户管理的重要内容。出现客户投诉并不可怕，问题是如何正确地看待和处理客户的投诉。一个企业要面对各式各样的客户，每日进行着庞大复杂的销售业务，做到每一项业务都使每一个客户满意是很难的。所以，我们要加强与客户的联系，倾听他们的不满，不断纠正企业在销售过程中出现的失误和错误，补救和挽回给客户带来的损害，维护企业声誉，提高产品形象从而不断巩固老客户、吸引新客户。

消费者对网购的投诉集中在五大问题：一是消费合同，网站单方取消订单、不履行促销优惠承诺、不按照约定履行义务；二是售后服务，电商经营者拖延送货、不按规定履行退换修；三是商品质量，故障多为无法正常启动、屏幕显示失常、开裂、损坏；四是广告宣传，网站宣传的商品规格、材质或服务的价格、内容与实际不符；五是消费者权益保障不到位，导致纠纷拖延处理等。

（二）客户投诉背后的期望

当客户投诉网络传输质量问题时，其心理是期待问题尽快解决；当客户投诉服务质量时，其心理是渴望得到尊重；当客户投诉费用问题时，其心理是希望得到补偿；而客户重复投诉或升级投诉时，其心理是盼望发泄心中的不满。因此，不同客户的投诉及同一客户因不同原因的投诉，心理可能都不相同。企业在处理投诉的过程中，要认真分析客户投诉的不同心理，以便采取不同的应对策略。

1. 感性需求

感性是以个人情感为依据的心理过程，是与生俱来、不带修饰的，是一种感觉而没有理由的。注重感性需求的客户，在对产品或服务等不满意而进行投诉时，希望得到尊重；希望有倾诉的机会，得到理解；希望体验到预约。这种客户很重视自己的尊严和地位，爱慕虚荣和死要面子，只要企业处理投诉人员能对其真诚相待，有礼貌地倾听，真心地赞美，虚心地道歉，就可以平息客户的愤怒。

2. 理性需求

理性就是能看清时态和物质的本质，有针对性地做出判断和决定行为。理性的客户投诉时，一般都希望真正解决问题，希望得到物质或经济补偿，希望企业能改正错误，防止下次再出现类似的事件。这时企业一定要明确告诉他们解决问题的方案与变通办法，落实的时间、事情的进展等，以此取得客户谅解。

（三）客户投诉的目的和动机

1. 客户投诉的目的

客户往往出于两种目的提出投诉，一种是为了获得财务赔偿，退款或者免费再次获得该产品及服务作为补偿；另一种是挽回自尊，当顾客遭遇不满意产品、服务，不仅承受的是金钱损失，还经常伴随遭遇不公平对待，对自尊心、自信心造成伤害。

2. 客户投诉的动机

马斯洛将需求分五个层次，即生理需求、安全需求、归属和爱的需求、尊重需求、自我实现的需求。他认为，需求的过程是动态的、逐步的、有因果关系的。人的需求会随着环境、心理、情绪、广告等内因和外因随时变化，从而增加了投诉的概率。根据马斯洛需求层次原理，我们很容易发现投诉客户处于哪个层次，因为消费同一类产品、处于不同层次的客户表现不尽相同。

（1）客户因生理需求产生的投诉动机

人的基本生理需求包括衣食住行等方面，在人的所有需求中占绝对优势。因生理需求而投诉的客户所关注的是物质利益，只要给这样的客户适当的物质补偿，他们就很容易满足而偃旗息鼓。这类客户投诉的动机是获得补偿。

（2）因安全需求而产生的投诉动机

安全需求包括安全、稳定、依赖，免受恐惧、焦躁与混乱的折磨，对体制、法律、秩序、界限的依赖。因安全需求而进行投诉的客户关心的是个人的切身利益和安全感，只要给他们适当的安抚和必要的承诺即可。这类客户投诉的动机是获得人身和财产的安全。

（3）因归属和爱的需求而产生的投诉动机

因归属和爱的需求包括渴望在集体和家庭中有自己的位置，渴望爱与被爱的感觉，希望有真正的朋友和爱人。这个层面的客户关注的是社会地位，当因这个需求不能得到满足而进行投诉时只要给他爱和归属感，就能提高他的期望值。这类客户投诉的动机是自己的看法能得到他人认可，能有一定的社会地位。

（4）因尊重的需求而产生的投诉动机

尊重包括外界对自己的尊重和自己对自己的尊重。外界对自己尊重的满足包括外界给予的地位、声望、荣誉、威信等；自尊需求的满足是由于实力、成就、优势等自身内在因素而形成的自信程度和独立程度。两者相比，自尊的满足显得更为重要。对因需求尊重而投诉的客户，只要给予必要的赞美和恭维，就能平息其心中的愤怒。这类客户投诉的动机是获得他人的尊重。

（5）因自我实现的需求而产生的投诉动机

自我实现是指人都需要发挥自己的潜力，表现自己的才能，只有当人的潜力充分发挥并表现出来时，才会感到最大的满足。只有其他基本需求得到满足后，人的自我实现的需求才开始突出。因不能满足自我实现的需求而投诉的客户，对物质层面的东西并不注重，只需要从精神层面加以说服，就能化解其心中的不满。这类客户投诉的动机是通过自己的投诉帮助企业持续改进产品或服务，防止类似的问题重复出现，使企业获得更好的发展。

二、有效处理客户投诉的技巧

（一）客户投诉的不同因素

1. 客户对所购买产品的质量不满意

目前大型跨境电商平台入驻商家多，商家素质良莠不齐，加上在管理上漏洞较多，是产生用户投诉较多的区域。比如，拿到手的产品或已损坏或与此前在海外时购买的产品略有差异，物流售后等问题突出，都是用户投诉的集中区域。当客户购买的产品存在瑕疵、缺陷和不合格等问题时，轻则影响产品的正常使用，给客户带来经济损失，重则危及客户人身和财产安全。一旦这些问题发生，就会引起客户极大的不满，一些客户就会选择投诉。产品质量问题一直是客户投诉的主要原因。它是指违反产品质量法所导致产品质量（指企业依据特定的标准，对产品进行规划、设计、制造、检测、计量、运输、储存、销售、售后服务、生态回收等全程必要的信息披露）的问题，主要体现在产品瑕疵和产品缺陷上。产品瑕疵、产品缺陷与产品质量不合格这三个概念都出现在产品质量领域，都与产品质量的认定密切相关。

（1）产品瑕疵

产品瑕疵是指产品不符合在产品或者其包装上注明采用的产品标准，或不符合以产品说明、实物样品等方式表明的质量状况；不具备产品应当具备的使用性能，也未能对性能瑕疵做出说明。但产品瑕疵不存在危及人身和财产安全不合理的危险。产品瑕疵的具体表现包括了产品应具有的使用性能不完备，产品没有达到所采用的产品标准规定，产品不符合以产品说明、实物样品等方式表明的质量状况。

（2）产品缺陷

产品缺陷是指存在于产品的设计、原材料和零部件、制造装配或说明指示等方面，并未能满足消费或使用产品所必须有的合理安全要求的情形，即产品存在危及人身、他人财产安全不合理的危险。不合理的危险是指产品存在明显或潜在的以及被社会普遍公认不应当具有的危险。产品缺陷的主要类型包括设计缺陷、原材料缺陷、制造缺陷和指示缺陷。

（3）产品质量不合格

也称为质量不合格，是指产品不符合国家有关法规、质量标准以及合同规定的对产品适用、安全和其他特性的要求。根据这一定义，判定产品质量合格与否的标准有两个：一是国家有关质量标准，如产品的国家、行业及地方标准；二是当事人之间的约定标准，指在没有国家有关质量标准或交易各方面要求更高的情况下出现的质量标准。

2. 客户对服务态度的不满意

虽然跨境电商的发展在一定程度上解决了海外代购的诸多不便，但如火如荼的背后却无法掩饰跨境的痛点。近年来的海淘热，已涌现出以阿里巴巴、亚马逊中国等为代表的电商平台类，以及洋码头等垂直类跨境电商平台。但由于行业发展过程中的种种不成熟、不规范，海淘成为用户投诉的新热点。由于消费者海淘并非与海外电商平台直接产生商品交易，只能通过国内电商平台作为中介进行对接转运。包裹转运流程中，由于涉及的环节过多，因此一旦出现问题，责任追究起来较为困难。客户对服务态度的不满意主要是因为服务人员态度欠佳，具体表现很多。例如，对方服务态度上下不一，高层领导比较重视服务质量，相关主管人员或一线的服务人员却存在敷衍现象；有的服务人员态度生硬，不能以客户的需求为导向灵活地解决实际问题，只会僵硬地执行企业的有关规定；有的服务人员对所有客户都采取一成不变的、机械式的服务模式，缺乏真诚、温暖与个人关怀；有的服务人员语言不当，用词不雅，不尊敬客户；有的服务人员对客户表示不屑、无所谓；有的服务人员对客户的需求漠不关心或者是冷淡，有的服务人员以高人一等的态度对待客户，好像人家什么都不懂等。

服务人员的专业知识不够、服务技巧不足、推销过度和售后服务不到位等多方面的原因都可能导致客户认为服务人员的态度不佳。例如，缺少专业知识，服务人员无法回答客户提出的问题或者答非所问；新来的员工对业务不熟悉，不懂接待的技巧；过分夸大产品与服务的好处，引诱顾客购买，或有意设立圈套让顾客中计，强迫顾客购买等。

总之，保障正品与质量是跨境电商最基本因素，因此供应链的打通成为至关重要的一环。但对于规模较小的跨境电商而言，寻求大型供应商资源并非易事。大供应商在选拔代理时较为谨慎，需要考察跨境电商平台的规模、信誉、经营等各方面水平。当前很多跨境电商并不具备直接对接大型供应商的能力，只能找三级或四级代理商，这就导致平台净利单薄，服务过程中自然出现各种问题。目前，产品受损、服务恶劣、包装简易粗暴、物流不畅等问题的出现到底由谁来负责目前尚不明确，让消费者对跨境电商宣称海外正品的保障充满疑惑。加上跨境电商在物流选择上多与第三方合作，各个环节在衔接时必然出现非标准操作，用户拿到手的产品出现包装或质量问题时，到底应该由哪个环节负责尚无法追溯。流程中涉及的环节越多，责任追究越复杂，处理的周期越长。

（二）处理顾客投诉的标准流程

1.建立完备网络投诉处理流程

客户投诉后，有没有及时解决问题，客户对处理结果是否满意，除了相关责任人，其他人全不知晓，这样对客户投诉的处理就不可能收到举一反三的连锁效应。要解决这一问题，就需要建立完善的客户投诉监管处理流程。

（1）收集、记录客户投诉信息

收集记录客户投诉意见，包括投诉人的联系方式、投诉时间、投诉内容、投诉的对象以及希望得到的解决方法。

（2）判断投诉是否成立

先将投诉整理分类，然后将投诉转到相应的责任部门，责成在规定时间内提出解决方案，并实际解决。对于不成立的投诉，需要用婉转的方式答复客户，消除误会。

（3）明确责任部门

需要查明客户投诉的具体原因，以及造成客户投诉的责任人，追究其责任；出问题的解决方案，报相关领导批准，并在规定的投诉处理时间内实际解决问题。对于近期无法解决的问题，要对客户做出相关解释与说明，并将处理结果报客户投诉处理部门或人员。

（4）跟踪投诉处理过程

需要跟踪整个处理过程，并及时收集客户的进一步反馈意见。如客户对处理结果仍然不满意，须责成相关责任部门修改解决方案进一步处理，直到客户满意为止。

（5）整理归档投诉及处理的有关信息

投诉处理完毕，须将投诉处理方案，处理结果等资料归档，以备进一步总结和考核工作。相关部的资料归档，进行分析总结，作为以后调研和管理实施的借鉴。

2. 客户投诉的方式

客户投诉的受理是指企业收到来自客户的投诉后，对与投诉有关的信息进行收集整理的过程，是企业与客户沟通联络的开端，也是解决客户投诉的基础环节。

客户可以通过电话、信函、传真、邮件、面谈等方式向企业进行投诉，作为处理投诉的工作人员就可以通过上述方式与客户进行联络。

（1）电话投诉

通过电话投诉，是目前客户采用最多的投诉方法之一，这是因为很多企业都向自己的客户公开了服务热线（或者是投诉电话），客户也觉得这种方式非常简单省时省力。所以，如何接好电话应该成为处理投诉的工作人员必须具备的与客户进行沟通联络的一种重要的能力。

（2）信函或传真投诉

通过信函或传真来进行投诉和处理也是一种比较常见的形式，与客户电话投诉相比有着各自不同的特点。客户通过信函、传真进行投诉的优点是：客户投诉的内容比较容易记录和保存；不足是：有些投诉的内容无法进行核实和沟通。和电话投诉相比，在许多情况下，客户通过信函或传真投诉的内容一般比较重要，企业负责受理投诉的工作人员应该给予更多关注。

（3）现场投诉

如果客户没有利用电话和信函或传真方式进行投诉，而是上门用面谈方式，这就是现场投诉。部分客户倾向于当面投诉，认为这样可以发泄心中的怒气并把问题说得更清楚。现场投诉给企业一个很好扭转局面的机会，因为客户就在眼前，只要采用了正确的应对方式，客户就会满意而去。

（4）网络投诉

现在许多企业还向客户提供了企业的网站和电子信箱，这就为投诉客户提供了另外一种方便快捷的投诉方式。随着跨境电商的发展及顾客的素质和水平不断提高，必定会成为跨境电商采用最多的方式。

3. 不同方式投诉的受理流程

（1）电话投诉的受理流程

电话投诉受理过程中应注意事项如下：

①在铃响三声之内应该接电话。这不仅是对客户的尊重，也是树立企业形象的重要方面。客户投诉处理的国际标准所提出的必须遵循透明性和可行性的要求，就包括企业所公布的电话要保持对客户的畅通。

②熟悉客户投诉的电话号码和客户的姓名。如果有来电显示设备，接电话的相关人员就要很快熟悉客户的电话号码和顾客的姓名，并主动地打招呼，以便与客户建立良好的人际关系，创造一个很好的开端。

③接电话要开好头。处理投诉的工作人员在接电话的时候，必须要符合公共习惯，如首先同顾客问好，再通报自己的单位名称和自己的工号，最后再询问投诉顾客的要求。

④对投诉内容做详细的记录。接到电话投诉时，一定要对客户投诉的内容、时间、地点以及联系方式等方面内容做好详细记录，记录越详细越有助于客户投诉问题的解决。特别是要搞清楚顾客投诉问题的类别和内容，分类越细，越有助于问题的解决。

（2）信函投诉受理过程中应注意的事项

①工作人员收到客户投诉信函之后，如果能够马上处理，应该及时回信；如果不能马上处理，也应该立即向客户发出信函，表示来信已收到，目前正在处理中，等有处理结果后再与投诉的客户进行沟通。

②在向投诉的客户进行信函回复时，要慎重处理。一方面应该注意信函内容的措辞，要实事求是，有一说一，并且要留有余地；另一方面回复信函不能以个人的名义回复，一定要经过投诉处理主管部门领导的批准之后，再以企业的名义进行回复。

③为了防止不必要的纠纷，对投诉客户的回复信函，要复印留底，入档保存。

（3）现场投诉受理过程中应注意的事项

①选择合适的谈话地点。这一点非常重要，如果投诉在现场（这里主要指营业现场），往往会造成顾客围观，很不利于问题的解决。因此，可以把投诉的客户带到会议室或接待室，因为那里比较安静，容易让情绪激动的客户冷静下，从而有利于问题的解决。

②注意倾听客户的投诉。千万不要中途打断客户的谈话，否则容易使客户的情绪产生波动；同时应该认真听取客户的抱怨，面部表情要平和亲切，眼睛要注视着对方，千万不能三心二意，否则就会增加客户的不满程度。

③认真做好记录。作为受理投诉的工作人员，一定要把客户投诉中的有关信息详细地记录下来。一是出于表示对客户投诉的尊重，二是有利于制定解决客户投诉问题的方案。

④要掌握和控制好客户的期望值。如果在与客户的交谈中发现其期望值过高，接待人员就应该首先将客户过高的期望值降下来，并要取得客户的认同。如果客户期望值过高，企业又没有能力满足客户，在此基础上处理投诉往往会引起客户更大的不满意。

⑤慎重提出解决问题的方案。对于一般投诉的问题，尽可能当场解决，对于一时解决不了的问题，应该向客户说明解决问题的具体方案和时间表，没有把握的问题不能轻易表态。

（4）网络投诉受理过程中应注意事项

①作为受理投诉的企业工作人员，应该及时通过网络答复投诉客户。这一点非常重要，不仅表现出对投诉客户的尊重，更体现出企业对客户投诉认真处理的态度。

②向客户反馈信息的方式很多，既可以通过互联网，也可以通过电话或信函进一步与客户沟通，特别是对于重大客户投诉，强调这种反馈性是非常必要的。

③对于这种客户投诉也需要做到保密，防止客户的隐私泄露出去。

（三）处理客户投诉的经典战术

1. 张弛有度

投诉的客户本身是非常敏感的，在敏感的状态中，对一些细节的感受便会产生非常关键的作用，这就决定了客服人员在与投诉的客户交谈时要尽量做好全面的工作，不能有闪失。如声调的不同会带给投诉的客户不同的感受，如信赖感、成就感、不安全感，甚至是厌恶感。

处理客户电话投诉，如果由女性用一种明朗清晰的语气来应对，效果通常会比较好。例如："我知道，那件事我已经听客户服务处的人说过了。我们会以最快的速度补货给您，请您稍等一会儿。"（I know. Our colleague from Customer Service Department has told me about it. We will make up the goods for you as soon as possible. Please wait for a while.）这种爽朗的声音很有魔力，即使对方正觉得不满，心情也会受其影响而慢慢转好。

反过来说，如果以一种微细的声音、推脱的低沉声调应付。例如："有问题啊？我不太了解那件事，请你去问客户服务处的人。"（If you have any questions, please turn to customer service department. I don't know much about it.）这样客户就会觉得自己只不过是提出投诉，却被当作一个难缠的人，而且听起来像是客服人员直截了当地把事情撇得一干二净。如果你是那位客户，那么心情一定坏透了。例如："这是什么客服人员啊！还要麻烦客户去问别人，再怎么说也要客气一点。他以为我真的这么爱打这种投诉电话吗？"（What a customer service staff he is to bother his client to turn to others! Anyway, he should be somewhat nicer. Did he think I'd like to make such a complaint call?）

不同的场合说话的声调应该有所不同。处理客户投诉时，声调一定要清晰，表达要清楚，速度的快慢根据客户的缓急程度而定。在练习处理客户投诉的声调时首先要建立起一个心态，那就是：我正保持着好心情与你通活，请你尽情说，我也会努力地回应。

2. 以静制动

以静制动并不是要求客户服务人员一味沉默，因为长久的沉默有时会使客户陷入不安的境地。客户服务人员使用以静制动策略时必须学会恰到好处地保持沉默，同时还要有"不妨自己吃点小亏"的心理。客户服务人员不要急于表明自己的"清白"，更不能马上指出责任在客户身上，而要细心引导，循循善诱，设法让客户自己去得出结论。

当客户投诉时，尤其当对方情绪激动之际，客服人员务必要保持冷静、认真倾听对方的诉说，不要贸然打断客户的叙述。感情冲动的客户，一则为了从气势上压倒对方，以尽快发泄心中的不满；二则为了激怒对方，以展开争论辩驳，捞回损失。处于感情冲动中的客户对旁人的任何说明和规劝都很难听进去。

如果客服人员针锋相对，以怒制怒，以动制动，势必容易使双方矛盾激化，不仅无济于事，也得不偿失。如果以静制动，措辞谨慎，详细询问事由，变争辩为商讨，变投诉为答问，最后再做出合情合理的答复，就容易转变客户的态度。例如，客户投诉购买的性能不好。"这种破机子，让人怎么拍

照 ?!"（By such a broken machine, how to take photos?）客户很不客气地说。客服人员先把这种投诉理解为"客户不太会使用这种型号的照相机"，然后不紧不慢地问道"请问你是怎样拍照的?"（Could you tell me how did you take photos with it,please?）如果客户愿意说明自己的使用方法，说明客户的注意力已经有所转移；如果客户的火气依然很大，再次质疑，客服人员仍用同样的答问方法去处理，以静制动，要不了几个回合，对方就会转而探讨使用的方法，投诉问题也就迎刃而解了。

3. 缓兵之计

为了在情感上接近投诉的客户，稳定对方的情绪，应该采取某些应对措施，分散客户的注意力，尽量避免双方可能出现的冲突。

（1）请坐

当人感情冲动时，大脑神经处于极度兴奋状态，心跳加快，有人双手颤抖、呼吸急促，有人甚至搓手搓脚、又蹦又跳，目的是解心中闷气。为了使冲动的客户尽快平静下来，客服人员应热情招呼他们坐下来诉说，自己则在一旁倾听、记录，认真地把对方的意见记下来。做好投诉记录，既有助于双方建立一个友好的交流洽谈气氛，又可以使客户感到他们的意见受到了重视，没有必要再吵闹下去。一份完整详尽的投诉记录，将使公司更好地接近客户，了解客户的真实信息，沟通双方的感情，并为自己下一步更妥善地处理投诉提供参考依据。

（2）移情

首先要争取客户谅解，如用"多谢您的指点"（Thank you for your comments.）,"您有理由不高兴"（I understand your anger.）,"对这个问题我也有同感"（I agree with you）,"感谢您对这个问题的提醒"（Thank you for your reminding.），这样的话使投诉的客户息怒消气，是与客户联络感情的有效方式。

（3）拖延

对于某些客户提出的投诉，有时很难找到其中的真正根由，有些投诉纯属虚构，根本无法给予圆满解决。碰到此种情况，老练的客服人员大多采取拖延的办法，把眼前的纠纷搁置一旁，暂缓处理，比如，答复对方："我马上去调查一下情况，明天给您回音。"（I will look into this problem, and reply you tomorrow.）"等主管回来后我们研究研究，保证解决您的问题。"（We will investigate carefully when our director comes back. Please rest assured that your problem will be solved.）特别是遇到冲动而性急的客户，客服人员可以先停顿一下，与客户谈点别的话题，如天气、社会新闻、对方情况等，目的是使客户平心静气地提意见，理智地谈问题，这种方法也能有效地对待和处理客户的投诉。

4. 区别对待

（1）缓和客户的怒火

处理客户投诉时，一定要缓和客户的怒火，措辞如下："对不起，不知道有没有造成您的困扰?"（Sorry! Did it bring you any inconvenience?）"造成您的困扰了，真是对不起。"（I am awfully sorry for any inconvenience caused.）"真的对不起，能不能告诉我到底发生什么事?"（I am so sorry, but could you tell what happened?）"对不起，能不能告诉我事情发生的具体经过？"（Sorry, but could you tell me the whole process of the incident?）类似以上的说法一定要记住使用"对不起"等措辞。

（2）好好准备回应的话

倾听客户投诉时，不要在客户表达不满时反驳或插话，而是应该准备回应的话，主要有以下三种情况：

①完全了解的时候：

"我了解了。"（I understand.）"我完全清楚了。"（I totally understand.）

②不了解的时候：

"对不起，您可不可以再说详细一点？"（Sorry, could you please provide more details of it?）"对不起，刚才没太听明白您的意思，您可不可以再说一遍？"（Sorry, I could not understand you just now, could you please say that again?）

③自己并非承办人的时候：

我不太了解您所说的具体情况，但是我会把事情的来龙去脉转告给承办人。您是 XX 先生吧，如果可以的话，请告诉我您的地址和电话，我是 XX 部门的 XX。若是承办人在，而且你也了解客户在说些什么的时候，你要告诉对方"现在让承办人来接手这件事"。如果你负责代理并非属于自己分内事的时候，就要先确认客户的姓名、住址、电话号码，并报上自己所属的部门及姓名。当客户说"叫你的主管出来"的时候，客服人员应该大声地说"这件事由我全权处理，负责人正是我"（I am in total charge of it, I am the person in charge.）。

处理客户投诉时，一般由承办人亲自来处理，绝对不要把组织中的最高层牵涉进来。但是，如果对方坚持："叫主管出来"或是"叫更高层的人出来"时，你就得跟他说"那请您稍等一下"（Please wait for a moment.），然后立刻向比你资深的前辈或公司的主管汇报以决定处理对策。

（3）处理顾客投诉的基本原则

客户投诉处理的指导原则，是指客户投诉处理时所依据的法则或标准。自 2008 年 12 月 1 日起，我国正式实施了国家标准（GB/T19012 –2008）《质量管理顾客满意组织处理投诉指南》。该标准为实施有效和高效的投诉处理提供了指南，适用于所有类型的商业或非商业活动，也包括与电子商务相关的投诉处理过程，以使组织、顾客、投诉者和其他相关方受益。该标准关于投诉处理的指导原则包括透明、方便、响应、公正、免费、保密、以顾客为关注焦点的方法、责任和持续改进等九项重要的内容。

①透明

透明是处理投诉工作最基本的指导原则。透明即公开，也就是说，处理投诉应公开进行，没有黑幕，要使顾客全面了解投诉处理的过程。透明原则要求：

第一，公开

投诉的程序和方法必须向顾客和相关员工公开明示，从而使投诉者、员工及相关各方便于理解和操作。如果投诉的电话、部门、投诉的流程等重要内容没有公布于众，大多数顾客就无法表达对产品的不满，自然也就无法保证对投诉的公正处理；同时还可能导致严重的后果，如原本可以及时解决的一些投诉，有可能由于投诉无门使事态恶化，难以控制，给企业带来不必要的损失。

第二，简便

对于如何投诉和处理投诉所需公开的各种相关信息，一定要简单，要通俗易懂，应以初中文化程度的人能读懂为标准，且便于顾客、员工和各相关方获得。这是公开信息时应特别注意的。如果公布的信息不易获得，或者获得信息不易理解，让人看了一头雾水，产生歧义，就不能体现客户投诉处理的透明性。目前很多企业对于如何方便客户投诉避而不谈，让客户难以投诉；或避重就轻，在不起眼的位置，以极小的文字，公示投诉处理的内容；还有一些企业存在一些顾虑，认为让客户懂得如何投诉，会使客户认为企业的产品存在很多问题，使投诉人数增加。殊不知，这种做法不但不会避免投诉，反而会招致顾客的更多不满。

第三，主动

对于涉及如何投诉与处理投诉的相关信息，企业应主动并及时公布。对于顾客等相关方而言，这些信息十分重要，这是不以企业意志为转移，也不以投诉是否发生、投诉是否需要处理来看，是必须做的。如果企业不能及时公布相关信息，等到顾客、员工及其相关方需要时才公布，往往就来不及了。

②方便

方便是便于和给予便利的意思。在处理投诉实践中，方便主要是指方便客户投诉，并给投诉客户以便利，还包括向企业内部员工和相关方提供各种方便。方便原则的要求如下：

第一，投诉渠道畅通

企业必须提供充分的资源来保证投诉在任何情况下都能进行，换句话说，企业应保证投诉渠道的畅通。而不是设立了投诉热线，但电话很少有人接或总是占线；也不是设置自动语音服务电活，提供的仅是规定动作的答案，不能解决客户多种多样的具体问题；更不是有人工解答，只是简单记录，不能真正解决问题。企业只有保持客户投诉渠道的通畅，才能在第一时间获知信息，并及时传递相关信息，采取补救措施，处理相关投诉，避免事态进一步恶化，并从中寻找新的商机。

第二，信息容易获取

投诉和解决投诉的相关信息应当容易获取。一方面，投诉者能很容易从企业那里得到需要的信息，例如如何投诉、投诉处理的进展、答复以及得到的反馈；另一方面，企业能从投诉那里获得必要的信息，便于投诉的处理。要让投诉者与投诉处理人员随时对话，使投诉者了解处理投诉的每一阶段的过程和进展情况，使投诉处理人员了解投诉者所思所想，这样会使投诉的处理变得简单快捷。相反，在不能及时方便地得到相关信息的情况下，投诉者可能对处理结果产生怀疑，投诉处理人员不能深入了解投诉者真实的想法，从而导致投诉处理变得复杂。

第三，投诉处理程序的表述应通俗易懂

投诉处理涉及投诉者、被投诉者及各相关方，投诉处理程序的表述要简单明了、重点突出、信息准确、可操作性强，要使相关各方容易理解和便于通用。不要采用晦涩复杂的表达方式，不要使用太多的专业术语，内容不能过于简单也不宜烦琐复杂，以免因看不懂或误读误解而节外生枝。

第四，投诉处理程序普遍适用

企业应根据自身的特点及投诉客户的特点来制定投诉处理程序，并适用于所有投诉者或大部分的投诉要求。无论何种性质的投诉，企业绝不人为设置障碍，干扰或阻挠客户进行投诉。

第五，熟悉投诉流程

企业应让投诉者清楚了解向谁投诉、怎样投诉、投诉被受理后怎样与投诉处理人员沟通、投诉未能有效解决时还有哪些补救手段等处理投诉程序，以使投诉者感到自己的投诉被企业重视、处于受控状态，避免投诉者感到处于不利地位。

遵循处理投诉的方便性原则，可以保证客户在对企业所提供的产品或服务感到不满意时，能及时发泄心中的不满并得到解决；也可以使企业最大限度地获得客户的反馈信息，及时改进产品和服务，提高客户满意度，增强市场竞争力。

③ 响应

响应是指对客户的投诉积极做出回应，让客户清楚地知道企业已经受理了自己的投诉，正在做相应的处理。响应原则是企业处理投诉工作的一项重要指导原则。企业在接到客户投诉后应做出积极响应，按照投诉的轻重缓急程度进行处理，并随时将投诉处理的进展情况和最终结果等相关信告知投诉客户、公司内部员工和各相关方。这是企业对投诉行为的响应或叫反馈。响应原则的要求有：

第一，迅速确认

在接到客户投诉的第一时间内，企业要利用一切可能的形式，力争及时、全面了解较详细的信息，并对获得的信息进行确认、分析、整理、归类，以便更好地处理客户投诉。目前很多企业实行的"首问首诉负责制"，就是遵循了处理投诉的响应性原则，即在第一时间受理，第一时间处理，第一负责人责任，积极进行投诉响应，尽可能在第一时间消除顾客的不满情绪，有效并高效处理客户投诉。

第二，分级响应

根据客户投诉的可控性、严重程度和影响范围，可以将投诉分为特别重大、重大、较大、一般等不同级别，企业应当根据投诉的紧迫性和严重程度分级响应，迅速发现问题所在并予以解决。对于重大健康和安全问题，企业处理投诉人员应及时上报最高管理者，启动应急预案，及时采取纠正措施和补救行动，尽可能降低顾客的损失，以避免更多的类似事件发生。

④公正

公正即公平正直、没有偏私之意。公正原则是处理投诉中最重要的原则之一，也是处理投诉的前提和基础，是实现"以顾客为关注焦点"的基本保障。企业处理投诉所遵循的公正性原则主要包括主体公正、制度公正、行为公正等三个方面的基本内容。

第一，主体公正

作为处理投诉的主体，企业及企业的最高管理者和处理投诉相关人员都应树立公正的观念，要确保处理投诉程序从编排制定到贯彻落实的每一个环节都具有公正性。没有主体的公正就没有真正的公正。

第二，制度公正

也就是说处理投诉的相关制度和措施要公正，并将公正落实到制度层面上。以顾客为关注焦点，制定严格规范的处理投诉程序、步骤、方法、措施等，才能保证公正得以有效实施，企业的相关部门和人员才能无条件严格履行。

第三，行为公正

处理投诉实践的行为要公正，即企业应客观、真实、全面地记录顾客的投诉信息，公正地向投诉者、被投诉者及其他相关方核实情况，认真分析、总结引发顾客投诉的原因，及时采取相应措施解决客户诉求，有效处理顾客投诉。行为公正是主体公正、制度公正的最终体现，也是顾客感知企业处理投诉公正性的最直接的途径。

公正性原则是指导处理投诉工作的重要原则，在处理投诉过程中，为了避免投诉者再次产生不公平的感觉，企业应采取各种方法，努力营造一种公平和谐的气氛，并采取各种有效措施，改变客户不公平的感受，这是公平原则的本意，也是为了保障客户的投诉可以得到公正合理的解决。

⑤免费

所谓免费就是免收费用、不收费用的意思。处理投诉免费是客户投诉可以顺利实施的重要保证。处理投诉过程免费，能使客户产生想企业反应自己不满的愿望，企业才能得到有价值的信息反馈，同时也体现了企业承担责任的诚意。免费原则便于信息反馈，促进企业改进。免费原则包含如下要求：

第一，不让顾客再增加不必要的支出

为购买产品或接受服务，客户已经付出了应付的费用，但由于客户对产品或服务不满而引发的投诉，其实质是客户为寻求平衡而要求企业作为弥补。这种要求一般是合理的，并应予满足。倘若再让客户为此增加一笔新的费用，不仅不合理，也不可行，客户可能因此而更加不满。

第二，客户投诉免费，企业不可以免责

企业在实行投诉处理免费原则时，应特别注意不能因为免费就降低了投诉处理的服务质量，也不能因免费而免责。

在处理投诉过程中，多数客户心里是有意见的、有怨气甚至是带着愤怒、敌意的情绪，对企业处理投诉十分敏感，如果处置不当，会给企业带来不良的后果。企业要学会善待投诉者，正确对待投诉，把客户的投诉看作是对本企业工作的关心、爱护，是企业为改进服务、促进企业健康发展求之不得的金玉良言。要认真倾听客户的发泄和抱怨，既要有理智和头脑，又要有甘当"出气筒"的肚量和风度，这样，企业为处理投诉付出的代价才能有回报。

虽然处理投诉过程是免费的，但是企业的努力付出必会有丰厚的回报。顾客诚恳的批评、意见和建议，投诉信息的反馈都将对企业的未来发展产生巨大的影响。

⑥ 保密

秘密对于任何一个人和企业都是十分重要的。在处理投诉中，与投诉相关的有些信息就是秘密，而且比一般商业秘密更加复杂，因为它还会牵涉投诉者的个人隐私信息。随着人们的法律观念和自我保护意识的逐步增强，尊重个人隐私已成为维护消费者合法权益中的重要内容，企业在处理投诉中应严格遵守保密的原则。保密原则的要求投诉者在处理投诉过程中除了希望个人的诉求得到公正的解决外，其个人资料等有关信息不希望让第三方知道的要求是完全正当的、合理的。因此，企业在处理投诉中应严格遵守保密的原则。根据保密的定义，具体要求如下：

第一，个人相关信息未经同意不得公开

企业获取投诉者的个人可识别信息，其目的是用于处理投诉，而这种投诉一般是在企业与投诉者之间进行的，只有企业有必要了解这些信息，所以，无须也不必被公开。与处理投诉有关的投诉者个人信息属于投诉者个人的秘密，几乎没人愿意这些信息因公开而被外人获取，只是出于投诉的目的，不得不提供给被投诉的企业。这些资料不仅在处理投诉期间应严格保密，在处理投诉结束后未经本人同意也不能随意公开。

第二，企业应主动防止信息被泄露

为使投诉得到有效处理，投诉者被动地将个人信息告诉被投诉的企业。企业获取息后，除未经允许不得公开外，还必须采取严格措施，防止这些信息被披露，被不相关的人获取，给投诉者造成不应有的损失。

第三，建立有效的保密措施

企业是保守信息秘密的第一责任人。除了明确保密工作的重要性，还应制定相应保密制度和操作措施，尽力避免或减少人为与技术上的任何疏忽，切实保障与投诉关的不宜透露的信息不外泄，从而保护各方当事人特别是投诉者的合法权益不受侵害。

⑦以顾客为关注焦点

企业只有以顾客为关注焦点来看待投诉、处理投诉，才能真正有效地处理投诉，在使客户满意的同时，使自己也受益。以顾客为关注焦点去处理顾客投诉，就是企业应公平地对待每一位投诉的顾客，高度重视每一件顾客投诉中所反映出来的问题；处理投诉人以应站在顾客的角度去思考问题，发现问题，最终对投诉事件做出公正的处理，从而保证处理结果让顾客满意。以顾客为关注焦点的原则要求企业做到以下两点：

第一，向投诉者公开各种关于投诉及处理的反馈意见

使投诉、处理投诉的各种反馈意见公开、透明，可以使投诉者了解自己的投诉已被受理；正在处理中、处理的结果和补救措施等相关信息的公开，能使投诉者感到企业对自己投诉的快速响应；信息公开反馈，还可以让企业内部相关员工及时了解投诉者的需求和态度，以便采取各种有效的响应措施处理投诉。

第二，履行承诺

在市场经济条件下，企业的各种承诺是一种企业行为，也是企业得以生存和发展竞争手段之一。企业遵守承诺可以有效地减少顾客投诉的产生。企业必须看到有相当一部分客户投诉产生，并不是因为产品（或服务）质量本身造成的，而是由于企业未能认真遵守和履行自己提出承诺，而导致的顾客不满意。处理投诉的关键是履行对顾客的承诺。

⑧责任

所谓责任，就是要求做成某件事或行事要达到一定的标准，即做好分内应做的事。处理客户投诉是企业应尽的责任，应承担的义务。责任原则最核心的内容是建立一种针对企业处理投诉的活动和决定的责任制度，目的是加强企业的责任感，切实履行各项投诉处理的责任；同时要建立相应的报告制度，从而对企业责任的履行进行有效的管理和监督。处理投诉的责任具有职业性、强制性、稳定性、适用性、具体性和多样性等特点。

处理投诉的责任性原则，不仅是指处理投诉的有关人员要有责任心和责任感，更重要的是应建立科学、规范的具有责任性的管理机制，在处理投诉过程中落实相应的责任措施，认真处理好每一件顾客投诉，对顾客投诉负责。

第一，制定企业处理投诉的责任政策

处理投诉责任政策是企业履行责任的基本承诺和原则，确定责任政策是建立处理投诉责任管理机制的关键。在确定责任政策时，要充分考虑相关法律、法规及规章制度，充分考虑企业生产经营的总体战略及近期和中、长期目标，充分考虑投诉者的要求、被投诉者和相关方的利益；应让全体员工参与，公开征询他们的意见和建议。

第二，制定处理投诉的责任目标、指标和管理方案

企业应根据处理投诉的实际需要，对责任目标、指标和管理方案提出具体要求，并做灵活性处理。应把目标量化为具体的指标，并将指标分解到各相关部门，由各个部门分工合作完成。为实现处理投诉的责任目标和指标，还要制定相应的管理方案，对处理投诉时企业履行责任的过程进行全程监控，发现问题及时纠正，并防止类似问题再次发生。

第三，调整组织结构，明确职责和权限

为了切实履行责任，企业要明确相关部门和相关人员的职责和权限，以及需要承担的相应责任。有时为了适应履行责任的需要，还可以对企业的组织结构做必要调整。

第四，要把处理投诉的责任制度文件化

为使相关部门和相关人员在处理投诉时有据可依，减少盲目性和偏差，企业要把处理投诉的责任制度文件化。在编写相关文件中，要注意系统性、连贯性和可操作性，要秉持操作与管理并重的原则，防止重服务标准、轻管理标准的现象发生。如果要引进制度，一定要注意与本企业处理投诉实践相结合。

⑨ 持续改进

企业的产品或服务、生产或经营管理都需要持续改进，企业的投诉处理工作同样需要持续改进。改进能否持续进行，企业的产品或服务能否在改进中得到提高，是判断企业处理投诉工作是否真正取得实效的依据。

第一，投诉处理过程的持续改进

投诉是动态的，投诉原因、方式、途径和诉求都在不断发展变化，企业的处理投诉工作也应该与之相适应，不断调整变化、不断改进完善。只有通过持续改进，使处理投诉过程符合企业的实际情况，才能有效解决投诉问题，最大限度地提高顾客满意度。

第二，产品质量的持续改进

顾客投诉主要集中在产品或服务质量上，因此企业要不断改进产品或服务质量，满足顾客需求。企业在改进产品或服务质量的同时，还要根据顾客对产品或服务的不同需求来开发新产品或提供新服务，这样就会增加顾客满意度，减少顾客投诉。

企业若有投诉就改进，没有投诉就不改进，这样只会被动地改进。市场竞争日趋激烈的今天，企业要生存和发展下去，就需要持续改进。处理投诉过程的改进和产品质量改进应是不间断的。企业应当积极做好客户调查，了解客户对产品或服务的期望，改进产品质量，这样既会减少投诉事件的发生，还会研发出符合顾客需求的产品，增加市场竞争力。

九大原则为企业处理投诉提供了指导思想，但是企业还需要将其与投诉处理的实践紧密结合，以投诉处理的标准为准绳，根据投诉的具体内容采取不同的对策。

（四）投诉处理结束后的跟踪管理

对跨境电商来说，认识到电商网站仍是可以提供高质量的客服这点很重要，因此在处理投诉后可以在以下几方面继续完善服务：

1. 征求意见反馈

你需要养成征求意见反馈的习惯，虽然反馈并不总是正面的，但总会对你有所助益。如果你的确很想尽可能提供最好的客服质量，了解顾客的想法是极其重要的。

2. 提供可选范围

客户来到你的网店购物就说明他们希望有选择空间，说到客户服务时，也有必要确保让客户有选择空间，不要只是提供给顾客一张联系表单，还可以向他们提供在线语音、Skype 和免费咨询电话。

3. 信息清晰易懂

为了避免冲突，最好是在订单中尽可能详细地交代好信息，也就是说要提供与发退货政策、担保条款、保修以及其他会影响顾客购物体验的详细信息。

4. 投资建设高质量的站内搜索

客服水平在很大程度上与电商网站的设计方式有关。为了让客户满意并赢得客户，那就在打造高质网站搜索功能方面多些投入。

5. 提供有价值的跟进工作

消费者在一家网站购物后都有收到恼人邮件的经历。不要成为这样的电商，与其连续数月闲散给下过单的顾客发送促销信息，不如在他们下单后即刻发出对他们有价值的交易信息和出价。在顾客对你还有印象时获得他们忠诚度的可能性最大。

6. 提供免费送货服务

电商提高客服质量最好的策略之一就是提供免费送货服务。这会让你多一些支出，却可以给顾客留下深刻的印象，一次下单可能带来更多的后续订单。

7. 归档

投诉处理结束后，须将投诉处理方案，处理结果等资料归档，以备进一步总结和考核工作。相关部门的资料归档，进行分析总结，作为以后调研和管理实施的借鉴。可利用 CRM 系统进行追踪处理。CRM 系统提供了丰富的报表，可以追踪客户投诉的处理结果。如客户投诉处理状况表，可以反映某个客户其投诉的处理进度，有哪些已经处理完毕，有哪些还在进行中；再如客户投诉预防措施报告表，可反映针对客户的投诉，相关部门有没有采取一定的预防措施防止类似投诉的再次出现；最后还可以同时反映出这些预防措施有没有发送给客户。这些丰富的报表，对于我们提高客户投诉的处理效率是非常有帮助的。

客服环节可能不会是大多数公司乐意投入的环节，但这绝对是需要重视的。如果你想要找到途径提升电商网站经营状况，那就用些时间分析客户服务工作并找到可以提升的方面。

三、如何减少顾客投诉的产生

（一）重视投诉的预防

1. 提高产品质量，从源头上杜绝客户投诉的发生

世界上许多国家和企业都看重产品质量，这是不争的事实。美国、日本、欧盟许多国家都曾把质量振兴作为一种国家战略来实施，把提升产品质量作为经济腾飞的必由之路。信守质量，追求卓越，已是大家公认的生产之道、经营之道。曾经创造过"质量兴企"神话的日本丰田公司，由于过度扩张

与削减成本，放松了质量控制，导致了质量安全危机，在美国陷入"召回门"。当全球 800 多万辆车被召回时，给丰田公司造成了经济上的巨大损失和形象上的极大破坏。丰田神话破灭，震动全球，促使人们对质量问题深入思考。实践证明，质量是永恒的主题，追求质量永无止境。

现在我国产品质量总体水平有了大幅提高，但与经济社会发展要求和居民的期望相比仍有差距。产品标准化水平偏低，假冒伪劣商品屡禁不止，质量安全事件时有发生，不仅危害消费者健康安全，甚至损害了国家利益和形象。一些国家和地区经常拿我国的产品质量做文章，对我国出口产品采取种种措施，甚至把质量问题作为"导火索""杀手锏"，大搞质量问题政治化，抹黑"中国制造"，诋毁中国形象。从根本上讲，只有保障产品质量安全，才能维护国家利益、国家形象，才能从源头上保障消费者权益。

产品质量问题带来的不良后果对不同市场主体的影响不一致。对于经营者而言，一般只是能否赢利；对于消费者而言，既有一般产品的使用性能问题，更有诸如食品、药品、电气产品等特殊产品可能带来的人身、财产等安全问题。从近些年客户投诉内容的排行来看，产品质量问题一直处于第一位，占一半以上。可见，提高产品的质量、优化产品质量的管理是预防客户投诉发生的关键。

2. 完善客户服务体系，提高客户满意度和忠诚度

客户服务体系由以客户为对象的整个服务过程的组织构成和制度构成，是优秀企业尤其是销售服务企业的重要构成部分。有效的客户服务体系是保证客户满意的必要条件，它能够增加客户满意度、培育客户忠诚度，为企业赢得良好的口碑，有利于扩大企业业务量，帮助企业树立良好的形象。反之，不完善的客户服务体系则会降低客户满意度，减少"回头客户"，长此以往，必然会极大影响公司的业绩和发展。

（二）建立完备的业务流程

客户投诉在各个行业中都存在，是一个无法完全避免的问题。产品（服务）本身的瑕疵、服务态度、承诺未兑现、响应速度、工作效率等诸多因素都可能导致投诉产生。面对客户的投诉，真正的服务管理者应该抱着很"欣喜"或"好奇"的态度，因为有客户投诉，就说明产品或服务还需要完善。这也是客户投诉的价值所在——促进和推动产品和服务的提升、改善。

作为一个功能完善、结构合理的公司或服务部门来说，客户投诉管理需要专门部门和专人负责，需要建立完备的客户投诉处理业务流程。如何能够高质、高效地处理用户的投诉是改善产品或服务之前的重要一步。一般来说，客户投诉处理流程设计遵循以下几个原则：

1. 专人负责

部分投诉是在普通的服务过程中产生的，比如，用户咨询以后因对服务人员的反应、态度等不满导致的投诉。面对客户投诉，企业需要有较高素质、较强问题处理能力的专门的人来处理，这是保证优质、高效处理客户投诉的根本。

2. 状态跟踪机制

当企业遇到投诉或者是投诉升级的时候经常会发现，表面上看，每个处理投诉的人都做了合理的事情，但是投诉还是产生和升级了。这是由于没有一个事件跟踪的流程导致的，很多部门配合的时候更容易出现这样的情况。所以说，建立事件状态跟踪机制是必需的，因为事情的处理都是闭环，有头有尾的。

3. 投诉升级机制

有了状态跟踪机制并不能保证事情能得到及时处理，还需要另外一个机制来控制，即投诉处理升级机制。如果一件事情在相应规定的时间没有解决，相关的管理者会逐级得到信息，该投诉未能及时处理完成以及当前的状态。这样相应的管理人员就逐渐参与到投诉的处理当中，加快事件的处理。而一般的投诉，专人负责的岗位可以处理时，管理者只需要按时得到每周的报告就可以了。

4. 报告机制

有专人负责并有跟踪、升级处理等机制，但如果想把用户投诉的问题转化为服务提升的动力，详细的分析报告将是非常重要和必需的。一个简明扼要、眼光敏锐、总结分析到位的报告对管理者提升服务很有帮助。

5. 回访处理

投诉处理结束后，要对投诉的客户进行回访。投诉过的用户今后可能还是用户，要请他谈谈对改进后服务的看法，听听客户对整体服务的意见和建议。

在实际工作当中可能会遇到一些特殊情况下的投诉，比如，在"3·15"期间以及其他敏感时期（针对不同的产品和服务）用户的投诉、恶意投诉等。处理的宗旨有两点：第一，总体遵循投诉处理流程，确保不会出现工作流程上的失误导致事情扩大；第二，敏锐、灵活，做到特事特办。即便服务已经很完善（暂且允许这么说），在特殊时期或特殊情况下也要灵活，有些事情出现，无论什么结果都会给公司或企业带来不利的影响。作为投诉处理的人员应该有一个敏锐的头脑，适时对敏感的东西产生反应，对特殊的事情一定采用特别的处理原则，及时上报相关管理人员，以便管理层及时了解事态进展并提供有效的帮助和支持，这样才能确保服务的水准，即使出现客户投诉也会妥善地解决。

（三）提高客服团队品质

要提升客服团队品质，在处理客户投诉中运用五步工作法，可达到事半功倍的效果。

1. 仔细听取

倾听是做好客户投诉处理工作的基础。客户投诉的理由有多种，但不管是哪一种，都要做到耐心倾听，认真做好记录，同时留意客户投诉时的情绪、语气。

2. 正确引导

在处理客户投诉时，要保持平和的心态和稳定的情绪。不管是何种理由投诉，都要做到让客户能感受到客户经理是站在自己的立场上，对他们所反映的问题是十分重视的。这样有助于引导客户说出投诉重点，有助于平息客户的怒气，找到问题的关键，方便对投诉进行处理。

3. 积极解决

接到投诉后，能解决的问题要做到及时解决，对不能解决的问题要真诚地与客户进行解释沟通。

4. 及时回访

对客户的投诉进行处理后还要及时进行回访，了解客户对处理意见的满意度、认真做好回访记录，并征求客户的意见和建议，如发现客户对处理意见不满意的情况要及时通知相关人员，重新进行处理，直至客户满意。

5. 认真总结

对每一次客户投诉的处理都要进行认真的总结，主要是分析客户投诉的原因、查找自身的不足、总结处理过程中的经验和技巧，为今后不断提高处理客户投诉的能力、改善服务态度打下坚实的基础。

有效的客户投诉处理应当按照五步工作法，同时应当非常迅速地应对投诉。对于投诉的处理不能拖太长时间，否则即便解决了问题，也会因为没有及时解决问题而引起投诉客户的不满，从而丧失客户投诉的价值。

（四）树立服务品牌

要树立服务品牌就要塑造让客户满意的企业文化。要想使客户满意，首先要使员工满意。要使员工满意，塑造良好的企业文化是形成企业凝聚力和向心力的最有效方法。企业文化是企业在长期经营过程中逐步形成的群体意识，它包括共同的价值观、企业精神、企业经营理念、企业形象等方面，其中共同的价值观是核心。如果企业塑造了以服务或是让用户满意为核心的企业文化，那么，真诚地为用户服务就成为一种价值观和集体意识，就能预防客户投诉的发生。

要尊重员工，提升员工满意度。"客户"是企业的外部客户，"员工"是企业的内部客户，只有兼顾内外，不顾此失彼，企业才能获得最终的成功。员工是企业利润的创造者，如果员工对企业满意度高，他们就会努力工作，为企业创造更多的价值；如果员工对企业不满意，要么离职，要么继续留在企业，但是已经失去了积极工作的意愿，这两种结果都是企业所不愿意看到的。所以，一个追求成功的企业应该塑造良好的企业文化，应提高员工的满意度，提升员工工作的积极性，从而建立良好的企业和客户的关系，以减少客户投诉。

（五）建立客户投诉管理制度

1. 树立"以客户为中心"的投诉管理理念

"以客户为中心"的投诉管理理念需要企业从三个层面来正确认识投诉。客户投诉表明了客户对企业的信任，为企业提供了发现问题的机会，对企业来说可能蕴藏着重要的商机和价值。

（1）欢迎和鼓励顾客投诉

投诉对客户来说也是有成本的，客户投诉表明了客户对企业寄予了改善的希望，是对企业的一种信任和依赖。大量的实证调查显示，90%以上的不满意客户从来不投诉，因此，"投诉量少"未必"客户感知好"，只有那些一走了之的人才是伤企业最深的，因为他们没有给企业一丝改变的机会。因此，面对客户的投诉，企业应该抱欢迎和鼓励的态度。

（2）处理好客户投诉，提升客户忠诚度

客户投诉使企业能够及时发现自身产品、服务以及管理中存在的问题。发现问题是成功解决问题的基础，因此客户投诉为企业提供了不断完善自我的机会。同时处理好客户投诉也是企业提升客户满意度和忠诚度，展示自身良好形象的机会。

（3）从客户投诉中发现商机

客户投诉时市场信息来源的重要部分，客户投诉除了能帮助企业发现自身存在的问题外，更能帮助企业直接了解客户的喜好，竞争对手状况等市场信息。要充分挖掘客户投诉的价值，从投诉中挖掘出"商机"，寻找市场新的"买点"。由于投诉管理工作几乎涉及公司的所有部门，作为业务流程的最末端，投诉问题的推动与解决通常具有涉及环节多、沟通协调难的特点，可能牵一发而动全身，因此投诉管理的理念必须得到企业最高管理层的认同和积极推动，如果只是由某个部门发起投诉服务管理体系的构建、优化和改善，势必困难重重。

2. 建立投诉管理制度

投诉管理制度主要涉及相关部门在投诉管理、投诉受理、投诉处理和投诉回复工作中的职能明确和职责定位。

（1）投诉管理

投诉管理部门的职责主要包括带头推动建立公司层面的投诉服务管理机制，制定完善客户投诉的管理办法和投诉流程，指导并监督各层面的客户投诉处理工作，协调推动重大疑难热点投诉问题的解决和整改等。投诉管理的负责部门最好是由企业最高管理者直接分管的部门，或者由企业的市场或产品等强势部门监管负责，以保证各种投诉服务管理机制和流程规范的落实，从而在面对重大投诉问题时能够迅速有效地调动各方资源和协调各部门之间的关系。

（2）投诉受理

做好投诉受理，也是一个准确识别客户和准确识别需求的过程。投诉受理负责部门的职责主要是各种渠道受理客户的投诉，如热线电话、柜台、电子邮件、网站等。企业做好投诉受理主要包括三件事：第一，建立客户联络中心。第二，建立畅通的渠道，如投诉电活、电子邮件、客户回访等。第三，设计规范的处理流程。从记录、受理、处理、分析到反馈都要流程化。其核心工作就是要将客户的信息完整地收集进来，然后通过标准化、人性化的管理将不同的客户和需求进行分流处理。这个分流并非没有监控和跟进，而是有系统和流程保障，使客户的问题由最优资源和最有能力处理好的部门快速处理好，以提高客户满意度，降低客户流失率，提升服务竞争力，并避免企业危机问题的发生。

（3）投诉处理

客户投诉处理是一项集心理学、法律知识、社会文化知识、公关技巧于一体的工作。要求客服人员具有一定的道德修养、业务水平、工作能力等综合素养，对投诉者所提的问题给予妥善的解决或圆满的解答。客户投诉处理，往往涉及多个部门，最好由客户服务部首先负责，做好相关问题的处理和客户安抚工作，并由产品服务部门和专业技术部门设立专岗人员协同参与完成。

投诉应进行层级化管理，通常可分为一般投诉、严重投诉和恶性投诉。应对不同的投诉设定不同的处理流程，在企业内部建立共享投诉管理制度，保证投诉处理人员或部门以统一的口径及思路处理。对于高层级的投诉，应投入更多关注和更多资源去处理，并在适当的时候启动危机预警和危机公关。

（4）投诉回复

投诉回复主要包括投诉处理过程的阶段回复、处理完毕后的及时回复及事后的回访。通常企业的投诉回复也多由客户服务部门来负责，以形成投诉处理的闭环机制。如果由产品部门或专业技术部门的专岗人员来回复，需要重点关注培养他们的投诉处理技巧。

3. 建立客户投诉闭环管理机制

客户投诉闭环管理需要建立起投诉的事前预防、事中控制、事后改善"三位一体"的长效运营机制。

（1）客户投诉的事前预防

客户投诉事前预防就是根据不同投诉问题产生的原因，有针对地分别建立起相应的预防措施，及时识别和发现引起客户投诉的潜在因素，以采取有效的预防及应急措施，防止或减少新的投诉发生。比如，建立新产品在正式商用前的测评机制，即在推出新产品之前，由客户服务部门进行把关，通过对以往类似产品引起投诉情况的分析，提出需要改进完善的地方，交相关部门进行补充和完善，并明确在客户针对新产品提出投诉问题时的投诉处理流程和预案，以有效地减少客户投诉，并在客户投诉时能够快速有效地应对。

（2）客户投诉的事中控制

客户投诉事中控制是企业能否处理好投诉问题、提高客户满意度的关键。为有效地做好客户投诉事中控制，企业可以重点考虑建立以下机制：

第一，授权机制

投诉处理的授权就是明确客户服务部门各层级投诉处理人员所享有的权限。适度的授权能够更好地快速响应客户需求，提高投诉现场解决率，提升客户满意度。常见的授权内容包括退费、退货、赔偿、赠送、同题解决、书面道歉等。当然，授权的程度取决于企业对外服务承诺的水平，同时也要考虑因授权引起的管理成本，所以需要权衡授权的程度大小。

第二，联动机制

投诉处理需要客户服务部门与各专业部门之间建立起高效的联动机制，可以通过绩效驱动的压力传递，将各项投诉管理指标合理分解到相关部门。比如，对于客户部门可以直接将客户满意度作为其考核的主要指标；而对于设计、开发、实施等）和客户满意度同时作为主要参考指标，以使客户服务部门能够高效地支撑，确保投诉问题得到及时处理和回复。

第三，升级机制

投诉处理的升级机制主要是根据客户投诉性质及投诉情况的不同，分别建立起紧急升级流程，以确保重要紧急投诉、批量投诉、疑难投诉等问题得到快速响应。比如，针对 VIP 客户投诉，可考虑建立企业内部的预警通报机制；针对难以定位问题的投诉，可考虑建立跨部门的联合会诊机制。

（3）客户投诉的事后改善

客户投诉事后改善是推动投诉问题得到最终解决并做好投诉事前预防的重要环节，其中做好严谨的事后分析是前提，建立完善的问责机制是关键，做好客户的后续回访是根本。

第一，分析机制

面临市场环境、客户需求和企业自身产品的不断变化，企业需要建立起投诉管理的事后分析体系，可采取全面关注和专题分析相结合的方式，寻找客户投诉的热点疑难问题，挖掘投诉管理和投诉处理的薄弱环节，并进行重点有针对性的改善。可定期召开企业最高层及各部门领导参加的投诉处理联席会议，分析投诉问题产生的深层原因，将投诉难点立为攻关项目，提高企业的快速反应和持续改善能力。

第二，问责机制

投诉的事后问责机制主要是在相关部门因工作过错或疏忽造成客户大批量投诉或升级投诉，或者出现客户投诉问题后处理不当造成问题的扩大，从而给企业形象带来重大负面影响。经过查证清楚原因后，对于相关部门直接负责人和主管领导给予过问或追究相应的责任，以提升企业各相关部门对客户投诉问题的重视。

第三，回访机制

投诉的事后同访关怀可通过认真分析有投诉历史的客户特征，按照不同的投诉类型、不同客户分类、投诉时间，采用信函、电话、短信、上门、邮件等不同的方式进行，以搜集有价值的客户信息，更真实了解客户的需求和建议，从而不断提升服务水平。比如，可通过定期开展投诉客户的满意度调查，了解企业在投诉渠道的方便程度、处理人员服务态度和能力、投诉处理时间、投诉处理效果等各个环节存在的问题，以做好重点持续改善。

4. 建立投诉管理的支撑平台

投诉管理组织、机制、流程的顺畅运转需要系统平台来支撑固化，通过投诉管理支撑平台的应用，能够进一步细化各相关部门在投诉处理中的职责，支持投诉的事前预防、事中控制、事后改善的运营流程机制，实现对客户投诉受理、处理、反馈、回访全程的闭环管控。

（1）一体化

一体化主要是能够实现四个统一，即统一企业各服务界面的投诉处理、统一各相关部门的投诉处理、统一投诉电子工单流转、统一客户投诉处理信息共享。借此实现投诉服务管理的统一，保证各服务界面服务的一致性，便于运营数据的实时监控和分析。

（2）层次化

层次化主要是实现对投诉客户的分层差异化管理。可根据投诉客户的基本情况、消费情况、投诉行为等建立投诉客户的分类模型，将投诉客户分为多个类别，从服务模式、投诉处理指引、客户价值提升等方面分别给出差异化的方案，以提升投诉处理的有效性和整体服务质量。

（3）模板化

模板化主要是规范投诉处理的标准、理解和操作模板，通过对投诉处理的流程、规范、系统操作、工单记录等进行全面的梳理和分析，设计一套投诉处理的模板体系，为投诉处理人员提供工单记录、问题查证、问题处理、回复客户、工单转派、工单回复等全流程的全面指引，以形成投诉处理人员相对高效统一的投诉处理能力。

（4）智能化

智能化主要是要在投诉管理支撑平台的建设中借鉴人工智能专家系统的原理，建设投诉处理的智能导航知识库，帮助投诉处理人员快速准确记录判断客户投诉的问题，判别问题出现的原因，并给出相应的投诉处理指引、方案和建议。

（5）透明化

透明化主要是实现对投诉处理过程进展情况的实时查询。主要包括两个方面：一是实现后端专业部门投诉处理进展情况对前端客服的透明化，以便于客服人员向客户进行解释；二是实现整体投诉处理进展情况对客户的透明化，便于客户通过各种渠道（网站、短信、电话等）对投诉进度进行实时查询。

5. 培养投诉处理专业人员队伍

投诉服务管理工作需要培养一批投诉处理的专业人员队伍，在培养专业人员队伍时应重点做好对投诉处理人员的专业服务意识、专业业务能力、专业处理技巧三个方面能力的培养。

（1）强化专业服务意识

服务意思应扎根于企业每一位成员，尤其对于企业各层级领导，服务意识更是不可或缺。上下级之间首先需要形成客户制式的行为模式，后台专业部门投诉处理人员应树立对前端客服人员进行专业支撑的服务意识，这样作为客户服务窗口专家的投诉处理才能在面对客户时展现出更加专业的服务意识。在投诉处理人员的素质能力中，专业服务意识最为重要，如果一个投诉处理人员没有设身处地为客户排忧解难的意愿，很难想象投诉处理的结果能够让客户满意。

（2）提升专业业务能力

投诉处理人员需要向客户展示更加专业的形象，因此必须具备比普通客户服务人员更加专业的业务能力。作为后台专业部门的投诉处理人员，更应具备扎实的业务能力，这样才能有效地解决客户的问题。投诉处理人员还应及时总结各类投诉问题的解决方案，适时对前端客户服务人员和自身进行专业培训，不断提升前端客户服务人员及自身的一站式解决问题的能力。

（3）灵活运用专业处理技巧

灵活运用投诉处理技巧需要具备多方面的综合知识和能力，如沟通能力、语言的技巧、快速把握客户的心理；需要一定的情绪管理能力，避免情绪失控；需要具备一定的法律法规知识，来保护企业和消费者的利益。以上各种能力都需要对投诉处理人员进行针对性培养。

6. 建立投诉处理部门

一个投诉处理部门应该由两个并列的部门组成：运作部门（在每天的基础上对投诉做出回应）和支持部门（帮助确定和消除问题出现的症结，确保客户知道到哪里去投诉，怎么投诉，了解投诉是否按照已有的程序处理）。

（1）运作部门

①输入。一是筛选，对投诉进行分类，交由适当的部门处理；二是记录，对每份投诉进行信息记录；三是分类，根据事先选好的类别，对投诉进行编码，从而确定问题的范围。

②答复。一是调查，检查内部记录，电话调查，书面信件，专业调查；二是明确的答复，根据法律责任、投诉人的期望、妥协折中、市场效应、公正的观念和必要的第三方仲裁，做出明确的答复；三是做出回复，准备好最终的回复内容并传达出去，包括决定和原因。如果做出的回复与客户的期望不符，写清申述程序。如果回复是口头的，谈话内容应该有所记录。

③输出。一是分配，把最终的答复送到投诉人那里，立即马上；二是存储和挽救，把投诉整理在案。

（2）支持部门

①支配。包括内部的后续工作，设立和监督答复时间和质量标准，纠正标准背离；参考的后续工作，把时间、质量标准运用到其他部门、领域和其他企业或代理的答复上，要求最终回复的复印件。请求所有的回复或样本。

②管理。包括：

一是统计，在政策分析中使用统计学，对投诉处理办公室的表现进行评估。

二是政策分析，通过对数据的解释来发现投诉人的问题、关键事宜和趋势的根本原因所在。问题没有解决所带来的开销可以量化，提出解决方案。

三是评估，检查给投诉处理办公室制定的表现目标是否完成，确定需要予以关注的表现方面的问题，处理这些问题。是否需要外面的公司来进行评估。如果不可行的话，就让其他部门来进行内部评估。

四是计划，让客户投诉办公室享有优先权。计划应当包括投诉满意的目标设定，确保能够确定新的问题，和整个系统相结合。实现目标的工具可以包括员工培训、消费者教育等。

五是责任义务，把投诉处理和预防投诉的责任落实到具体的个人和办公室。

六是建立奖励、惩罚体系来鼓励正确的投诉处理，避免以后其他问题的出现。奖励可以是经济的，也可以是非经济的（奖状、称赞）。

七是挑选、授权和培训员工。挑选会运用人际关系技巧的人员，给他们权利做出及时处理问题的决定，对他们进行胜任工作所需的技术技能培训。

7. 客户投诉管理的跟踪评价

ISO 10002 辟出专门章节对企业的持续改进进行了规范包括：收集信息、投诉分析及评估、投诉处理过程的满意度、投诉处理过程的审核、投诉处理过程的管理评审以及持续改进。

其中值得特别解释的是投诉处理过程的监控。如一家公司承诺客户服务热线响 3 声就会有人接听，在实际操作中就应该对具体实施情况进行监控。一些公司安装具有此项功能的软件，可以使管理者获得很多有用的数据并借此进行改进。比如，电话平均响几声会有人接，一个电话需要跳线几次才会被接听，接听后通话时间有多长等，这些数据可以帮助管理者了解很多问题。如果通话时间过长可能表示客户服务人员表达有问题或者对业务不了解，需要对其进行培训。如果电话跳线的次数太多表示接电话的人员数量不够等。通过对投诉处理过程的审核和管理评审可以使企业了解改进的方向和空间。

四、综合案例解析

这里结合跨境电商常见的一些投诉话语，分析处理客户投诉的技巧及电子商务用语。

1. 投诉案例

投诉案例一："刚买的时候还不错，现在却连个人影都找不着！"

客户心理：A. 卖出去了；B. 销售人员只有在卖东西的时候最勤快，没信用。

注意点：A. 首先道歉、恭敬地赔不是；B. 同时要求提供信息。

应对例子："真是太抱歉了！我怕常打扰您会增加您的困扰，借着这个机会积极地来拜访您的，请您多多指教、照顾！"（I am terribly sorry. I am afraid of bothering you from time to time, and would like to take this chance to visit you. Your comment would be highly appreciated.）

投诉案例二："刚买不久的车就这么糟！"

客户心理：A. 花了这么多钱买的，这到底是什么东西；

B. 这么糟的车子开起来真是不安，想换另一部。

注意点： A. 具体听取原因，以便缓和对方的心情；

B. 判断是否操作错误或故障；

C. 陪着客户直接把出现的问题传达给技术人员；

D. 强调换车是不可能的。

应对例子："我们满怀信心地把车子介绍给您，当然也会负起责任的。真是太抱歉 了！找个方便的时间到我们的修护厂好好检查一下吧！我陪您一起去，什么时候您方便呢？""我非常了解您的心情，但换车是不可能的。车子是由很多零件组合起来才能发动的，不理想的应只是某部位，不可能所有零件都不好。我一定负责到令您乘坐起来满意为止，再一次到修护厂检修看看好吗？"（"We introduce our cars to you with confidence, and we are responsible for it. I am so sorry. You may come to our factory for examination at your convenience. I will go with you. When is it convenient for you？"，"I understand your feeling. But it is impossible to change the car. Since a car is assembled with many components, it is just the problem of some parts, not of all parts. I will take care of it till you are satisfied. Would you please come to exam the car in our factory again？"）

投诉案例三："让我在您的修护厂等那么久！"

客户心理：A. 在百忙之中浪费时间；B. 不愉快。

注意点：A. 首先道歉、以消除客户的不满；B. 说明修护厂的结构。

应对例子："平常我们的工作宗旨就是'顾客至上'，如今有不周到地方真是太抱歉了。假如我是您的话，一定会有同样的心情。为了加强今后的改善，可不可拜托您提供我们一些改善意见呢？""增添您这么多麻烦真是对不起！最近由于客户们的安全意识提高了，修护厂的车子也大为增加。我们当然会好好努力，但希望客户们还是尽量利用预约制度，假如能够早点联络的话，我想该不会有这种困扰的。"

（"Our tenet is'customer first'. I am sorry for our oversight. If I were you, I would feel the same. For improving our service, would you please give us some suggestion？"，"I am terribly sorry for bringing you some much trouble. Recently, our clients have raised their awareness of safety. Therefore the number of cars in our factory is increasing rapidly. We will do our utmost to serve you. At the same time, please reserve at your earliest convenience to avoid the trouble."）

2. 处理投诉分析

如果做法正确，正面的补偿绝对是客户服务工具箱里最有用、威力最大的武器。以客户的角度，而不是您的角度，送达您的歉意，提出您的解决方法。客户关心的是他们的钱、他们的产量、他们丧失的机会、事情恶化的结果和他们的损失——不是您的处境、您的借口或是您对发生的事情做何感想。

遇到客户投诉的案件，应以机警、诚恳的态度加以受理；销售人员对客户的投诉案件，应以谦恭礼貌的态度迅速处理。

"对不起"，是您的心理反应，不是您的应变措施。如果您常常说对不起，说久了，您就会变成一副很"抱歉"的模样。如果您真的想弥补什么，就真心诚意地对他说："我向您道歉。"

"客户投诉"是客户对商品或服务品质不满的一种具体表现。您对外应妥善化解客户投拆，圆满解决；对内应利用客户投诉，充分检讨与改善，将其化为提升销售素质的良机。

3. 处理客诉的重要性

您经常会碰到"客户投诉"，一旦处理不当，会引致不满和纠纷。其实从另一个角度来看，客户投诉是最好的产品情报，销售人员不仅没有理由逃避，而且应该怀抱感激之情欣然前往处理。

处理客户投诉，不仅是找出症结所在，弥补客户需要而已，同时必须努力恢复客户的信赖。

假设产品的不良率只有一小部分（10%），产品售出后客户注意到"产品不良"的只有一半（5%），而这些不良率，由于客户太忙碌或种种原因，真正向厂商投诉的，可能只有1%而已！而这些提出投诉者，在公司处理过程中，仍然有一部分会被忽视。换句话说，企业真正能处理到的客户投诉，可谓是冰山一角。

4. 处理客诉的用语

当客户有异议时，如何处理呢？客户投诉的处理，可区分成下列六点：

①虚心接受批评：冷静地接受客户意见，并且抓住客户意见的重点，同时更清楚地明了客户的要求到底是什么。

②追究原因：仔细调查原因，掌握客户心理。

③采取适当的应急措施：为了不使同样的错误再度发生，应当断然地采取应变的措施。

④化解不满：诚恳地向客户道歉，并且找出客户满意的解决方法。

⑤改善缺点：以客户的不满为契机找出差距，甚至可以成立委员会来追查投诉的原因，以期达到改善的目的。

⑥后续动作的实施：为了恢复企业的信用与名誉，除了赔偿客户精神上以及物质上的损害外，更要加强对客户的后续服务，使客户恢复原有的信心。

5. 客户投诉处理过程

客户投诉显示了企业的弱点所在，除了要随时解决问题外，更应不要让同样的错误再度发生。世界闻名的日本T牌汽车厂，将"客户投诉处理过程"分为六个阶段加以处理：

步骤一：听对方抱怨

首先，不可以和客户争论，以诚心诚意的态度来倾听客户的抱怨。当然，不只是用耳朵听，为了处理上的方便，在听的时候别忘了一定要记录下来。

依情况而定，变更"人、地、时"来听的方法可使抱怨者恢复冷静，也不会使抱怨更加扩大。这种方法称为"三变法"。首先是变更应对的人，必要时请出您的主管、经理或其他领导时，无论如何要让对方看出您的诚意。

其次，就是变更场所。尤其对于感情用事的客户而言，变个场所较能让客户恢复冷静。

最后，应注意不要马上回答，要以"时间"换取冲突冷却的机会。您可告诉他："我回去后好好地把原因和内容调查清楚后，一定会以负责的态度处理的。"这种方法是要获得一定的冷却期。尤其客户所抱怨的是个难题时，应尽量利用这种方法。

步骤二：分析原因

聆听客户的抱怨后，必须冷静地分析事情发生的原因与重点。经验不丰富的销售人员往往似懂非懂地贸然断定，甚至说些不必要的话而使事情更加严重。

销售过程中所发生的拒绝和反驳的原因，是千差万别的，而抱怨的原因也是同理的，必须加以分析。其原因可认为是以下三者：

一是，销售人员的说明不够、没履行约定、态度不诚实等原因所引起的，尤其是不履行约定和态度不诚实所引起的投诉，很容易扭曲公司形象，使公司也受到连累。

二是，由于客户本身的疏忽和误解所引发的。

三是，由于商品本身的缺点和设备不良所引起的。这种情形虽然责任不在销售人员，但也不能因此避而不见。

步骤三：找出解决方案

客户的投诉内容总不外乎"刚买不久就这么差"或"仔细一看发现有伤痕"等几种形式。

这时，您要先冷静地判断这件事自己可处理吗？或者必须由公司斡旋才能解决呢？如果是自己职权之外才能处理的，应马上转移到其他部门处理。此时，销售人员仍然必须负起责任，直到有关部门接手处理。

步骤四：把解决方案传达给客户

解决方案应马上让客户知道。当然在他理解前须费番工夫加以说明和说服。

步骤五：处理

客户同意解决方式后应尽快处理。处理得太慢时，不仅没效果，有时会使问题恶化。

步骤六：检讨结果

为了避免同样的事情再度发生，您必须分析原因、检讨处理结果，吸取教训，使未来同性质的客户投诉减至最少。

6. 化抱怨为满意

有关研究报告表示，一次负面的事件，需要十二次正面的事件才能弥补（全天下的男士早就熟谙此道——所以他们送玫瑰都是送整打的）。

"当场承认自己的错误需具有相当的勇气和品性；给人一个好感胜过一千个理由"。

即使是因客户本身错误而发生的不满，在开始时一定要向他道歉，就算自己有理由也不可立即反驳，否则只会增加更多的麻烦。这是在应对客户投诉时的一个重要法则。

但是，一味地赔罪也是不当的，一副低声下气的样子反而会让客户误以为您承认错误罢了。最好在处理时边道歉，边用应对法使对方理解。此外，客服人员要针对"客户投诉"而编制用语。

【知识总结】

一、客户投诉的原因

客户对所购买产品的质量不满意，主要体现在产品瑕疵和产品缺陷上。客户对服务态度的不满意，主要是因为服务人员态度欠佳，具体表现很多。

二、处理客户投诉的基本原则

根据国家标准（GB/T19012 –2008）《质量管理顾客满意组织处理投诉指南》，关于投诉处理的指导原则包括透明、方便、响应、公正、免费、保密、以顾客为关注焦点的方法、责任和持续改进等九项重要的内容。

三、预防客户投诉的措施

预防客户投诉的措施主要包括有：第一，重视投诉的预防。一方面要提高产品质量，从源头上杜绝客户投诉的发生完善客户服务体系，另一方面要提高客户满意度和忠诚度。第二，建立完备的业务流程，包括专人负责、状态跟踪机制、投诉升级机制、报告机制和回访处理。第三，要提升客服团队品质，在处理客户投诉中运用五步工作法，可达到事半功倍的效果。五步工作法包括仔细听取、正确引导、积极解决、及时回访和认真总结。第四，树立服务品牌。第五，建立客户投诉管理制度，包括树立"以客户为中心"的投诉管理理念，建立投诉管理制度，建立客户投诉闭环管理机制，建立投诉管理的支撑平台，培养投诉处理专业人员队伍，建立投诉处理部门，客户投诉管理的跟踪评价。

【知识检测】

问题一：分析客户投诉的动机。

马斯洛将需求分五个层次，即生理需求、安全需求、归属和爱的需求、尊重需求、自我实现的需求。他认为，需求的过程是动态的、逐步的、有因果关系的。人的需求会随着环境、心理、情绪、广告等内因和外因随时变化，从而增加了投诉的概率。根据马斯洛需求层次原理，我们很容易发现投诉客户处于哪个层次，因为消费同一类产品、处于不同层次的客户表现不尽相同。

（1）客户因生理需求产生的投诉动机

人的基本生理需求包括衣食住行等方面，在人的所有需求中占绝对优势。因生理需求而投诉的客户所关注的是物质利益，只要给这样的客户适当的物质补偿，他们就很容易满足而偃旗息鼓。这类客户投诉的动机是获得补偿。

（2）因安全需求而产生的投诉动机

安全需求包括安全、稳定、依赖，免受恐惧、焦躁与混乱的折磨，对体制、法律、秩序、界限的依赖。因安全需求而进行投诉的客户关心的是个人的切身利益和安全感，只要给他们适当的安抚和必要的承诺即可。这类客户投诉的动机是获得人身和财产的安全。

（3）因归属和爱的需求而产生的投诉动机

因归属和爱的需求包括渴望在集体和家庭中有自己的位置，渴望爱与被爱的感觉，希望有真正的朋友和爱人。这个层面的客户关注的是社会地位，当因这个需求不能得到满足而进行投诉时只要给他爱和归属感，就能提高他的期望值。这类客户投诉的动机是自己的看法能得到他人认可，能有一定的社会地位。

（4）因尊重的需求而产生的投诉动机

尊重包括外界对自己的尊重和自己对自己的尊重。外界对自己尊重的满足包括外界给予的地位、声望、荣誉、威信等；自尊需求的满足是由于实力、成就、优势等自身内在因素而形成的自信程度和独立程度。两者相比，自尊的满足显得更为重要。对因需求尊重而投诉的客户，只要给予必要的赞美和恭维，就能平息其心中的愤怒。这类客户投诉的动机是获得他人的尊重。

（5）因自我实现的需求而产生的投诉动机

自我实现是指人都需要发挥自己的潜力，表现自己的才能，只有当人的潜力充分发挥并表现出来时，才会感到最大的满足。只有其他基本需求得到满足后，人的自我实现的需求才开始突出。因不能满足自我实现的需求而投诉的客户，对物质层面的东西并不注重，只需要从精神层面加以说服，就能化解其心中的不满。这类客户投诉的动机是通过自己的投诉帮助企业持续改进产品或服务，防止类似的问题重复出现，是企业获得更好的发展。

问题二：处理客户投诉的步骤是什么？

网络投诉处理步骤如下：

（1）收集、记录客户投诉信息

收集记录客户投诉意见，包括投诉人的联系方式、投诉时间、投诉内容、投诉的对象以及希望得到的解决方法。

（2）判断投诉是否成立

先将投诉整理分类，然后将投诉转到相应的责任部门，责成在规定时间内提出解决方案，并实际解决。对于不成立的投诉，需要用婉转的方式答复客户，消除误会。

（3）明确责任部门

需要查明客户投诉的具体原因，以及造成客户投诉的责任人，追究其责任；出问题的解决方案，报相关领导批准，并在规定的投诉处理时间内实际解决问题。对于近期无法解决的问题，要对客户做出相关解释与说明，并将处理结果报客户投诉处理部门或人员。

（4）跟踪投诉处理过程

需要跟踪整个处理过程，并及时收集客户的进一步反馈意见。如客户对处理结果仍然不满意，须责成相关责任部门修改解决方案进一步处理，直到客户满意为止。

（5）整理归档投诉及处理的有关信息

投诉处理完毕，须将投诉处理方案，处理结果等资料归档，以备进一步总结和考核工作。相关部门的资料归档，进行分析总结，作为以后调研和管理实施的借鉴。

问题三：如何跟踪投诉处理？

（1）征求意见反馈

你需要养成征求意见反馈的习惯，虽然反馈并不总是正面的，但总会对你有所助益。如果你的确很想尽可能提供最好的客服质量，了解顾客的想法是极其重要的。

（2）提供可选范围

客户来到你的网店购物就说明他们希望有选择空间，说到客户服务时，也有必要确保让客户有选择空间，不要只是提供给顾客一张联系表单，还可以向他们提供在线语音、Skype 和免费咨询电话。

（3）信息清晰易懂

为了避免冲突，最好是在订单中尽可能详细地交代好信息，也就是说要提供与发退货政策、担保条款、保修以及其他会影响顾客购物体验的详细信息。

（4）投资建设高质量的站内搜索

客服水平在很大程度上与电商网站的设计方式有关。为了让客户满意并赢得客户，那就在打造高质网站搜索功能方面多些投入。

（5）提供有价值的跟进工作

消费者在一家网站购物后都有收到恼人邮件的经历。不要成为这样的电商，与其连续数月闲散给下过单的顾客发送促销信息，不如在他们下单后即刻发出对他们有价值的交易信息和出价。在顾客对你还有印象时获得他们的忠诚度的可能性最大。

（6）提供免费送货服务

商提高客服质量最好的策略之一就是提供免费送货服务。这会让你多一些支出，却可以给顾客留下深刻的印象，一次下单可能带来更多的后续订单。

（7）归档

投诉处理结束后，须将投诉处理方案，处理结果等资料归档，以备进一步总结和考核工作。相关部的资料归档，进行分析总结，作为以后调研和管理实施的借鉴。可利用 CRM 系统进行追踪处理。CRM 系统提供了丰富的报表，可以追踪客户投诉的处理结果。如客户投诉处理状况表，可以反映某个客户其投诉的处理进度，有哪些已经处理完毕，有哪些还在进行中；再如客户投诉预防措施报告表，可反映针对客户的投诉，相关部门有没有采取一定的预防措施防止类似投诉的再次出现；最后还可以同时反映出这些预防措施有没有发送给客户。这些丰富的报表，对于我们提高客户投诉的处理效率是非常有帮助的。

问题四：应从哪些方面建立完备的业务流程？

建立完备的业务流程需要注意以下几方面：

（1）专人负责

部分投诉是在普通的服务过程中产生的，比如，用户咨询以后因对服务人员的反应、态度等不满导致的投诉。面对客户投诉，企业需要有较高素质、较强问题处理能力的专门的人来处理，这是保证优质、高效处理客户投诉的根本。

（2）状态跟踪机制

当企业遇到投诉或者是投诉升级的时候经常会发现，表面上看，每个处理投诉的人都做了合理的事情，但是投诉还是产生和升级了。这是由于没有一个事件跟踪的流程导致的，很多部门配合的时候更容易出现这样的情况。所以说，建立事件状态跟踪机制是必需的，因为事情的处理都是闭环，有头有尾的。

（3）投诉升级机制

有了状态跟踪机制并不能保证事情能得到及时处理，还需要另外一个机制来控制，即投诉处理升级机制。如果一件事情在相应规定的时间没有解决，相关的管理者会逐级得到信息，该投诉未能及时处理完成以及当前的状态。这样相应的管理人员就逐渐参与到投诉的处理当中，加快事件的处理。而一般的投诉，专人负责的岗位可以处理时，管理者只需要按时得到每周的报告就可以了。

（4）报告机制

有专人负责并有跟踪、升级处理等机制，但如果想把用户投诉的问题转化为服务提升的动力，详细的分析报告将是非常重要和必需的。一个简明扼要、眼光敏锐、总结分析到位的报告对管理者提升服务很有帮助。

（5）回访处理

投诉处理结束后，要对投诉的客户进行回访。投诉过的用户今后可能还是用户，要请他谈谈对改进后服务的看法，听听客户对整体服务的意见和建议。

问题五：怎样具体实施客户投诉管理制度？

实施客户投诉管理制度须进行客户投诉闭环管理，建立起投诉的事前预防、事中控制、事后改善"三位一体"的长效运营机制。

（1）客户投诉的事前预防

客户投诉事前预防就是根据不同投诉问题产生的原因，有针对地分别建立起相应的预防措施，及时识别和发现引起客户投诉的潜在因素，以采取有效的预防及应急措施，防止或减少新的投诉发生。比如，建立新产品在正式商用前的测评机制，即在推出新产品之前，由客户服务部门进行把关，通过对以往类似产品引起投诉情况的分析，提出需要改进完善的地方，交相关部门进行补充和完善，并明确在客户针对新产品提出投诉问题时的投诉处理流程和预案，以有效地减少客户投诉，并在客户投诉时能够快速有效地应对。

（2）客户投诉的事中控制

客户投诉事中控制是企业能否处理好投诉问题、提高客户满意度的关键。为有效地做好客户投诉事中控制，企业可以重点考虑建立以下机制：

第一，授权机制

投诉处理的授权就是明确客户服务部门各层级投诉处理人员所享有的权限。适度的授权能够更好地快速响应客户需求，提高投诉现场解决率，提升客户满意度。常见的授权内容包括退费、退货、赔偿、赠送、同题解决、书面道歉等。当然，授权的程度取决于企业对外服务承诺的水平，同时也要考虑因授权引起的管理成本，所以需要权衡授权的程度大小。

第二，联动机制

投诉处理需要客户服务部门与各专业部门之间建立起高效的联动机制，可以通过绩效驱动的压力传递，将各项投诉管理指标合理分解到相关部门。比如，对于客户部门可以直接将客户满意度作为其考核的主要指标；而对于设计、开发、实施等）和客户满意度同时作为主要参考指标，以使客户服务部门能够高效地支撑，确保投诉问题得到及时处理和回复。

第三，升级机制

投诉处理的升级机制主要是根据客户投诉性质及投诉情况的不同，分别建立起紧急升级流程，以确保重要紧急投诉、批量投诉、疑难投诉等问题得到快速响应。比如，针对VIP客户投诉，可考虑建立企业内部的预警通报机制；针对难以定位问题的投诉，可考虑建立跨部门的联合会诊机制。

（3）客户投诉的事后改善

客户投诉事后改善是推动投诉问题得到最终解决并做好投诉事前预防的重要环节，其中做好严谨的事后分析是前提，建立完善的问责机制是关键，做好客户的后续回访是根本。

第一，分析机制

面临市场环境、客户需求和企业自身产品的不断变化，企业需要建立起投诉管理的事后分析体系，可采取全面关注和专题分析相结合的方式，寻找客户投诉的热点疑难问题，挖掘投诉管理和投诉处理的薄弱环节，并进行重点有针对性的改善。可定期召开企业最高层及各部门领导参加的投诉处理联席会议，分析投诉问题产生的深层原因，将投诉难点立为攻关项目，提高企业的快速反应和持续改善能力。

第二，问责机制

投诉的事后问责机制主要是在相关部门因工作过错或疏忽造成客户大批量投诉或升级投诉，或者出现客户投诉问题后处理不当造成问题的扩大，从而给企业形象带来重大负面影响。经过查证清楚原因后，对于相关部门直接负责人和主管领导给予过问或追究相应的责任，以提升企业各相关部门对客户投诉问题的重视。

第三，回访机制

投诉的事后回访关怀可通过认真分析有投诉历史的客户特征,按照不同的投诉类型、不同客户分类、投诉时间,采用信函、电话、短信、上门、邮件等不同的方式进行,以搜集有价值的客户信息,更真实了解客户的需求和建议,从而不断提升服务水平。比如,可通过定期开展投诉客户的满意度调查,了解企业在投诉渠道的方便程度、处理人员服务态度和能力、投诉处理时间、投诉处理效果等各个环节存在的问题,以做好重点持续改善。

【拓展阅读】

借助 CRM 系统提高客户投诉处理效率

CRM 系统有很大一部分内容,是围绕客户投诉的问题展开的。通过有效管理方式,解决客户的投诉难问题,是提高客户满意度的有效手段。客户关系管理的核心是提高客户满意度。

对此,本文总结了提高客户投诉处理效率的几种常见的方法。

1. 投诉的受理

企业受到客户的投诉。例如,客户反映某企业提供的一批螺丝刀中,存在瑕疵,如螺丝刀杆上有铁锈。针对这种瑕疵,客户希望企业能够迅速处理这件事情,并提出问题的原因及对应的预防措施,防止以后再犯类似的错误。客户一打电话给客户服务人员,只要客户服务人员打开了 CRM 系统,通过集成呼叫中心,CRM 系统就根据客户的电话号码来判断是哪个客户打来的;同时,CRM 系统还会自动打开一个窗口,上面显示该客户的最近订单的执行情况以及客户近期投诉的处理情况。

当客户投诉说,他们下的 XXXXXXXXX 的销售订单有质量问题,螺丝刀上有明显的铁锈。客户服务人员通过输入客户的销售订单号码,马上可以在系统中查询到跟这张销售订单相关的单据信息,如企业是什么时候接到该笔订单、是什么时候完工并出货的。

当客户服务人员接完客户的投诉电话以后,即可在 CRM 系统中,根据对应的出货单或者销售订单信息生产一张客户投诉单。根据原始的单据直接生成投诉单的好处是非常明显的,一方面是在投诉单中可以找到相关的订单信息,如该订单是什么时候出货的、距离现在有多少时间、有没有超过质量保证日期等;另一方面是投诉单的录入效率会非常高,无须输用户手工输入是哪个客户投诉的、投诉的是什么产品等,这些内容都会根据原始的单据内容自动转换到投诉单上去。销售员只需要输人客户投诉的具体内容就可以了。客户服务人员处理好相关的单据之后,即可发送给具体的人员。

客户服务人员接到客户的投诉之后,要对客户的投诉进行一些简单的分类,以方便后续的处理。如可以根据客户投诉的紧急性,将客户投内诉内容分为紧急与一般。对于紧急的客户投诉,企业可能要求相关的责任人必须在两天之内进行处理;而对于一般的客户投诉,企业的期限可能是五天。客户服务人员若能够对客户的投诉进行有效归类的活,那么后续的处理就会方便许多。

同时,客户在投诉的时候,也会谈一些他们的要求。如需要企业上门去处理问题,采取相关的措施防止以后再次出现类似的问题等。客户服务人员不仅要把问题描述清楚,同时也要把客户的要求一一写清楚。这样具体处理人员可根据客户的投诉要求一一进行处理,直到顾客满意为止。

客户服务人员客户投诉单的录入质量，在很大程度上影响着后续的处理流程。故在实施CRM项目时，应当对于客户投诉处理单的内容做严格的规定，如哪些内容必须填写，该怎么填写，都要求客户根据自己企业的实际情况做出明确规定。以便使相关人员在看到这份投诉单时，能够知道投诉的具体情形，而无须再回过来打电话向业务员询问具体的情况。

2. 投诉的处理

企业规定，关于质量的投诉，客户服务人员必须把客户投诉单同时分发给销售经理、质量部经理、采购经理以及总经理。所以企业预先在CRM系统中进行了相关的工作流程设置。当客户投诉单审核后，会自动发送即时消息以及邮件给这些人员，通知他们现在有质量问题，需要解决。

根据企业的员工权限规定，质量问题导致的客户投诉，必须由质量经理出面解决，一般质量问题必须在三天之内提出处理的方式。

质量部门收到这条投诉信息之后，立即仔细阅读客户的要求。客户对于质量问题有两个要求：一是需要企业马上采取措施，把质量问题先解决了；二是客户要求企业找出问题的原因并提出切实可行的预防措施，以防止再出现类似的情况。客户的第一个要求是最基本的要求，那么客户还会有第二个要求吗？如果有这种疑问，这就说明你没接触过ISO项目。实施过ISO项目的企业，肯定知道ISO中有一大块内容是讲如何预防的。ISO要求，任何产品质量问题，仅仅解决了还不行，必须想出一些预防措施以防以后出现类似的问题。因此，客户的第二个要求是对于ISO要求的深刻体现。针对客户的这些具体要求，质量部门经理根据客户服务人员的投诉单写了处理意见。方法一：立即派部门人员去客户那边，查明原因，处理问题，或带三个生产部人员到客户现场处理这些不良产品；方法二：在七天之内，找出这个问题发生的原因并提出预防措施，向客户通报处理结果。

根据以上的分析，我们知道在投诉处理阶段，主要是做两件事情。

（1）根据客户的投诉内容，责任人分解具体的任务。这个分解的过程很重要，同时也考验了责任人办事能力。负责人可在CRM系统中，把客户投诉的具体处理方式写成一条条任务，CRM系统即可对这个任务的具体处理情况进行追踪，并且通过报表直观显示这些任务的处理进度，客户可以方便地知道这个投诉的处理进度。

（2）要为任务设置具体的期限。如果任务没有设置具体的完工期限，那么由于员工的性情，这些问题可能会被拖延。因此，责任人在分配任务的时候，还需要指明具体的处理期限。另外，还可以根据预先的设置，把这个投诉的预计处理方法以及相关的期限发给预先指定的其他员工，让他们知道现在投诉的处理情况。

3. 投诉处理完成

当善后人员从客户那边回来，并向质量部门经理汇报问题的原因后，质量部门经理根据这些处理结果，在CRM系统中进行了相关的记录。

首先，他关闭了第一项任务，并在上面注释了具体的善后措施。当该任务处理完成后，系统就会发消息通知客户服务人员以及销售经理，告诉他们这个问题已经处理完毕。

其次，质量部门经理就要总结这个问题发生的原因及以后要采取的预防措施。原因及处理方式，经过销售经理审核后，会根据预先客户的投诉要求、质量问题具体的处理方式，连同质量部门对于这个问题的原因分析与预防措施，一同发送给客户。

4. 日后的追踪处理

CRM 系统提供了丰富的报表，可以追踪客户投诉的处理结果。如客户投诉处理状况表，可以反映某个客户其投诉的处理进度，有哪些已经处理完毕，有哪些还在进行中；再如客户投诉预防措施报告表，可反映针对客户的投诉，相关部门有没有采取一定的预防措施防止类似投诉的再次出现；最后还可以同时反映出这些预防措施有没有发送给客户。这些丰富的报表，对于我们提高客户投诉的处理效率是非常有帮助的。

第七章　跨境电商客服角色新定位

【知识要点】

一、了解网店客服的基本职责及对网店运营的作用

二、熟悉不同类型网店客户的特点，掌握应对不同客户的策略

三、掌握基本的沟通技巧，学会在不同情境下处理业务

四、建立"客户至上"的理念，学会妥善处理客户投诉

【核心概念】

客户价值　客户流失　客户沟通　客服服务质量　服务质量绩效考核

【情景导入】

跨境电商客服月入最高两万

"小客服也能赚高薪的"，跨境电商网店老板表示，金牌客服一个月下来收入超过两万元。要做金牌客服，和各种人打交道，也需要一身"变形金刚"般的功夫。以下是跨境电商客服们的真实故事。

1. 半小时"接客"五十

每天早上9点，小黄就到上班地点——位于客村立交的一个大仓库。很多网店并没有实体店，但几乎都有一个大仓库或写字楼的办公室用来存货，除了堆成山高的货物外，客服人员和包装、填单的工作人员都在一边忙碌——这就是不少网店"公司"的全貌。

（1）将常规用语输入快捷键

用一分钟打开电脑，进入公司店铺，再花三四秒开启自己的国际版旺旺账号，小黄就开始了在电脑前的"聊天工作"。一般刚开始她先要在3分钟内处理积累的离线留言、要输入客户ID通过物流信息查件、帮顾客跟踪货单，等等。同时，又会有新的客户咨询，掌握网络聊天的基本词汇很重要。现在小黄已把这些常用语输入快捷键中，一有顾客咨询，一按键就可发出。

（2）生意旺时同时和50个客户聊天

从10点到中午，是顾客购物的"小高潮"。买家的聊天框接二连三在电脑上弹出，小黄往往要同时面对四五十个对话框的"攻击"，这时小黄的精神一直紧绷，往往也有客户因为等久没回复而发脾

气，不断催促。安抚客户是小黄的强项，才 24 岁的她在网上聊天时俨然一个知心姐姐。根据客户的语气，打字的快慢，她就可以揣测出对方的心情和性格。

（3）卖一双鞋提成 2 元

晚上 7:00~10:00 是忙的时候。这时往往至少有五六十个账号在开着聊天，经常超过了国际版旺旺打开账号的限制数量，这时电脑都至少会死机四五次，而客服们的手都有要麻痹的感觉，眼都花了。小黄半个小时里要与 50 个客户同时交流。小黄一天就能成功卖出 200 双鞋子，每卖出一双她大概有 2 元提成。

跨境电商网店的店商尹志强认为网店客服是网络商业中的基本职业，学历只要是大专以上就可以了，能用简单英语进行交流。对于个人形象、年龄等也没有太大要求。一般入职有 1~3 个月的试用期。

网店总裁助理牛志辉说，公司招收客服采用了"三七定律"的挑选模式，每位应聘者有七天的观察期，期间淘汰 30% 的人，另外 70% 则进入培训期，这部分应聘者可以继续接受业务培训。

（4）小店"一脚踢"大店分工细

做过网店客服的小海说，在小网店里一般只有一两个客服，从接受咨询到发货、出货都是一个人搞掂。而在大网店，客服人员已有细化分工。

这间跨境电商网店目前有 60 名客服，分别负责导购、帮买家挑选货物、处理回货物件等。而羊皮堂的 12 名客服，分为售前和售后两组，售前 8 人，售后 4 人。售前客服主要负责接单、接受买家咨询。售后客服负责退还货物、处理客户评价、店铺留言、差评处理等。在大店里，网店客服不但有不同的分工，而且还有层级划分。

尹志强认为，"随电子商务发展，网上销售将成为一条流水线。导购、解决客服纠纷、售后服务、修改价格等都会有专人客服"。尹志强认为网店客服有巨大的发展空间，将会创造几十万个岗位，在两三年内发展成熟。

（5）工资平均两三千

目前网店客服的工资一般是底薪加提成，提成根据业绩而定。记者调查发现，目前客服的最低工资一般为每月 1000~1400 元左右，八成网店客服每月工资在两千左右。而少数金牌客服、牛人客服工资也能过万。

2. 要成为金牌客服，必须能吃苦

目前的跨境电商网店客服工作时间长，工作强度也大，内容比较枯燥。一些大型网店，考虑到员工的承受力，已把工作时间分为早班 8:00~17:00、晚班 17:00 到次日 2:00 的两班轮换。

客服的工资标准有两种，一种是高工资低提成，另一种就是低工资高提成。前者的高工资不会超过三四千，提成一般是销售额的 1%~2.5%。有能力的客服都愿意拿达到销售额 10%~25% 左右的高提成。例如，羊皮堂公司采取底薪加个人提成和团队提成这三方面，保底工资为每月 1200~1400 元，要求每月销售 1000 双鞋子左右。如果一个客服一个月卖出 2000 双鞋子，提成工资一般为 1000 元，收入高的一个月可以赚过万元。

3. EQ 很重要

有一次，一名中年妇女在羊皮堂看中了一款男装的鞋子，小黄以会员积分等优惠吸引这个客人，但最后她仍然说要考虑看看。过了一段时间，又有一名中年男人来问同一双鞋子。原来这是那位女子的老公，但鞋子已缺货了。这先生得知后立即发飙，说自己在等着穿，怎么会缺货。这时电话也响了，正是这位先生，电话里传来恶骂，接着又换老婆来骂，还威胁说要给差评和投诉。

小黄备受委屈，其实她明白顾客的心理，要这些手段目的是想让客服减价补偿。听到夫妻俩轮番攻击，小黄一直忍住，几乎要哭了，但始终没有回骂过去，只是表示会尽快跟进。小黄清楚地记得，这个单花了两天才做完。

（1）偶尔也要巧妙妥协

有个上海顾客在小海的网店看中了一件衣服，经过讨价还价，小海还是占了优势，把价格稳住了。买主以 100 元拍下衣服。没想到过了两天，买主又来信息，说他发现衣服是坏的，要求退换。退换件的邮费是由卖方承担的，假如退换，公司就要出 30 元的邮递费，还有可能要收回一件坏衣服。小海知道出货时已经很细心检查过衣服是没事的，所以不能确定是不是衣服真的坏了。他心想，如果选择让顾客拍照，说不定衣服上就真的多一个洞了。小海也知道这位上海顾客的心理，其实他只是想通过这样的方式逼客服变相减价。于是他和这位顾客谈判，说服他留住衣服，可以按"打折价"给他。最后，小海和这位客人说定，退回 20 元给他。

（2）高明的客服是如风水先生一样，不见面也能猜出买家样子

金牌客服沙沙可以通过网上聊天来判断买家的性格和心理。有一次，一个女生咨询一双男装鞋的款式布料，沙沙立刻想到这位小姐是给男朋友买鞋子的。在询问码数后，沙沙已知道了她男朋友的大致身高，从而也知道了她男朋友应该是比较瘦的。通过这名女生网上聊天的语气，沙沙还知道她是开朗和喜欢做主的女生。根据"互补原则"，她男朋友应该是比较听女朋友管教的。

"我猜你男朋友是戴眼镜的。""你怎么知道呢？"这名女生还给沙沙发了一张照片，里面有五个同样穿着伴娘装的同龄女生，让她猜是谁。沙沙想，一个开朗、喜欢做主的女生应该是站在显眼位置而且穿着时尚、惹人注意的，于是立即猜出了谁是这个女孩。这么一来，这个女孩便觉得她和沙沙"太有缘分"了，距离一下子拉近了很多。后来，沙沙不仅让这位女生买了件男装给她男朋友，还帮衬她买了一件女装。

（3）案例分析

据不完全统计，目前广州有不少人在做全职网店客服，而全国的网店客服人数超过十万。现在大部分的网店客服还不够专业，只是把工作归纳为简单的上网聊天、回答客人提问，工资也不高，流动性高经常跳槽。实际上，网店客服这个看起来并无多少技术含量的职业，正走向专业化。除了有越来越多的培训机构看中这一职业，开始了专业人才的培训之外，地方政府也开始着手培养专业网店客服。随着从事这行的人越来越多，职业培训市场也开始萌芽。

由于网店客服的门槛低，但流动性相对较大，在近一年内，其公司就有五六个客服辞职，同时有新的客服进来。"门槛低，大多数人学会了就自己开网店去，毕竟自己做老板还是实在的"。网店客服入门很快，一般半年就能掌握网店经营门道，只要有一定的启动资金就可以自己开店。

另外网店客服的工作时间至少在 10 小时以上，一天到晚坐在电脑前工作量大，生意不好时又很枯燥，客服人员跳槽的频率都很高。目前担任网店客服的工作人员多是 80 后或 90 后，在前期试用的一个月内，网店客服的员工流失率较高，达到 20%。经过三个月的试用期，客服员工熟悉了公司的氛围，认同了公司的企业文化，基本能稳定下来。而且，不管是在北京、上海、广州，担任网店客服的多数是外地人，上海的网店客服中 95% 都不是上海人。"很多人在大城市干一两年，还是会回家乡去，"牛志辉说，"外地人的流动性相对本地人要高。"而且，现在的 80 后、90 后都喜欢跳槽，很难在一个工作单位、岗位干上三五年。有不少人选择到大网店工作，都是看中其规模，在工作时也学习网店的运作，工作一段时间就回到家乡自立门户开网店、当老板。

综上所述，跨境电商的网店客服是一个新型的具有很大发展潜力的行业，但网店客服人员稀缺，要促进客服行业的发展，需要网店能够为这些人提供更多的机会和进步的空间，对网店客服人员进行标准化规范化的培养。目前，跨境电商网店客服行业专门培训网店客服的机构很少，主要有淘宝、阿里巴巴、华南商学网等三四家，而且网店客服的相关培训课程尚不成熟。事实上，客服人员除学习基本网店操作之外，网店客服一定要有沟通的魅力，不仅仅是回答顾客提问有技巧地和顾客沟通，促进顾客消费，最重要的是通过具体实例让学员掌握网络销售的技巧。网店客服应掌握顾客的心态，他们对于塑造店铺形象、消除距离和怀疑、提高成交率、提高买家回头率等方面具有非常重要的作用，网店客服人员在新时期应有新的角色定位。

一、跨境电商客户服务质量标准规范

目前我国跨境电子商务快速发展，据不完全统计，平台企业已超过 5000 家，境内通过各类平台开展跨境电子商务业务的外贸企业已超过 20 万家。由于跨境贸易的门槛降低，企业可以建立直接面向国外买家的国际营销渠道，降低交易成本，缩短运营周期，因此中小企业和个体商户已经占到 90% 以上。作为外贸发展新方式的跨境电商，得到从商务部到国务院的政策支持。

2013 年，由国家标准化管理委员会、国家发改委和商务部联合制定的《国家电子商务标准体系》中涉及跨境电商的重要内容，其中包括跨境电子商务平台服务质量评价规范等，重点开展面向电子商务交易主体的基础信息及其信用标准，面向电子商务交易过程的电子认证、在线交易、支付结算、物流配送、跨境贸易、交易纠纷处理等关键业务环节的标准。国内首家跨境电子商务行业协会——上海跨境电子商务行业协会（Shanghai Cross-border E-commerce Association, SECA）已经成立，东方航空物流公司、中国银行、快钱公司等 SECA 发起单位也将参与相关跨境电子商务标准的制定。跨境电子商务分会也已在重庆成立，其主要任务之一即加紧制定跨境电商领域的规范建议，推动跨境电商业务相关标准的出台。

2014 年 3 月，深圳检验检疫局发布实施了国内首个跨境电子商务领域地方标准《网上交易进口商品质量信息规范》（标准编号：SZDB/Z93-2014），规定了网上交易进口商品质量信息服务的基本要求和管理要求，并对进口商品质量信息服务系统进行了全面描述。该标准定义了符合网上商品交易需求的质量信息、服务平台、信息机构、登记单位等术语，规定了网上交易进口商品质量信息服务的基本要求和管理要求，并对进口商品质量信息服务系统进行了全面描述，对于规范网上交易的进口商品质量信息具有重要指导意义，将进一步推动深圳市乃至全国电子商务产业发展，提升深圳市进口商品质量信息管理水平。

二、跨境电商客户服务质量责任制度

2013 年，我国电子商务的市场交易规模已经达到 10.2 万亿元人民币，比 2012 年增长了 29.9%。"双十一"仅阿里集团网络销售额就已经突破了 570 亿元，增长速度非常惊人。但由于监管缺失，相关产品质量问题十分突出。国家质量监督检验检疫总局近期对几大电商平台的质量抽查显示，针对网络销售的儿童玩具、服装、鞋类、背提包和小家电 5 大类 14 种电子商务产品抽查结果，8 家主流电商销售的 359 家企业的 502 批次产品中，有 110 家企业生产的 131 批次产品不合格，不合格产品检出率高达 26.1%。

国家海关总署于 2014 年发布了第 56 号文件，加强对商品质量的监管及电子商务企业办理报关门槛的管理。《关于跨境贸易电子商务进出境货物、物品有关监管事宜的公告》于 2013 年 8 月正式实施，这是首次海关将跨境电商及个人归入监管范围。目前，我国首个跨境电商商品质量溯源平台于 2015 年 6 月 1 日在广州市南沙出入境检验检疫局正式上线。自此，经南沙自贸试验区进出口的跨境电商商品质量信息，可随时通过互联网登录广东"智检口岸"公共服务平台进行查询。消费者只需进入查询页面，输入订单号、快递单号或身份证号任意一项，即可快速查询跨境电商商品 18 项信息。该平台成功实现了跨境电商商品"源头可溯、去向可查"，为消费者建立了一条公开透明、阳光便捷的跨境电商商品溯源和维权通道。目前，已有 190 家跨境电商企业在"智检口岸"公共服务平台备案。

三、跨境电商客户服务问题处理标准规范

客户是网店的生存之本，有客户才有市场，才有利润，才能在激烈的市场竞争中得以存在和发展。由于交易双方对于商品价格、商品质量、服务费用和售后服务等出现意见不统一的现象而产生纠纷，如何处理好与客户的关系是客服人员的一项重要工作。网店的客户服务人员在工作提供服务的过程中应遵循如下原则：

1. 耐心倾听

客服服务人员在处理问题时，必须尊重客户，认真、耐心聆听顾客的诉说，主动对给顾客带来的不便进行道歉，了解顾客所叙述的问题和原因以及期望的结果，理解后重复叙述一次顾客的诉求，告知顾客会尽量为其解决问题。

2. 做好记录

对于客户反映的问题，如在流程中出现多次或情况较为复杂时，应详细询问顾客问题发生的缘由和过程，对时间、人物、事情经过等细节都应详细记录，不要轻易打断顾客的话语，感谢顾客其所反映的问题，表达自己的观点并提出补救措施，并向顾客承诺会予以处理并会在某个时间段进行回复。

3. 跟踪调查

对于顾客反映的问题，应及时正确地进行处理，对问题发生的源头进行调查，了解清楚整个事件的来龙去脉：如遇到产品质量问题，应及时通知厂家进行调货或退换货品；如遇客服人员态度问题，应要求相应的客服人员向客户道歉；如遇到在使用产品中出现的问题，应告诉顾客正确的使用方法，鼓励顾客尝试正确的使用指引进行操作。

4. 及时回复

回复顾客时间要尽量短，因为回复时间的长短，直接反映卖家态度的好坏，也直接影响顾客对卖家的信任度。针对顾客出现的问题，在调查和了解清楚情况后，应与顾客进行积极的沟通，需给予合理的解释和相应的处理办法，应做到态度谦逊友好和语言得体，注意措辞，使顾客能意识到客户服务人员正在想办法帮助理智地协商解决问题，以增加顾客对卖家的忠诚度。

四、跨境电商客户服务管理问题分析与解决

（一）客户价值

按照菲利普·科特勒的结论："客户价值是指整体客户价值与整体客户成本之间的差额部分，而整体客户价值是指客户从给定产品和服务中所期望得到的所有利益。"整体客户成本由货币价值、时间成本、体力成本、和精神成本组成；整体客户价值由产品价值、服务价值、人员价值和形象价值组成。客户价值的大小是客户购买该产品和服务时将付出的成本与得到的价值进行比较，付出的成本越小，得到的价值越大，客户就越满意。反之，就会认为商家有欺骗行为。

客户价值（Customer Value）有两个方向的理解：一是客户对产品属性、属性效能以及使用结果的感知偏好和评价，也可以说是从客户的角度来感知企业提供产品和服务的价值。二是企业为客户创造或提供的价值，客户价值更多地被认为是为客户创造的价值。以此对应，客户为企业带来的价值也称"关系价值"。因此，人们做出了"客户价值 = 钱""客户价值 = 核心竞争力""客户价值 = 百年老店"等定义。

对客户价值的区分可以从以下两个维度来进行。一是客户的价值。二是客户与企业的战略匹配度。客户终身价值应该是客户购买、客户口碑、客户信息、客户知识、客户交易五种价值的总和。客户与企业的战略匹配度（Strategy Match，SM）就是定位匹配、能力匹配、价值观匹配三个匹配度的总和。按照时间维度客户价值可以分为：当前价值（Current Value）与未来价值（Potential Value）。当前价值是指在已经发生的交易中，客户为店铺带来的经济收益，未来价值则通过客户未来与店铺发生交易的可能性来衡量。如果按照类别进行细分，客户价值包含交易价值（Transaction Value）和情感价值（Sentimental Value），交易价值通过客户购买店铺的商品来体现，情感价值通过客户的互动、分享、推荐来体现。

可以将客户价值区分为四类：战略客户、利润客户、潜力客户以及普通客户。战略客户是客户价值高，战略匹配度也高的一类客户。利润客户是客户价值高，但战略匹配度低的一类客户。潜力客户是战略匹配度高，但客户价值低的一类客户。普通客户是战略匹配度与客户价值都低的一类客户。

（二）客户流失

客户流失是指由于企业各种营销手段的实施而导致客户和企业中止合作的现象。客户的变动，意味着一个市场的变更和调整，甚至会对局部（区域）市场带来致命的打击。客户的流失有可能由于以下原因造成：一是公司人员流动导致客户流失；二是竞争对手夺走客户；三是市场波动导致失去客户；四是细节的疏忽使客户离去；五是诚信问题；六是店大欺客，客户不堪承受压力；七是企业管理不平衡，令中小客户离去；八是公司管理上的不规范，长期与客户缺乏沟通，或者客户转行转业等导致客户自然流失。

权威机构研究表明：网店吸引新客户的成本至少是保持老客户成本的 8 倍，而这些老客户几乎创造了店铺 80% 的收入和 90% 的利润。因此，跨境电商卖家尽可能通过多种手段加强客户的忠诚度，留住老客户。

（三）客户沟通

跨境电商的客服人员必须具备与客户沟通的技巧，与客户进行及时有效的沟通，要让客户感到自己是被尊重的、受重视的。首先，客服人员需有热情、积极的态度，虽然网上与客户交流时看不见对方，但是网上交流的言语之间、表情还是能把卖家的热情和积极的信息传递给客户。其次，采用礼貌的态度和谦和的语气。客户服务人员应主动和客户问好和表示欢迎，诚心致谢是一种心理投资，不需要付出任何代价却可以收到非常好的效果。最后，坚守诚信。由于客户看不见实物，客户服务人员应诚实地介绍商品的优缺点，耐心给客户解答对商品的疑问，向客户推荐最适合的商品。最后如承诺客户提供某些附赠的产品或答应顾客的要求时，就必须履行承诺，不能出尔反尔。

（四）客服服务质量

客服服务质量是指客户对客服人员所提供的服务所获得满足感的评价，是客户对服务过程的一种感知，是一种主观质量。客服服务质量是通过对所接受服务的感知和体验与对服务的期望比较得到，当感知大于期望值时，服务是高质量的；当感知和期望值一致时，服务质量是合格的；当感知小于期望值时，服务质量不合格。客服服务质量的特征：可靠性、响应性、保证性、移情性、有形性。

（五）服务质量专员绩效考核

为了确保给客户提供满意的服务，公司对服务人员进行业绩考核，以便可以有效监控网店的经营状况和了解客服人员的服务质量。服务质量专员绩效考核可以围绕以下六个方面进行：

①服务质量报表管理。对客服人员服务质量进行跟踪和检查，并按时填制客户服务质量报表。

②服务质量改善建议管理。根据客服业务和客户需求的变化，不断提出客户服务质量的改善建议，促进服务质量的提高。

③客户回访管理。定期或不定期地进行客户回访，以检查客服人员的服务质量，并填写客户回访记录。

④信息资料归档管理。收集和整理客服服务质量的相关信息和资料，并及时归档。

⑤客服流程改进管理。针对目前客服工作流程进行优化和完善，制定改进目标和标准，提高客服日常工作管理效率。

⑥客户管理。加强客户日常管理，提高客服满意度，确保客户数量不因为服务原因而流失。

五、跨境电商客户服务质量提升流程

（一）客户服务质量检查

客服服务质量可以通过客户满意度来反映，客户满意度是指一个人通过对一个产品（或服务）的可感知效果（或结果）与他的期望值相比较后，所形成的愉悦或失望的感觉状态，即客户体会到的他所实际"感知"待遇和"期望"待遇之间的差距。满意＝期望－结果。通常，客户满意度调查工作由公司质量管理部负责，每年组织一次对客户进行满意度调查，其中包括项目级客户满意度调查和公司级客户满意度调查，并对调查结果进行分析和总结，对相关的调查结果进行分析，及时反馈给相关部门和责任人，对重大问题进行跟踪和督促。

①项目级客户满意度调查是对每个已解决的事件在24小时内进行电话回访，确认客服是否已成功解决问题，了解客户对处理结果的满意度。

②公司级客户满意度调查是针对客户进行的，包括电话回访、问卷填写的方式，每年至少进行一次，需注意调查样本的比例和覆盖范围。

（二）客户服务质量评估

客服人员在网店中承担着多重任务，其中包括公司宣传、客户咨询、产品销售、投诉处理、公司管理等工作，为不同需求的客户提供不同的服务。规模较小的网店，往往客服人员一人必须身兼数职，对于规模较大的网店，对客服工作会做细致的分工，如导购客服、投诉客服、售后客服、推广客服、销售客服等。

在由于服务产品具有无形性和差异性等特征，服务产品的质量很难像有形产品的质量那样进行科学的测定和评价。对客户服务质量进行评估，不易操作。7R 标准更适合量化：合适的客户（Right Customer）、合适的产品和服务（Right Product）、合适的价格（Right Price）、合适的时间（Right Time）、合适的场合（Right Place）、合适的方式（Right Way）、合适的需求（Right Want or Wish）。

根据美国学者白瑞、巴拉苏罗门及西思姆等所提出的服务质量模型，归纳出评价服务质量的 5 个评价指标，分别是有形性、可靠性、响应性、安全性和移情性。

1. 有形性

有形性是指服务被感知的部分，如提供服务用的各种设施等。由于服务的本质是一种行为过程，而不是某种实物形态，因而具有不可感知的特征。因此，客户正是借助这些有形的、可见的部分来把握服务的实质。有形部分提供了有关服务质量本身的线索，同时也直接影响客户对服务质量的感知。

2. 可靠性

可靠性是指服务供应者准确无误地完成所承诺的服务。客户认可的可靠性是最重要的质量指标，它与核心服务密切相关。许多以优质服务著称的服务企业，正是通过强化可靠性来建立自己的声誉的。

可靠性要求避免服务过程中的失误，如果企业在向客户提供服务的过程中，因某种原因而出现差错的话，不仅会给企业造成直接的经济损失，而且更重要的是会损害企业的形象，使企业失去潜在的客户，而这种损失是无法估计的。

3. 响应性

响应性主要指反应能力，即随时准备为顾客提供快捷、有效的服务。对客户的各项要求能否予以及时满足，表明企业的服务导向，即是否把客户利益放在第一位。服务传递的效率是企业服务质量的一个重要反映，客户往往非常重视等候服务时间的长短，并将其作为衡量服务质量好坏的一个重要标准。因此，企业尽可能缩短让客户等待的时间，提高服务传递的效率。

4. 安全性

安全性是指服务人员良好的服务态度和胜任工作的能力，增强客户对企业服务质量的信心和安全感。服务人员良好的的服务态度会使客户感到心情愉快，自然会影响客户的主观感受，从而影响客户对服务质量的评价。服务人员具备渊博的专业知识，能够胜任服务的工作，会使客户对企业及其提供的产品产生信心，并对获得满意的服务感到愉快。

5. 移情性

移情性是指企业和客服人员能设身处地为客户着想，努力满足客户的要求。这便要求客服人员有一种投入的精神，想客户之所想，急客户之所需，了解客户的实际需要，以致特殊需要，千方百计予以满足，给予客户充分的关心和体贴，使服务过程充满人情味，这便是移情性的体现。

在这5个属性中，可靠性往往被客户认为最重要，是核心内容。按上述评价标准，可通过问卷调查或其他方式对服务质量进行测量。调查应包括客户的预期质量和体检质量两个方面，以便进行分析研究。

（三）客户服务质量改进

客户服务（Customer Service），是指一种以客户为导向的价值观，它整合及管理在预先设定的最优成本——服务组合中的客户界面的所有要素。广义而言，任何能提高客户满意度的内容都属于客户服务的范围之内。通常，由于客服服务态度不能够满足顾客的需求，令客户望而止步。而服务态度作为DSR评分中的最重要的一项评分，可见服务质量的重要性。客服应先修好内功，用心去服务好每一位到来的顾客，提高客户的体验度，不仅能引导消费者购买商品，提高客单价，并且让其成为回头客才是关键所在。应尽量做到如下几点：

1. 对待顾客要热情，切勿冷淡

"亲，你好""好的""谢谢"等，诸如此类诚恳礼貌的词汇是高质量服务的前提，大多数卖家以为自己的态度已经足够好，唯买家是从。但盲目的热情和一味客套的话买家们不一定都买账，这个时候客服不如转换一下思路，适时引导买家，实实在在地回答买家的疑问、需求。针对不同的客户应该采取不同的沟通技巧，在笑脸相迎的同时要学会察言观色、拿捏时机，贴近顾客的性格和想法再针对性地想办法处理、见招拆招，让客户感受到客服的真诚，然而服务不仅仅是用热情的态度就足够，最重要的还是要及时的跟顾客交流，服务的最终目的应该是帮助他们解决问题。

2. 避免用命令的方式去对待顾客

与顾客交流时，应该设法的调节客服跟买家之间的气氛。如果客服以平易近人的方式提问，会使客户觉得这个店铺的客服比较容易的沟通，这样的气氛就是和谐友好的开始，说服也就变得较为容易了，从而提高客单价；反之，在交谈中不能够用以服务至上的心态，而是拿出一副气势凌人的架子，那么肯定会丢失一个顾客甚至更多，尽量做到以退为进。

3. 消除顾客对卖家的疑虑

客服在与顾客交流说服时，顾客心里也许有些疑惑，这时候，客服要想说服成功，就要尽可能的消除对方的防范心里。作为买家，经常会有诸如此类的想法：

这个店铺的信誉那么低，宝贝没有评价，产品质量（效果）会不会不好呢？

收到会不会不满意、不喜欢呢，卖家让不让退换货，运费由谁负责等问题。

那么，消除顾客对我们宝贝有所疑虑的有效方法就是，尽可能让顾客认清事实，告知他本店已加入消保，支持七天无理由退换货等保障买家的利益，让顾客更加理性地消费，不要盲目去夸大产品的效果，要不然最终如果没有达到，等待你的就是失去这个顾客，失去这个能给企业带来利益的顾客。所以客服必须客观告诉顾客产品的效果，这样更能取得顾客对我们的信赖。

4. 如何应对顾客还价、议价

每一个卖家都明白要服务态度好，对买家提供细致周到的服务至关重要。那么，客服如何应对买家的讨价还价呢？

G：Hi! Can you make it a little cheaper?

K：Hi! Thanks for your interest in our items. In fact the price is reasonable and has been carefully calculated. It leaves us limited profit already. I'm sorry we cannot offer you any discount.

G：OK. Thank you.

像这样的顾客很大方，我们说不能议价，一般都不跟我们议价了，对于这样的顾客我们要表示感谢，主动的告诉我们店铺现在进行的优惠活动，尽量的去赠送小礼物以表谢意，让顾客在购买中获得一些意外的小惊喜，大家就可以皆大欢喜，各取所需了。

但是，有的顾客还是会试探性地问问是否能够优惠点卖给他们：

G：Hi, may I have a lower price?

K：Hi! Thanks for your interest in our items. Our goods are well worth buying and it is the best price we can give. The feedback of the good is satisfactory so far. So we cannot offer you lower price.

对于这样的顾客我们应当坚定地告知其不能议价，且用上述说法去引导顾客进行购买。

针对爱占小便宜的客户，硬是要讨价还价：

G：Hi! Couldn't you just give me a lower price? I will ask more of my friends to come to your shop, OK? And I promise to leave positive feedback or reviews for you.

这种情况我们一般从其他活动或赠品的角度上来引导客户。

K: I am sorry to tell you that we cannot offer you a lower price, but if you buy the items and pay it directly, we can provide you either a free delivery or a small gift.

客服一定要懂得委婉地拒绝他的要求，不要因他的威胁和祈求做出妥协。同时，有可能的话还可以提供店铺热卖的宝贝或者价位稍微便宜的给顾客做下参考。

5. 如何推动连带销售

一般情况下，卖家会在顾客咨询完购买了，觉得交易就结束了，而那些有心的卖家们觉得才刚刚开始，他们能够在顾客咨询完、购买后，根据了解到的买家需求，确定购买的东西，去分析一下用户们购买的东西里面还需要点什么，这是连顾客都没有想到要购买的。那么，我们应当主动的去告知顾客：

Hi! Dear customer! May I give you one suggestion? You may save much of the delivery charge if you buy one more of the items. Moreover, you will receive our free gift.

一般情况下，买家会因此而被说服，觉得卖家很贴心，让自己不用来回折腾。这样，我们也提高了客单价，甚至提升了买家对服务质量的评分。多问，多推荐，一定能推动连带销售。

6. 见招拆招，客服有心机

不同的顾客总是会问到各种千奇百怪的问题，如何能够找到适合回答问题的标准答案，再利用快捷短语来缩短顾客咨询回复的时间？尤其是参加一些像天天特价之类的活动，一个客服要面临几十个、上百个用户咨询的时候，如何应对？从顾客咨询前打招呼、宝贝的介绍、以及应对买家议价，对于物流的提问还有繁忙时的自动回复，每个卖家都要设置各个方式的快捷短语，下面，根据自己店铺的需求定下快捷短语吧：

打招呼：Hi! What can I do for you?（微笑表情）

介绍客户到店购物：Hi! My dear customer! Our goods are of high quality. They are soft and comfortable. All the items sold on our website are all original brand, not magazine photos. Please feel free to buy.

顾客客议价：Hi ! Dear customer! The prices in our store are the bottom price. The goods are really worth buying. And bargaining is not allowed in our store. We really appreciate your choice of our store and you will receive a small gift as a token of our appreciation.

修改价格：Hi! The price has been modified for you. You may pay directly for your chosen items. Please tell me after your payment and I'll verify your information again. Thanks!

质量好坏：Our goods are the original products manufactured by our factory and the quality of the products is strictly under supervision. Please feel free to buy!

物流查询：Would you please wait for a moment? We will check for your right away!

顾客刁难：Hi! Sorry to tell you we can do nothing about it. We look forward to doing business with you again.

宝贝没货：Hi! My dear customer! The item you have chosen is out of stock now.

咨询量大：Hi! I'm really sorry to answer your question until now because we have a lot of customers online at the same time. Thank you for your consideration.

售后前语：I feel awfully sorry for that. We will take immediate action to satisfy your needs. Thank you for your understanding.

结束语：After you received the goods, please contact us any time if you are not satisfied with our goods or service. We will provide you satisfactory service! Wish you a nice day!

（四）客户服务质量审核

①考核者依据制定的考核指标和评价标准，对被考核者的工作业绩、工作能力、工作态度等方面进行评估，并根据考核分值确定其考核等级。

②考核者应熟悉绩效考核制度及流程，熟练使用相关考核工具，及时与被考核者沟通，客观公正地完成考评工作。

第一，咨询量（10分）

通过用户和客户交流的记录，我们可以统计出该客服某个时间段内接待了多少访客。

第二，成交量（10分）

通过成交的用户与客服服务的客户两个交集便可比对出该客服的成交量，这是客服为卖家带来的直接收益，也方便卖家给客服发放佣金提成。

第三，成交率（10分）

成交率=成交量/咨询量，这是考核客服服务质量和营销质量的一个重要指标。

第四，响应时间（10分）

该指标是指一个客户开始咨询之后，您的客服首次回复的速度，响应时间过慢，会造成客户的流失。

第五，服务态度（10分）

卖家可以通过设置服务质量关键词，比对客服的回复，可以根据出现次数对客服的服务态度做出评价。

第六，退单率（10分）

同成交量的原理一样，我们一样可以比对出单个客服的退单量，子订单退单量/子订单总成交量=退单率，目前也成为很多商家衡量客服服务质量、商品描述的一个重要指标。

第七，上货正确率（10分）

根据上货的错误数/上货的总数=上货正确率．

第八，月销售增套数（月目标数为如果为10套）

每完成一套加一分。10套满分，不限制分数。

第九，个人自评分（10分）

第十，直属领导评分（10分）

考核者必须熟悉绩效考核制度、量化指标及考核流程，熟练使用绩效考核工具，并在考核、赋值的过程中及时与被考核者（客服人员）沟通，力争客观、公正地完成考评工作，保证考评工作的顺利、有效开展。

以上程序完结后，还需要员工做出自我评定，主管负责人也需要结合员工工作成绩及平时表现对员工做出客观评定。员工自评和主管评定也将作为个人最终等级评定及奖惩的参考依据。

对各个被考评者的各指标考核分值进行加总，并由高到低做出排序。

根据加总分值，将客服人员分为初级客服、中级客服和高级客服三个等级。其中两次考评中，分值都在 90 分以上的，该客服人员客服等级将被定为高级客服；两次考核分值都在 80~90 分的，客服等级定为中级客服；两次都在 70~80 分的，则视为初级客服。被考核者其中一次考核总分低于 70 分者将给予提醒并进行深度访谈，经指导仍低于 70 分者将予以淘汰。客服人员考核等级不同，所对应的薪资水平、岗位奖金等也不同，旨在鼓励创优争先。

每一季度或每一年度还将基于本阶段内客服员工的总体工作业绩，评选出季度或年度"最佳客服专员""优秀客服专员"若干名，其中最佳客服专员占全体客服人员的比例不得超过 5%，优秀客服专员比例不得超过 10%。获得此类奖项者将给以特别奖励，如颁发特别鼓励奖或奖励旅游。

为保证客服考核制度的完善和考核结果的有效、公正，特此设定考核申诉这一特殊程序。对于部门及主管负责人做出的考评结果，如有异议，员工可直接向部门主管提出申诉，先由部门主管进行协调，经协调仍有异议的，可向公司人事部门提出申诉，由人事部进行具体调查，予以协调，切实保证考评结果的客观、公正。

（五）客户服务质量考核

客服服务质量考核可以通过对客服人员的综合考核和绩效考核来实现。

1. 综合考核

综合考核满分为 100 分，在综合考核的基础上，根据客服的具体表现可加分或扣分。综合考核的具体项目如下：

客服人员考核项目	
1. 工作情况（业绩和考勤）	
个人订单转换率	10 分
个人的销售总量和订单量	10 分
个人考勤情况	10 分
2. 工作交接及完成情况	
个人交接班完成情况	10 分
单独处理突发情况的能力	10 分
3. 客户回访满意度	
回访订单转换率	10 分
客户评价满意度	10 分
4. 业务素质和能力	
客服人员的业务知识、商品知识	10 分
客服人员的日常管理工作	20 分

（1）加分标准

A. 当月工作量、质量为客服之首，并且无违规事件 5 分。

B. 客服考试分数为满分 5 分。

③ 突发情况或活动期间在人手不足的情况下，能随叫随到来公司顶班 5 分。

④ 在完成本职工作的情况下，能完成上级提出的额外任务 5 分。

⑤ 当月有效投诉率为零 5 分。

⑥ 对整个客服团队的管理能提出合理化建议，经试行后效果理想的 5 分。

（2）扣分标准

轻度违规：

① 工作时间未使用普通话 2 分 / 次。

② 交接班后本人办公桌面凌乱 2 分 / 次。

③ 当班值日人员下班后未完成打扫卫生工作 2 分 / 次。

④ 迟到、早退 2~5 分 / 次。

⑤ 未能认真记录填写交接班记录及相关表格 5 分 / 次。

⑥ 当班时间未能及时回复顾客申诉，回复申诉不耐心、不友好 2 分 / 次。

⑦ 当班时间离开工作岗位超过 5 分钟，未告知上级 2 分 / 次。

⑧ 未能及时有效地执行客服的工作 2~5 分 / 次。

⑨ 上班时间谈论与本职工作无关的事情 1~2 分 / 次。

⑩ 在办公区域大声喧哗、影响他人工作 2 分 / 次。

⑪ 在办公区域抽烟或就餐或吃零食等 5 分 / 次。

⑫ 客户信息录入错误 2 分 / 次。

⑬ 主管抽查时出现错误 2 分 / 次。

⑭ 不按时下班，使用或浪费公司资源 2 分 / 次。

中度违规：

① 工作时间观看在线播放的电影、玩游戏或挂淘宝等私人店铺 10 分 / 次。

② 晚班下班后离开办公室前没有关窗、空调、灯等 10 分 / 次。

③ 虚报工作量 10 分 / 次。

④ 当班时间异常情况未能及时反映或者知情不报 10 分 / 次。

⑤ 忽略未处理的问题或工作记录 10 分 / 次。

⑥ 未经请假缺席部门例会 10 分 / 次。

⑦ 客服考试不合格 10 分 / 次。

⑧ 未在流程控制时间内处理突发时间超过 11~30 分钟 10 分 / 次。

重度违规：

① 无故旷工 20 分 / 次。

② 当班时间与客户发生口角争执或冲突（有效投诉）20 分 / 次。

③ 将非公司人员带入工作区域 10 分 / 次。

④ 未经允许私自拆卸公司的设备带出公司 20 分 / 次。

⑤ 当月未履行客服人员的工作职责 20 分 / 次。

⑥ 未在流程控制时间内处理突发事件，超过 30 分钟以上 20 分 / 次。

2. 绩效考核

绩效考核指标是员工工作业绩、工作能力的量化形式，通过各量化指标的考量可以体现客服人员的工作业绩、能力和态度。基于客服岗位自身的工作性质和工作内容，客服人员绩效考核指标主要分为以下几个方面：

①指标完成率。指标完成率，即特定月内通过客服人员实际完成的销售额与计划所要完成的销售额之间的比率，表示为实际销售额 / 计划销售额，如 A 万 / 月。

②咨询转化率。咨询转化率，即顾客向客服咨询服务的人数到最终下单人数的个比率，表示为最终下单人数 / 咨询人数。

③下单成功率。下单成功率，即顾客下定单的人数到最终付款人数之间的比例，表示为最终付款人数 / 下单人数。

④客单价。客单价，即特定时间内每个客户购买本店商品的额度，是本旺旺落实且最终付款的销售总额与下单付款的客户总人数之间的比例，表示为特定时期内销售总额 / 付款客户人数。它充分体现了客服人员的客户亲和度和工作能力。

⑤旺旺回复率。旺旺回复率，即客服人员通过旺旺做出回复的客户数与总接待的客户数之间的比率，表示为回复客户数 / 总接待客户数。如对所有接待的客户都予以回复，则回复率为 100%。

⑥旺旺响应时间。旺旺相应时间，指每一次自客户咨询到客服做出回应这一过程之间时间差的均值。一般来说，40 秒的响应时间是相对正常的，熟练的客服会把响应时间控制在 20~30 秒，它直接关系着对客户态度和客户关系的维持。

⑦协助跟进服务。本项只作为一种工作情况的参考，会根据具体情况做具体调整。

⑧执行力。执行力，即客服人员特定时间内所完成上级主管交代任务的情况，本项则由上级主管基于客服人员工作实情做出考量，赋予分值。

上述各项指标主要依据客服人员的实际工作情况，依据考评系统所对应数据进行统计。此外，在实际考评中除了主管结合客服人员实际工作表现做出评价外，客服人员自身也有自评的权利和义务。最终的考核结果将是对上述各个指标考评结果的综合评价。

六、综合案例解析

应对不同情境的客服回复邮件的案例

无论在任何情境下，跨境电商客服人员在回复客户邮件时都应该做到礼貌回复，耐心解释。在措辞和语气上，要特别注意。以下为不同情境下，客服人员回复客人的邮件。

案例1：普通情况取消订单

Hi,

Thanks for your promptly message.

Please don't worry about it. We'll cancel the transaction for you later.

If you have any further questions, please feel free to contact us.

Wish you a nice day.

Kind Regards,

XX

Customer Service Team

案列2：因缺货取消订单

Hi,

Thanks for your purchasing.

We're so sorry to inform you that for the items you ordered, we found that the suppliers have sent WRONG items to us. And now we have arranged a new sourcing for the CORRECT ones.

The new batch might take about 2 months to come.

We really couldn't keep you waiting for such a long time, we'd love to cancel the order for you first so that you could buy the item elsewhere immediately. Beg your kind understanding in this serious matter.

If you still need the item when our correct new batch comes, we welcome you to come back to our shop and we'd love to give you a special discount.

Should you have further questions, please feel free to contact us.

Wish you a nice day.

Kind Regards,

XX

Customer Service Team

案例3：买家想更改地址

Hi,

Thanks for your promptly message.

Please don't worry about it. We'll change the address for you and send the parcel out as soon as possible.

Hope you will get it soon.

If you have any further questions, please do not hesitate to contact us.

Wish you a nice day.

Kind Regards,

XX

Customer Service Team

案列 4：买家想更改物品

有时买家可能会买错 size 或者其他原因需要更改物品，在二者价格一样的情况下，我们可以帮买家更改物品。

Hi,

Thanks for your promptly message.

Please don't worry about it. We'll change the item for you and send it out as soon as possible.

Hope you will get it soon.

If you have any further questions, please do not hesitate to contact us.

Wish you a nice day.

Kind Regards,

XX

Customer Service Team

【知识总结】

8个客服小技巧搞定准客户

1. 二选其一：假定准顾客已经同意购买

许多准客户一再出现购买信号，却又犹豫不决拿不定注意时，在线客服可采用"二选其一"的技巧。譬如，客服可对准顾客说：Would you prefer the grey mobile phone or the silver one?（请问您要那部浅灰色的手机还是银白色的呢？）或是说：Which day would you like the delivery to be made, Tuesday or Wednesday?（请问是星期二还是星期三送到您府上？）。此种"二选其一"的问话技巧，只要准顾客选中一个，其实就是你帮他拿主意，下决心购买了。

2. 称心如意：帮助准顾客挑选

许多准顾客即使有意购买，也不喜欢迅速签下订单，他总要东挑西挑，在产品颜色、规格、式样、交货日期上不停地打转。这时，聪明的客服就要改变策略，暂时不谈订单的问题，转而热情地帮对方挑选颜色、规格、式样、交货日期等，一旦上述问题解决了，你的订单也就落实了。

3. 过了这个村就没了这家店：利用"怕买不到"的心理

越是得不到、买不到的东西，越想得到它、买到它。客服可利用这种"怕买不到"的心理，来促成订单。譬如，客服可对准顾客说："这种产品只剩最后一个了，短期内不再进货，您不买就没有了。"或说："今天是优惠价的截止日期，请把握良机，明天您就买不到这种折扣价了。"

4. 放长线钓大鱼：先买一点试用看看

准顾客想要买你的产品，可又对产品没有信心时，客服可建议对方先买一点试用看看。只要你对产品有信心，虽然刚开始订单数量有限，然而对方试用满意之后，就可能给你大订单了。这一"试用看看"的技巧也可帮准顾客下决心购买。

5. 欲擒故纵：假装没空理会

有些准顾客天生优犹寡断，他虽然对你的产品有兴趣，可是拖拖拉拉，迟迟不做决定。这时，客服不妨故意装着很忙要接待其他顾客，做出无暇顾及他的样子。这种很忙的举动，有时会促使对方下决心。

6. 拐弯抹角：反问式的回答

所谓反问式的回答，就是当准顾客问到某种产品，不巧正好没有时，就得运用反问来促成订单。举例来说，准顾客问：Do you have slivery white mobile phone?（你们有银白色手机吗？）这时，客服不可直接回答没有，而应该反问道：Here we have pink, brown and white, which color do you prefer?（抱歉，我们现在只有白色、棕色、粉红色的，这几种颜色里，您比较喜欢哪一种呢？）

7. 快刀斩乱麻：简单粗暴

在尝试上述几种技巧后，都不能打动对方时，客服就得使出杀手锏，快刀斩乱麻，直接要求准顾客签订单。譬如，直截了当地对他说：If you don't want to miss out the good chance. Buy the items and pay directly!（如果您不想错过好东西的话，就快下单吧！）

8. 甘拜下风：拜师学艺，态度谦虚

在客服费尽口舌，使出浑身解数都无效，眼看这一笔生意做不成时，不妨试试这个方法。譬如：Although I am well aware that our products will satisfy your needs, I was not able to persuade you to buy because of my poor eloquence. Please point out my fault and offer me a chance to make some improvement.（虽然我知道我们的产品绝对适合您，可我的能力太差了，无法说服您，我认输了。不过，请您指出我的不足，让我有一个改进的机会好吗？）像这种谦卑的话语，很容易满足对方的虚荣心，而且会消除彼此之间的对抗情绪。他会一边指点你，一边鼓励你，为了给你打气，有时会给你一张意料之外的订单呢！

【知识检测】

问题一：什么是客户价值？

客户价值（Customer Value）有两个方向的理解：一是客户对产品属性、属性效能以及使用结果的感知偏好和评价，也可以说是从客户的角度来感知企业提供产品和服务的价值。二是企业为客户创造或提供的价值，客户价值更多地被认为是为客户创造的价值。以此对应，客户为企业带来的价值也称"关系价值"。

问题二：什么原因会造成客户的流失？

客户的流失有可能是由于以下原因造成的：一是公司人员流动导致客户流失；二是竞争对手夺走客户。三是市场波动导致失去客户；四是细节的疏忽使客户离去；五是诚信问题；六是店大欺客，客户不堪承受压力；七是企业管理不平衡，令中小客户离去；八是公司管理上的不规范，长期与客户缺乏沟通，或者客户转行转业等导致客户自然流失。

问题三：如何能与客户进行有效沟通？

首先，客服人员需要有热情、积极的态度，虽然网上与客户交流时看不见对方，但是网上交流的言语之间、表情还是能把卖家的热情和积极的信息传递给客户。其次，采用礼貌的态度和谦和的语气。客户服务人员应主动和客户问好和表示欢迎，诚心致谢是一种心理投资，不需要付出任何代价却可以收到非常好的效果。再次，坚守诚信。由于客户看不见实物，客户服务人员应诚实地介绍商品的优缺点，耐心给客户解答对商品的疑问，向客户推荐最适合的商品。最后，如承诺客户提供某些附赠的产品或答应顾客的要求时，就必须履行承诺，不能出尔反尔。

问题四：提高客服服务质量有哪些方法？

7R标准更适合量化：合适的客户（Right Customer）、合适的产品和服务（Right Product）、合适的价格（Right Price）、合适的时间（Right Time）、合适的场合（Right Place）、合适的方式（Right Way）、合适的需求（Right Want or Wish）。

问题五：如何对客服服务质量进行考核？

服务质量专员绩效考核可以围绕以下几个方面进行：

服务质量报表管理、服务质量改善建议管理、客户回访管理、信息资料归档管理、客服流程改进管理、客户管理等。

问题六：客服服务绩效考核的主要指标有哪些？

客服人员绩效考核指标主要分为以下几个方面：

（1）指标完成率。（2）咨询转化率。（3）下单成功率。（4）客单价。（5）旺旺回复率。（6）旺旺响应时间。（7）协助跟进服务。（8）执行力。

【拓展阅读】
超越顾客的期望——海尔的"星级服务"

海尔集团就是一个时刻在与顾客的需求赛跑，不断超越顾客期望的企业。

海尔集团于1998年推出"国际星级一条龙服务"。其核心内容是从产品的设计、制造到购买，以上门设计服务到上门安装，从产品使用到回访服务，不断满足用户新的要求，并通过具体措施使开发、制造、售前、售中、售后、回访各环节的服务制度化、规范化。

从 1994 年的无搬动服务、1995 年三免服务、1996 年先设计后安装服务、1997 年的五个一服务、1998 年的星级服务一条龙、1999 年海尔专业服务网络通过 ISO9000 国际质量体系认证、2000 年星级服务进驻社区、2001 年海尔空调的无尘安装、2003 年海尔又推出了服务新举措——海尔"全程管家365"，全国 20000 名海尔家电"全程管家"一年 365 天为用户提供全天候上门服务，海尔的星级服务已经经历了十次升级，每次升级和创新都走在同行业的前列。

海尔人为服务也是产品，只有通过持续性服务产品的创新和超越，才能拉开与竞争对手的距离，形成差异化的服务，提升海尔服务形象，最终创造用户感动。

顾客不满意的表示＝投诉

顾客感到不满意后的反应不外乎两种：说出来，不说。

据一项调查表明：在所有不满的顾客中，有 69％的顾客从不提出投诉，有 26％的顾客向身边的服务人员口头抱怨过，而只有 5％的顾客会向投诉管理部门投诉。

投诉需要分为有效投诉和无效投诉吗？

既然投诉是顾客不满意的表示，投诉就是顾客对产品和服务质量的一种感受，那我们能说顾客的感受是有效的还是无效的？只要是顾客真实的感受，就是有效的。判断有效投诉还是无效投诉的，其核心就是明确责任的归属问题，除了在处罚当事人的问题有帮助外，对问题的决绝并无实质性好处。

顾客投诉表明他们遇到了麻烦，他们希望公司能尽快地解决他们的问题，而不是去先回答一大堆的问题，去确定是谁的责任。相反，一收到投诉就急着认定责任，会给投诉者一种推卸责任的感觉，引起顾客的反感，不利于问题的解决。

导致顾客不满的原因通常会有：

1. 他的期望和要求没有得到满足；

2. 产品出现故障；

3. 他本来就是强词夺理，不考虑别人感受的人；

4. 他心情不好，看谁都不顺眼；

5. 他觉得你做出的承诺没有兑现，说道没有做到；

6. 你公司的员工误导了他；

7. 他来了半天，没人理睬；

8. 他和你或你的同事发生了争论，并且输了；

9. 他觉得你损害他的利益，导致他遭受损失；

10. 你的工作效率太低，无法忍受；

11. 你没有足够的资质来解决他的问题。

顾客投诉的原因分析

顾客投诉的原因可以归纳为两种：结果不满意和过程不满意。

结果不满意是指顾客人为产品和服务没有达到他们预期的目的，产生应有的利益或价值。例如，购买的产品存在质量问题、短斤少两、飞机延误、行礼破损、商品以劣充好，等等。结果不满意的关键特征是顾客遭受了经济损失。

过程不满意是指顾客对在接受产品和服务的过程中感受的不满意，如服务人员言行粗鲁无理、送货不及时、搬运粗暴、手续烦琐、电话无人接听，等等。过程不满的关键特征是最终的结果虽然符合要求，但顾客在过程中感觉受到了精神伤害。

识别导致顾客不满意的原因：

顾客表示不满意是因为顾客的需求和组织提供的产品和服务之间存在差距。

这些差距包括：

理解差距：客户期望与管理者对客户期望的理解之间的差距，即不能正确理解顾客的需求；

程序差距：目标与执行之间的差距，即虽然理解了顾客的需求，但没有制定相应的工作流程和规范来保证满足顾客需求；

行为差距：服务绩效的差距，即虽然有工作流程和规范，但得不到有效的执行；

促销差距：实际提供的产品和对外沟通之间的差距，即顾客得到的产品质量达不到组织的宣传和承诺的水平；

感受差距：顾客的期望与服务感知间的差距，即组织提供的产品质量不能被顾客完全感受到。

投诉的顾客是我们真正的朋友

遇到投诉当然不是件愉快的事情，通常你的第一反应是什么呢？

1. 投诉者是找碴；

2. 他们想从我这里得到点好处；

3. 说过很多遍了，为什么还不懂；

4. 烦死了，又不是什么大不了的事；

5. 这不归我管。

许多客服人员把投诉当成一个"烫手山芋"，希望最好不要发生，如果发生了最好不是我接待，如果是我接待最好不是我的责任，他们把投诉的客人当成敌人。有句西方的谚语说："没有消息就是好消息。"可是对于一家公司来说没有投诉的声音未必是个好消息。

所有不满意的顾客中只有5%的顾客会正式提出投诉，投诉者是自告奋勇地代表其他19名顾客来向我们报告公司存在的问题，如果没有他们存在，你将不知道自己的产品是否存在问题，也不知道如何去改进自己的产品。因此投诉者应该受到我们的尊重，应该得到我们的感谢，他们是我们真正的朋友。

顾客的投诉可以成为你改进和创新业务的最好同盟。同盟指出你的系统在什么地方出了问题，哪里是薄弱环节；他们告诉你产品在哪些方面不能满足他们的期望，或是你的工作没有起色；他们指出你的竞争对手在哪些方面超过了你，或你的员工在哪些地方落后于人……这些都是公司给咨询师付费才能获得的内容和结论，而投诉的顾客"免费"地给了你！

投诉的信息是企业资源

顾客投诉的信息如果能被正确对待和处理，那么将是企业非常有价值的资源。顾客投诉的内容五花八门、千奇百怪，但其中可能隐藏着我们容易忽视但又非常有价值的信息，可以帮助我们在产品设计、工作流程、服务规范等方面进一步改进。

客户服务人员必须重新认识投诉的价值：

1. 投诉的顾客是我们的朋友，不是敌人；

2. 投诉可以让我们认识到不足，并加以改进；

3. 投诉给了我们第二次机会来避免顾客的流失；

4. 应该鼓励顾客投诉；

5. 投诉信息是公司的一项亟待开发的宝贵资源。

第八章　跨境电商客服人员素质要求

【知识要点】

一、熟悉跨境电商客服人员的主要职责

二、了解跨境电商客服人员应具备的个人修养、心理素质和专业素养

三、培养跨境电商客服人员的综合能力

【核心概念】

个人修养　心理素质　专业素养　综合能力

【情景导入】

客服沟通的三个技巧

情境一：

客户：Hi！ I'm sorry to tell you that I didn't buy the products I have chosen yesterday because I have no money in my bank account. Now , I'd like to buy it. Can you give me the original price? I found the price of today is 50 yuan more. If I were you, you would not buy it, right? So would you please modify the price to the original one?（你好，昨天我的卡里没钱，所以没有买，能否给我昨天的价格呢，今天贵了50元，是你，你也不会买吧，就帮我改一个价格吧！）

客服：Hi！ I'm sorry to say that I can do nothing about it. For you, it is not worth mentioning. But to our company, it is the principle. We should take equality into consideration for our customers. Don't you think it is right?（亲，这个还真有点不好办呢，怎么说呢，对于您来说可能就是50元的事，但是对我们公司来说这个是原则问题，因为公司要考虑到对客户的公平性，您让公司做生意，抛弃原则也不好吧？）

【分析】

客服遇到这种情况，应以平和地语气、适当地让步，以灵活的方式应对。可以这么回答：Hi! My dear customer! I understand the situation and I can report your situation to our superiors. And how about we meet each other halfway? We offer you extra 20 yuan for that. Is it OK? Thank you for your understanding.（亲，您这个想法我也能理解呢，我也和主管说明了一下情况，这边可以给您一下折中的方案，给您额外优惠20元，您看这样可以吗？毕竟公司确实有公司的立场，虽然说做生意要灵活一点，不过还希望您多多理

解一下我们公司。）回答问题的前提，就是千万别让自己站在客人的对立面，你可以把所承受的压力转嫁到公司、主管上面去，然后自己做出中肯的建议。适时可以打出感情牌，例如：Hi! I'm sorry I can do nothing about it. I'm the customer service staff and I am not allowed to offer you the original price.（亲，我一个月工资就XXX元，这个给你的优惠都要从工资中扣，您就别为难我了。）或者Thank you for your understanding. If the matter is not properly handled, my salary will be deducted.（这个问题没处理好，我就要被扣工资，所以你就体谅体谅我。）博取客户的同情心来说服客人。如果是价格差距不大，或是时间较长，就可以不退步，你要相信自己是正义的一方，让客人从情感道德上感觉他这么做的不合理性，从而对我们进行一定妥协。

情境二：

客户：Can you give me a lower price?（价格可以再低一些吗？）

客服：I'm sorry the prices are all set and we cannot modify the price. And the products we offer are of the best price. Besides, we offer free delivery.（因为修改不了价格，所以我们发布的商品都是最优惠的啦，而且我们还是XX包邮。）

客户：I still feel that the price is a little bit higher. 200 yuan for a shirt is more expensive than I expected.（再优惠一些，还是感觉贵了，毕竟一件衬衫得200多元呢？）

【分析】

遇到客户议价的情形，抓住客户的心理，说服客户购买的技巧十分重要。可以采取以下方式应对客户：Hi! This shirt is really worth the price and it is the best price we can offer. I believe you will notice that there is big difference compared with the poor quality shirt and you should pay more attention to the quality of the shirt, right?（亲，对于这款衣服来说，价格真的很优惠啦，而且我觉得您既然买200多元的衣服，肯定更看中衣服的品质吧，而不是价格，要不还不如去选五六十元的衬衫呢，所以您就不要去纠结这个价格啦！）正常人都会认为这么说是对的，我们的意思就是你买200多元的衬衫不应该再去纠结10元、20元的优惠了，相信衣服肯定会让您满意的！最后在做一下引导很重要，你告诉他，你应该更在意衣服的品质，而不是价格，然后恰好我们的衣服品质很好。

情境三：

客户：I think maybe it is not right for me and I need a second thought before I buy it.（我再考虑一下，就怕不合适。）

客服：You don't need to worry about it. According to the specifications you offer and our experience, I believe that it is the right choice for you.（您不用担心，按您刚才提供的尺寸和我们以往的经验，这款十分适合您。）

【分析】

遇到客户会犹豫商品大小、颜色的情形，客服人员应提醒客户网店可以提供免费退换货的服务。可以以此回答客户：Hi! You don't need to worry about that. Even though it is not right for you, you can return it or exchange for another one. It is well worth taking you a little time and money for what you like. Don't you think so?（亲，其实您不用这么纠结呢，就算到时候不合适，我们也是可以退换货的，毕竟网购总会有这种情况，虽然这样麻烦一些，再花费几元运费，不过为自己喜欢的东西麻烦一点或付出一些也是应该的。您觉得呢？）任何成功说服，都来自于有效的表达，你不仅要让你说出的行为合理性高，而且还要能有效的表达，条理要清晰。如果开始不习惯，就多用一时间先去优化快捷短语。了解对方的动机，并判断对方的下一步，这样你才能知道自己下一步要做什么，先下手为强，是行为之势中非常重要的一点。

一、跨境电商客服人员个人修养

客服在网店里被定义为奋斗在一线的岗位，无论是对业绩还是运营指标的影响，都是至关重要的。客户服务人员的职责是负责接待客户、接受咨询、介绍产品以及向客户提供售后服务，是网店和客户之间的桥梁。客服人员在网店中兼有多重身份，可以是"形象代言人""咨询顾问""销售员""调解员"和"管理员"等，涉及与客户接触或相互作用的各个方面。客服人员为网店留住老客户、发展新客户，并对网店的生存和发展起着十分至关重要的作用。因此，客服人员应具备良好的个人修养：

1. 热情有礼、尊重他人

客服人员与客户进行的沟通多数在网络上进行，由于不是面对面的沟通，往往看不见对方的表情和动作、听不见对方的声音，因而在网络上进行文字沟通时可以用诸如"Hi""Hello"等来表示出热情，给客户来带好感。

2. 谦逊平和、信守诺言

诚信交易，服务至上，这是商家的必备素质。有关产品的真实情况，客服人员应该真诚、及时、如实地告知客户，尽可能对产品进行详细地描述，可以向客户推荐类似的商品，通过比较优缺点，让客户选择更适合的产品。此外，若向客户承诺免运费或有赠品，就一定要履行诺言，说到做到。

3. 忍耐宽容、敢于担当

一般来说，在买卖过程中，买家投诉卖家发生的情况较多，客服人员在处理过程中，应秉承忍耐宽容的态度，根据实际情况来协商解决问题，在遇到由于商品而导致的退货问题，切不可推卸责任，必须先向客户真诚道歉，承认自己的不足，与客户协商解决的方式，无论是退换货、退款或是给予一定的赔偿方式，一旦承诺落实工作一定要及时到位。

4. 团结互助、共同进步

客服人员团队是一个具有向心力的团队，团队成员之间应相互配合，分析客户的购物心理以及服务需求，加强与客户之间的良好关系，培养潜在客户，共同拓宽客户群；在业务上相互学习共同提高服务水平。

二、跨境电商客服人员心理素质

1. 要有能有效处理突发事件的应变能力

客服人员每天都面对不同的客户，不同客户有不同的需求，对于突发事件要在不违背基本原则的基础上进行灵活有效地处理，确保客户理解和满意。

2. 要有能承受打击和挫折的能力

在售后服务中，有可能出现客户要求无理由退货、退款或拒绝支付的情况，面对客户的刁难要有承受打击和挫折的能力，心理层面要求抗压力强，不要气馁，争取与客户进行协商，共同解决遇到的问题，要有打不垮、击不倒和保持永远积极进取的精神。

3. 要有情绪的自我掌控力和调节能力

客服人员经常会碰到顾客的抱怨甚至责骂，若遇到客户投诉时，客服人员需要有良好的情绪自我掌控力和调节力，耐心倾听客户的陈述，了解清楚客户的诉求，找出问题的所在并向客户做出必要的解释，使客户增加对自己的信任感。

4. 要有良好的耐力和持续的工作热情

每天，客户服务人员需要面对不同的客户，需要处理的问题较为琐碎，加上工作时间长，良好的耐力和持续的工作热情对客户服务人员来说是必不可少的。

5. 要有积极上进、永不言败的良好心态

学习是进步的源泉，也是提升个人素质的必要方法。客服人员应根据自身特点做好职业发展规划，自觉加强自我素质与修养的提升，不断积累经验，从而才能在将来的工作中获得发展升迁的机会。

三、跨境电商客服人员专业素养

（一）掌握商品知识

一个具备丰富专业知识和沟通技巧的客服人员，在客户购物选择商品时，能够给客户提供建设性意见，消除客户的疑问并协助客户挑选适合的商品，给客户提供满意的服务。因此，客服人员应熟悉店内所销售的所有商品，包括种类、材质、尺寸、用途、注意事项等。另外，也需具备同行业相关的知识、商品的使用方法、简单故障的处理方法和保养方法等。主要包括如下几点：

①了解商品的功能和用途。

②商品的使用期限。

③商品的使用方法、简单故障的处理方法和保养方法。

④商品的设计风格与特色。

⑤商品的色彩、材质、制造工艺和加工的技术。

⑥商品的商标、包装和标志及意义。

⑦商品的附送赠品及优惠活动。

⑧商品的售后服务。

⑨商品的物流知识，如不同物流方式的计价方式、送货速度、联系方式，懂得如何处理包裹撤回、地址更改、状态查询、保价、问题件退回、代收货款和索赔等处理方式。

⑩熟悉商品的付款交易流程、懂得如何修改价格、关闭交易和申请退款等。

⑪商品的其他相关知识。

（二）基本礼仪

1. 迅速回应客户

顾客首次到访打招呼的时间不能超过 3 秒。打字速度要快，至少要达到 60 字 / 分钟，且坚决杜绝错别字。每次回答顾客问题，顾客等待时间不能超过 20 秒。如回答内容太长，适合分次回答。迅速回应客户可以表现出卖家的热情和诚意，"Hi! Welcome to our store! What can I do for you?" 这样的用语会在瞬间拉近与客户的距离。

2. 热情亲切

在网上与客户进行交流时，客服人员需要做到用语规范、礼貌问候，让顾客感觉热情。避免使用生硬的话语，要做到亲昵称呼、自然亲切、表现真诚。客服的笑脸（阿里旺旺或 QQ 的表情符号）或者一个亲切的问候，能拉近与客户的距离，让客户感到亲切和温暖，给客户树立起网店的良好形象。

3. 了解客户需求。

对顾客的咨询、顾客需求给予准确的回应，做到细心、耐心并快速提供顾客满意的答复。往往客户在咨询时是由于对商品的部分情况不清晰、商品是否有优惠、售后服务的情况如何等，客服人员根据不同需求的客户，通过相应的问题设法了解客户的真正需求，及时回复客户的疑问，促成交易。

4. 进行专业销售

客服人员在与客户沟通时，以专业的言语、专业的知识、专业的技能，回答顾客的问题，解决客户对商品本身的疑虑或者对商品维护保养、售后服务等方面的疑虑，根据客户的需求推荐最适合客户的商品，诚恳地给予建设性的建议。在提供良好的销售服务后，客户对卖家会建立一定程度的信任，让顾客感觉到网店的客服人员具有专业水平，并让客户觉得这次的网购是一次满意和舒心的经历，以便客户再次选购商品时能够选择本店。

5. 主动推荐和关联销售

对于首次到网店购物的客户，客服人员应尽可能提供贴心的服务，根据客户的个性化的需求，向顾客推荐公司的主推款，并给予关联推荐，如与之相搭配的款式或配饰等，为客户选购最满意最适合的产品；对于老客户，客服人员可以根据客户购买记录中偏爱的款式或材质，结合社会流行的趋势，推荐网店的新款或相关的优惠活动，引导客户完成新的交易。

6. 建立信任

通过网上的交谈，客服人员应尽可能地找到和客户共鸣的话题，适时赞扬客户，可以用类似"Thank for your interest in our product. And you really have good taste. This is our latest product."等句子来赞扬客户，也可利用阿里旺旺中的表情表达对客户的赞扬，以富有动感的动画图片拉近彼此的距离，真正地想顾客所想，给顾客恰当建议，建立销售上的信任。在交易成功后，可以向客户发送如"谢谢合作"等握手手势的动画图片，让彼此感到这次交易是双方都满意的，期待下次能继续合作。

7. 转移话题，促成交易

在沟通过程中，如果碰到故意刁难的客户或是针对公司产品的弱势穷追不舍的客户，客服人员应迅速转移话题或是给予相关优惠活动参加的指引，通过和其他产品的比较，突出本产品的优势。要有敏锐的观察力和洞察力，了解清楚客户购买产品过程中的心理变化，要有"客户至上"的服务理念，做好客户的咨询和导购工作以便顺利地促成交易。

8. 体验愉悦

通过提供贴心的服务，让客户体验网购是一种乐趣，既可以获得物美价廉的商品，又可以获得贴心热情的服务。不同的商品适合不同的人群，客服人员需要根据客户的个性化需求，在服务过程中寻找适合客户的产品，帮助客户解决实际的问题。除了对本商品要有充分的了解外，对商品相关的知识，如使用方法、洗涤方法、修理方法和保养方法等也应该有一定的了解，在交流过程中给顾客找准记忆点，强化顾客记忆，给顾客良好的体验并留下愉悦的回忆。

（三）服务语言规范

客服人员在与客户沟通的过程中要做到热情有礼、帮助客户了解产品消除疑问并帮助客户解决遇到的问题，让客户感到舒心和贴心，满意而归。

1. 少用"我"字，多使用"您"或"咱们"等字眼，要让客户有宾至如归的感觉

2. 常用礼貌用语

Please（请）、Welcome to our store（欢迎光临）、Nice to meet you（认识您很高兴）、I hope you can find your satisfactory product here（希望您在这里能找到您满意的商品）、Hello/ Hi（您好）、Would you please...?（请问、麻烦）、Please wait a minute（请稍等）、Sorry to have kept your waiting（不好意思让你久等了）、I am awfully sorry（非常抱歉）、Thank you for your support（多谢支持）等都是常用的礼貌用语。

3. 常用的客服用语有以下几类：

①称呼语：

Dear sir/ madam 先生、女士！

②问候语：

Good morning/ afternoon/ evening! 早上好、下午好、晚上好！

Welcome to our store. 欢迎光临！

③询问语：

Hi! What can I do for you? 您好！请问有什么可以帮助您？

④应答语：

I will check for you right way. 我马上为您查询。

I'm sorry and can you tell me... 对不起，请问……

I will write it down for you. 我马上为您记录。

I will see to it right away for you. 我马上帮您解决。

Don't worry and we will see to it right away. 请别着急，我们马上为您办理。

Sorry to bring trouble to you owing to our negligence in work. 由于我们工作的疏忽，给您添了麻烦，真对不起。

Thank you for your understanding and this is the principle of the company. 因为公司有规定，请您谅解。

You are welcome. That's our duty. 不用谢，这是我们应该做的。

Thank you for you suggestions and we will correct it right away. 您提的意见很好，我们一定改正。

Is there anything else we can do for you? 请问还有什么可以帮到您的吗？

I have written down what you said and would you please confirm that there is nothing left out here? 我已记下，麻烦您确认一下这些信息有没有遗漏？

Your valuable advice and suggestions are welcome. 请对我们的服务多提宝贵意见。

⑤道谢语：

Thank you!/ Thank you very much! 谢谢！ /非常感谢！

Thank you for choosing our product! 非常感谢您选择我们的产品！

Thank you for your cooperation! 谢谢您的合作！

Thank you for your support/ understanding! 非常感谢您对我们工作的支持 / 理解！

Thank you for your valuable suggestions! 非常感谢您给我们的工作提宝贵意见！

⑥道歉语：

Sorry! 对不起、请原谅！

Sorry! I beg your pardon? 对不起，麻烦您将刚才的问题再复述一遍，好吗？

Sorry, that is our negligence. 对不起，这是我们的疏忽。

Sorry, would you please wait for a moment? 对不起，请您稍等片刻，好吗?

Sorry to have kept you waiting. 对不起，让您久等了。

Sorry to bring you trouble because of our inconsideration. 对不起，由于我们的服务不周给您添麻烦了，请您原谅。

Sorry, we cannot find the product what you mentioned. 非常抱歉，这里没有您提到的……

4. 基本规范用语

① Hi! Welcome to our store. What can I do for you? 您好，欢迎您光临，请问有什么可以帮助您的?

② Please go ahead! 您请讲。

③ H! Would you please tell me the model or the name of the product you want? 您好，请问您咨询的商品型号或者名称是什么?

④ Sorry, would you please wait for a moment? 抱歉，麻烦您稍等片刻，好吗?

⑤ The products sold in the shopping mall are the quality products. We can guaranteed you the good after-sales service. Please feel free to buy. 商城所售商品都是正品，商品出现问题有完善的售后服务做保障，请您放心购买。

⑥ Sorry to have kept you waiting! 对不起，让您久等了!

⑦ Thank you for your inquiry! Welcome to our shop and enjoy your shopping! 感谢您的咨询，祝您购物愉快!

⑧ Sorry, we cannot offer you the service at present. 对不起，目前我们暂未开通这项业务 / 服务，请您原谅。

⑨ Pleased to serve you. Thank you for your interest in our product! 很高兴为您服务，感谢您关注 XX 品牌商品!

⑩ For more detailed information, you can check the information on our website. Feel free to contact me if you have any questions. 详细信息您可以浏览 XX 界面查看，如果有疑问您可以随时联系我。

5. 禁用语

① I don't know. And you shouldn't ask me. 你问我，我问谁?

② Wouldn't you be wrong? 你有没有搞错?

③ If you don't know, you should not do it. 你搞不清楚就不要搞了。

④ If you cannot afford it, you should not buy. 用不起就不要用。

⑤ Didn't I mention just now? 刚才已经说过了吧，怎么还问啊?

⑥ I don't know. 不知道（不清楚）。

⑦ I can do nothing about it. 我也没办法。

⑧ Whatever! You can make complaints anywhere or you can goto court. This is your right! 随便你到哪里去投诉，就是打官司也可以，这是你的权利。

⑨ You are not the only customer. 我不是为你一个人服务的。

⑩ Have you ever used this product? And are you really sure that you know this product? 你用过这个产品吗？你到底懂不懂？

（四）服务用语原则

1. 有高度的责任感

作为店铺和公司的形象代表，客服人员应有高度的责任感。在向客户提供服务时，要做到礼貌热情，说话切忌态度冷漠、话语生硬，在语气上也不能显得随意和散漫，更不能随便向客户承诺，对客户负责也要对店铺和公司负责。

2. 注意礼貌措辞

客服人员要有鲜明的立场，维护公司的形象，对于恶意攻击本店铺或公司的客户，要注意措辞，尽量避免使用负面语言，切勿出现言语措词恶劣或欠妥，攻击或损伤客户的情形，不能挑衅客户。应真诚地跟客户进行解释和沟通，要让客户看到客服人员为客户解决问题的诚意，以解除产生的误会。

3. 体现专业服务水平

在与客户沟通的过程中，客服人员既是公司的形象专家也是公司的产品专家。因此，客户人员应具备品牌知识、产品属性、消费心理学等常识，如果客服人员的知识不够技能浅而且服务不到位，势必会给公司造成损失。

4. 细心贴心的服务

要为客户提供细心贴心的服务，客服人员在沟通过程中应该急客户之所需，从客户角度出发，为客户着想，关注客户的切身需求，结合公司的促销优惠政策给客户提供优质的服务。有时由于客户服务人员对促销活动理解不深、细节不清楚，造成客户疑虑或误解给公司带来不少损失。

5. 常见顾客咨询问题

① Are you sure that your products are quality products in your store? 你家卖的是正品吗？

a. The products in our store are quality and genuine products. Please feel free to buy. 咱家产品都是有正规授权，您可以放心购买。

b. 反问：Maybe this is the first time for you to come to our store. We have large orders from our customers and we guaranteed the quality products. Please feel free to buy. 您也许是第一次到我家店铺查看商品吧？我们家店铺销售的产品出货量很大，绝对保证正品，商品您尽可以放心购买。

② How can we distinguish between the quality products and fake products? 怎么辨别是正品呢？

a.We accept counter verification and you can check our authorization certificate on the official website. 咱家商品接受专柜对比验证的哦，而且官网上也都有咱家的授权证书可以查询。

b. Unitl now, we have sold ten thousands of products and we haven't received any complaint about the fake product. 到目前，我们销售出去的几万件商品，没接收到一件假货投诉哦。

c. We can offer you the official invoice. 我们是可以提供正规发票的（除非客户非常要求再提这个信息）。

③ Would you please give a lower price? Can you give me a discount? 价格能再少点吗？能打折吗？

a. The products are sold at the best price we can offer. We can earn very limited profit. Thank you for your understanding. 商品都是按照最低售价出售的哦，利润空间很小的，请亲理解 。

b. The prices are set by the company. As a customer service staff, we have no right to offer lower prices. Thank you for your understanding. 售价是公司出台规定的，我们客服是没有权力议价的，希望理解哈！

④ 顾客再次声明：价格不便宜就走了。

a. Do you really think our price is higher than your expectancy or other sellers? 您真的认为我们价格很贵吗？是觉得和您的心理价位有差距还是别家卖的比我们的低呢？

b.（顾客回答：如果属于心里价位，就缓和一下气氛）说：这样吧，我们聊来聊去，都挺辛苦，我也看出您买这款的诚意，算了，真是磨不过你呀，我帮您申请一个小礼品送吧？其他人可是没有这样机会的。

c.（顾客回答：如果属于竞争对手价位）说：哦，竞争对手这样价格呀，也太低了呀，换着我，我还真不敢买哟。这样吧，价格是不能低的，我帮您申请一个小礼品吧？其他顾客可是没有这样的特别照顾哦。

⑤ Who will pay for the charge if I would like to return the goods or exchange the goods? Will you pay for it after receiving our returned goods? And can you tell me the address? 退换邮费谁负责？可以到付吗？退换地址？

a. 如果是质量退货，我们会承担邮费的；如果是您个人原因引起退换货的邮费，需要您这边出的哦；商品本身的退款，我们会根据到仓后，由专门的质量人员给予鉴定，是我们的质量问题，我们将全额退款。

b. 亲，记得一定要把产品打包好寄回哦。不要直接用产品外包装寄回，包上一层盒子，要保证外包装和产品配件完好，弄个纸条写上您的旺旺名字、退货原因等信息哦。

⑥ When can I receive the refund in general? 一般情况下钱什么时候到我的账户？

If the procedure runs smoothly, you will receive your refund in 2 or 3 days in the working days. 如果退换流程顺利和正常，一般 2~3 工作日的哦（有时候财务会休息什么的，也有要考虑的）。

⑦ Why did you dispatch the goods so slowly? 你们家发货怎么这么慢呀？

Sorry, you mean you din't receive the goods until now. Would you please tell me you name or the order number? I will check for you right away. 不好意思，您是还没有收到货是吗？我帮您查一下什么情况，请告知我您的姓名或者订单号？

⑧ Why didn't you inform me of the lack of the goods right away? 为什么缺货了不早点通知？

a. 不好意思，万分抱歉，非常理解您现在的心情。

b. 这样的，您这款 XX，正常情况应该是昨天要通知您的。不巧的是，经办同事昨天难受没有交接好（或其他真正理由），有 3 个顾客缺货的，都没能通知到。今早，同事才从家里告知我们您的情况，所以我们马上联系您了。

c. 这种情况也较少，一般我们第二个工作日都会通知的，给您带来的麻烦，还请多谅解谅解。

d. 这次做的不好，我们下次一定争取服务好您的。

e. 如果不介意，我给您推荐两款热销的，当然保证一定会及时给您发货的，您看行吗？

f. 要不这样，如果您没有其他要挑选的款式，可以先申请一下退款，再次对不起啊。

⑨ Your service is really bad. And I will leave you negative comments. 你们的服务太差了 我要给你们差评。

a. 了解实际情况，做出判断，属于我们自身问题还是顾客原因。

b. 如果是我们自己工作失误造成，诚恳向顾客致歉，顾客不太消气的，给送小礼品等弥补顾客。

c. 如果是我们工作失误造成的，我们会弥补你的损失，您放心，我可以向我们主管申请一下，给您一个满意的答复。

四、跨境电商客服人员综合能力

（一）销售能力

客户在购买商品前通常会向客服人员进行咨询，客服人员应适时对产品进行销售，向客户推荐适合的产品，如果店里性价比高或是单价比较低的产品，或是提供个性化的服务。如果客户所需的产品本店没有，可以适当推荐市面上可买到的产品再搭配一些在自己店铺中可以买到的东西，以积累一定的回头客，既体现客服人员的诚意又能让客户满意而归。

（二）沟通能力

客服人员需要具备良好的语言表达能力，这是实现客户沟通的必要技能和技巧。针对不同的客户，要才采取不同的沟通方式，客服人员应根据客户的不同的需求、个性和购物习惯改变沟通的策略。

沟通过程中需要使用礼貌用语和规范用语，避免使用以下语言：

① "I can't...（我不能）"，这样的语言会让客户产生反感，可以尝试使用"看看我们能够帮你做什么"来缓和说话的语气。

② "I don't know（我不知道）"，这样的语言会让客户对客服人员的专业水平产生质疑，可以尝试使用"我暂时还不太清楚，请您稍等片刻，我再给您回复，好吗？"

③ "I will not...（我不会）"，这样的语言会让客户认为客服人员有抵抗情绪，可以尝试使用"What we can do for you is...（我们能为您做的是……）"。

④ "This is not my duty to...（这不是我职责范围的事）"，这样的语言会让客户觉得客服人员有推卸

责任的意味，可以尝试使用 "I'm really willing to do it for you.（我很愿意为您做）"。向客户表明理解客户并且愿意为客户分担，但是客观条件不允许的情况。

⑤ "I think I am not able to do it.（我想我做不了）"，这样的语言会让客户觉得客服人员不愿意帮忙解决问题，可以尝试使用 "I'm willing to help you and what I can do is to…（我很愿意帮助您，我可以做的是……）"。

⑥ "I don't agree with you.（我不同意你的看法）"，这样的语言会让客户觉得客服人员和自己没有共同的沟通平台，可以尝试使用 "I understand what you feel.（我理解您现在的心情，目前……）"或"I think so, but I…（我也是这么想的，不过……）"来表达现实的情况。

⑦ "Surely（肯定）""Definitely（绝对）""guaranteed（保证）"等，这样的语言过于偏激，没有回旋余地，一旦商品有一些意想不到的情况发生，会给满怀期望的客户带来失望的情绪，产生客户投诉或客户要求退换货等情况。可以尝试使用 "try to（尽量）""strive for（争取）""make an effort to（努力）"等词语，给自己讲的话留有余地。

（三）客户心理分析能力

网店运营必须强调"客户导向"，只有深入把握客户的消费心理，才能在较短时间内满足不同客户不断变化的个性化需求。在购买商品时，不同客户有各自不同的特点，客服人员应对不同的客户类型进行分类。在与客户进行沟通的过程中，可以得知客户对商品的了解程度，从客户个人角度向客户介绍产品可以满足的需求条件。针对价格要求不同的客户，有可能出现讨价还价的情况，此时应向客户说明产品是物超所值的，感谢客户的理解和合作或是主动向客户说明店铺的优惠活动和赠品；针对商品要求不同的客户，对商品进行如实的描述，把一些有可能存在的问题也告知客户，让客户进行自主选择。

了解网店客户的特点，了解网店客户的基本类型，对于提高网店客服的服务质量和服务效率具有极其重大的作用，具体如下：

1.按客户性格特征分类及应采取的相应对策

（1）友善型客户

特质：性格随和，对自己以外的人和事没有过高的要求，具备理解、宽容、真诚、信任等美德，通常是企业的忠诚客户。

策略：提供最好的服务，不因为对方的宽容和理解而放松对自己的要求。

（2）独断型客户

特质：异常自信，有很强的决断力，感情强烈，不善于理解别人；对自己的任何付出一定要求回报；不能容忍欺骗、被怀疑、慢待、不被尊重等行为；对自己的想法和要求一定需要被认可，不容易接受意见和建议；通常是投诉较多的客户。

策略：小心应对，尽可能满足其要求，让其有被尊重的感觉。

（3）分析型客户

特质：情感细腻，容易被伤害，有很强的逻辑思维能力；懂道理，也讲道理。对公正的处理和合理的解释可以接受，但不愿意接受任何不公正的待遇；善于运用法律手段保护自己，但从不轻易威胁对方。

策略：真诚对待，做出合理解释，争取对方的理解。

（4）自我型客户

特质：以自我为中心，缺乏同情心，从不习惯站在他人的立场上考虑问题；绝对不能容忍自己的利益受到任何伤害；有较强的报复心理；性格敏感多疑；时常"以小人之心度君子之腹"。

策略：学会控制自己的情绪，以礼相待，对自己的过失真诚道歉。

2. 按消费者购买行为分类及应采取的相应对策

（1）交际型

有的客户很喜欢聊天，先和您聊了很久，聊得愉快了就到您的店里购买东西，成交了也成了朋友，至少很熟悉了。

对于这种类型的客户，我们要热情如火，并把工作的重点放在这种客户上。

（2）购买型

有的顾客直接买下您的东西，很快付款，收到东西后也不和您联系，直接给您好评，对您的热情很冷淡。

对于这种类型的客户，不要浪费太多的精力，如果执着地和他（她）保持联系，他（她）可能会认为是一种骚扰。

（3）礼貌型

本来因为一件拍卖的东西和您发生了联系，如果您热情如火，在聊天过程中运用恰当的技巧，他（她）会直接到您的店里再购买一些东西，售后热情做好了，他（她）或许因为不好意思还会到您的店里来。

对于这种客户，我们尽量要做到热情，能多热情就做到多热情。

（4）讲价型

讲了还讲，永不知足。

对于这种客户，要咬紧牙关，坚持始终如一，保持您的微笑。

（5）拍下不买型

对于这种类型的客户，可以投诉、警告。也可以全当什么都没发生，由各自性格决定采取的方式，不能说哪个好，哪个不好。

3. 按网店购物者常规类型分类及应采取的相应对策

（1）初次上网购物者

这类购物者在试着领会电子商务的概念，他们的体验可能会从在网上购买小宗安全种类的物品开始。这类购物者要求界面简单、过程容易。

产品照片对说服这类购买者完成交易有很大帮助。

（2）勉强购物者

这类购物者对安全和隐私问题感到紧张。因为有恐惧感，他们在开始时只想通过网站做购物研究，而非购买。

对这类购物者，只有明确说明安全和隐私保护政策才能够使其消除疑虑，轻松面对网上购物。

（3）便宜货购物者

这类购物者广泛使用比较购物工具。这类购物者不玩什么品牌忠诚，只要最低的价格。网站上提供的廉价出售商品，对这类购物者最具吸引力。

（4）"手术"购物者

这类购物者在上网前已经很清楚自己需要什么，并且只购买他们想要的东西。他们的特点是知道自己做购买决定的标准，然后寻找符合这些标准的信息，当他们很自信地找到了正好合适的产品时就开始购买。

快速告知其他购物者的体验和对有丰富知识的操作者提供实时客户服务，会吸引这类购物者。

（5）狂热购物者

这类购物者把购物当作一种消遣。他们购物频率高，也最富于冒险精神。对这类购物者，迎合其好玩的性格十分重要。

为了增强娱乐性，网站应为他们多提供观看产品的工具、个人化的产品建议，以及像电子公告板和客户意见反馈页之类的社区服务。

（6）动力购物者

这类购物者因需求而购物，而不是把购物当作消遣。他们有自己一套高超的购物策略来找到所需要的东西，不愿意把时间浪费在东走西逛上。优秀的导航工具和丰富的产品信息能够吸引此类购物者。

4. 自我提升能力

客户能否在店铺中成功完成交易与客服人员是密切相关的，客服在沟通过程中除具备商品专业知识、网店交易的规则、物流配送相关信息外，还要有良好的沟通能力和销售能力，这些能力都需要在实践过程中积累和提高。客服人员需要不断地进行业务学习进行自我提升，灵活处理业务，满足客户的需求。

五、综合案例解析

一个电商客服离 20 万年薪有多远

情境一：客户在跨境电商网站购物

客户："Hi，你好，请问在吗？"

（等了很久，客服回复了）

某商城店客服："在的。"

【分析：这个客服是惜字如金啊！稍微专业点的应该说："亲，您好！在的哦。很抱歉，由于咨询人数太多，没有来得及时回复，请问您有什么需要帮助的呢？这就帮您解答处理。"虽回复字数多了些，但专业礼貌，容易让顾客产生好感。**】

客户："请问这件卫衣多重呢？"

（这次很快，30 秒后）

某商城店客服："啊，不知道啊。"

【分析：这样的回答十分简短而且很不专业。很难想象这样的客服，老板、主管怎么会放心让她（他）上岗接待呢？**】**

客户："亲，您家的衣服多重自己不知道啊？"

（大概 5 分钟后）

某商城店客服："衣服 0.85kg 左右吧。"

【分析：这个回答也十分简短，而且用了左右二字，表示答案含有不确定性。**】**

客户："嗯，谢谢。请问我体重 94 斤，身高 165 厘米，这件卫衣穿多大号码？咱家尺码是否标准呢？"

（30 秒后，发来一张衣服尺码照片）

某商城店客服："这是衣服尺码表，自己看！"

【分析：这个回答显得非常不耐烦！客户往往是在看完尺码后觉得不确定才与客服联系，征求客服的意见。客户面对这样态度的客服时，是不会再有购物的欲望了！**】**

情境二：面对"中差评"，客服不同的处理方式。

商品：飞利浦剃须刀，差评

[详情]东西是坏的。问了也没有答复。服务质量还有点差。不知道是飞利浦有问题还是你们店面问题？

[解释]您好，很抱歉我们的产品没有让您满意！PQ219 这款是需要关机连续充电八小时的哦，充电的时候务必要保证机器是关机的状态，不然没办法充电的哦。我们售后在线时间是 9~22 点，如果

您还有其他的使用疑问，可以在线联系我们为您核实处理。感谢您对店铺的支持，飞利浦官方旗舰店祝您生活愉快。

商品：野生榛子，差评

[详情] 榛子壳很硬，吃完这一斤，我的牙都快掉了，为了增加重量多收邮费，还往箱里塞一块破铁。

[解释] 你细看那块铁，中间是否有个螺丝，再看，是不是中间有条缝，沿着这个缝用力分开——这块破铁就是给你夹榛子壳用的特制钳子！

商品：宠物玩具硬质实心骨头，差评

[详情] 我家小狗不咬，不知道为什么。差评。

[解释] 狗和人一样有自己的喜好，狗不喜欢就不咬它了，你不喜欢就来咬我了。

商品：奇异果，中评

[详情] 不是说纯天然绿色食品吗？怎么叶子上一点虫眼都没有呢？多半是喷了农药的！

[解释] 这位买家生物没学好，从达尔文的进化论观点来看，现在的害虫都应该已经适应农药了，所以喷了它才会吃，没喷它不敢吃！

商品：女士钱包，中评

[详情]：第二次光顾了，这次的货很好。上次的货有瑕疵，没仔细看就给好评了，我这人是很公道的，忘记历史就等于背叛，所以把上次的中评给补回来！

[解释]：您再次大驾光临不会就是为了这个中评吧？我想改改龚自珍的一句诗，"我劝买家重抖手，不计前嫌给好评"！

商品：有趣发声玩具熊，中评

[详情] 也不发声啊，但是也不好看，宝宝一点不喜欢，熊的屁股后面有个黑色的块块像粘上去的一样，好像是人家玩过的。

[解释] 那个黑色抠开啊，塞进去一节五号电池，它就发声了。

【分析：对于中差评必须得明白哪些评价是必须改的，哪些是无须改的。对于必须要修改的评价，售后处理要注意以下几个问题：

1.最好有一个中差评短信提醒软件。这样做能第一时间知道差评并且马上处理掉，这是最快最有效解决差评的时机，因为差评一旦给出了，那么给出差评的顾客肯定在线，这样马上沟通解释得到谅解后，客户就有可能修改评价了，这样不但时间上占到先机，而且沟通起来成本也最低。

2.电话联系给出差评的顾客。若你是电话联系客户，希望他修改评价的，那么须得注意对方在时间上是否方便。如在中午 13:00~14:20，或者晚上 21:00 后，在早上 9：00 前的这些时间最好别去联系，不然打扰到别人休息，别说修改评价了，不骂你一顿已经算好了。

3.电话联系最好异性相吸。在于客人谈判时，最好男性顾客的由女客服来沟通，而女性顾客由男客服来沟通，这样，能达到异性相吸的效果。当然，要是客服人员搞不定了，就要主管出马了。这样做好评价管理才是最重要。并不是每一条差评都得删，只要你的产品是正品，质量关是可以的，在解释中又专业到位的话，消费者的眼睛是雪亮的，在好评居多的前提下，还是会相信你的产品。所以对于一些没有太必要需要修改的评价，则可采取专业解释评价的方法。】

总结

每个客服都应该有自己的职业操守，客服可以和销售一样获得丰厚的年薪，让我们一起来看看一个年薪 20 万的电商客服是怎么练成的。

1. 及时响应，不是很慢就行，重在用心沟通。

2. 精通产品知识，但别用专业术语卖弄。

3. 重中之重是要挖掘卖点，循循善诱；对重点宝贝你都要问自己几个问题，并用笔或思维导图，写下或记录，让自己熟练掌握。

①为什么要买我们的宝贝？（五个理由）

②穿上我的衣服有多美？（激发场景想象）

③为什么今天买？（紧迫感）

④我们的服务哪里比别人好？（让客户放心）

⑤差异是什么？（款式，面料，品质，知名度等）

⑥关于卖点，不是要你直接打给客户，而是在交流中抛出去的，一定先抛一般的，逐渐递进，直到成交。

4. 熟悉客户心理，逐一击破。

在实践中记录典型客户的典型心理，具体问题具体分析，打消买家疑虑。

譬如：对产品质量敏感的顾客，可用你掌握的扎实的基础知识以及对尺码、风格的判断来取得客户的信任；

对产品价格敏感的顾客，说明产品的价值、性价比，而不仅仅是用价格很便宜来诱惑买家；

对个性强势决断的顾客，千万不要试图操控他，而是要与客户产生共鸣，他想要的你帮他想，不要用强烈的愿望让客户下单，让他自己做决定。

【知识总结】

一个人性化的客服是怎样练成的

交易应是人性化的，即便是在网上进行。所以，当你为客户提供支持时，不能把他们当成简单的"票据"，这是不对的。不应让客户感觉被当成等候队列中的数字。相反，他们应觉得自己在与客服一对一交流。

1. 即使没有解决方案，也要立即响应

当你接到客户的询问时，如果不能立刻提供解决方案，应该快速做出人性化的回复，表示正在解决此问题。系统的即时自动回复在这里并不合适，我们都能体会顾客的感受："这下倒好，我成了排队中的一个数字！"

自动回复实际上减少了顾客对我们解决问题的信心。相反，一个快速回复只需花费 20 秒，却为你赢得了顾客的信心。

2. 对待顾客要人性化

想要听起来友好、自然，需要称呼顾客的名字，向他们问好，聊一些问题之外的话题，如城市的天气。最好的是，顾客也可能会模仿你的强调。

如果你是友好的，你的顾客自然也会一样。即便是在问题解决之后，如果你一直保持这样的态度，那么顾客未来再次询问也会感到更舒服，提供好的反馈。礼貌地交谈也有利于留住顾客。

3. 个性化你的回复

每一个情境都是不同的，所以每位顾客都需要有为他 / 她定制的信息。相反，答案库里的回答虽用得容易，却容易给人留下不好的印象。这样的回复只适用于一遍遍回复同样的问题。相反，一定要个性化回复，即使微小的变化，也要适用特定的顾客和场景。

4. 用多种方式予以解释

不同人会对不同的事物产生共鸣。因此，同一件事要做好用不同方式表达的准备，例如，用列表、gif 图或通过语音和电话解释。直到解决了问题为止。如我们之前所说："不要浪费时间告诉人们点击何处，要演示给他们看。"

5. 多用表情符号

用表情符号和贴纸交流往往更快速、表达内容也比文字更丰富。适当地在客服回复中使用表情符号，顾客也会感到更亲切，对话也不会显得过于正式。

6. 不要以己度人

现代客服最主要的挑战之一是与非技术人员讨论技术问题。当你在回复顾客时，永远不要假设他们都精通技术。同样，也不要假设每个人都一无所知。任何一种假设都会被当成不敬或是傲慢。你需要把握平衡，做出适当的回答。

7. 不要过多承诺

永远对你能做到的和不能做到的保持诚实。过多承诺会导致你言而无信，也会减少顾客的满意度。如果你产品的某个功能不能使用了，承认你的问题并向顾客道歉，并想办法解决。这种透明度的感觉是真实的。假以时日，它会赢得顾客坚定的信任和尊重，这是非常宝贵的。

8. 顾客永远是对的

如果客户不明白如何使用你的产品，那这永远都是你的错。当某位客户对产品某种功能感到困惑时，你应该对该问题表示歉意，并向顾客解释可能的解决办法，询问他们解决问题的建议。

9. 换位思考，主动回应

当有客户询问："电动牙刷头多久换一次？"这个问题是在问题库中的，而之后顾客往往还会问诸如此类的问题："我能换其他型号的牙刷头吗？"，"牙刷头怎么换的？"等。因此，当你回答顾客的最初问题时，不要只回答当前的问题，还应主动回答一下下面可能关联到的其他问题。

10. "邀请"式结束

应以"邀请"式结束客服对话，询问顾客是否还有问题，以便弄清他们的问题是否得到了解决。顾客最不希望感觉对话被强制结束，客服没有时间为他们服务。

【知识检测】

问题一：什么是网店客服人员？

客户服务人员的职责是负责接待客户、接受咨询、介绍产品以及向客户提供售后服务，是网店和客户之间的桥梁。

问题二：网店服务的作用是什么？

客服人员在网店中兼有多重身份，可以是"形象代言人""咨询顾问""销售员""调解员"和"管理员"等，涉及与客户接触或相互作用的各个方面。客服人员为网店留住老客户、发展新客户，并对网店的生存和发展起着十分至关重要的作用。

问题三：网店客服必备的个人修养是什么？

网店客服必备的个人修养：热情有礼、尊重他人；谦逊平和、信守诺言；忍耐宽容、敢于担当；团结互助、共同进步。

问题四：网店客服应该具备什么心理素质？

要有能有效处理突发事件的应变能力；要有能承受打击和挫折的能力；要有情绪的自我掌控力和调节能力；要有良好的耐力和持续的工作热情；要有积极上进、永不言败的良好心态。

问题五：网店客服应具备什么专业素养？

客服人员应该掌握商品知识、熟悉基本礼仪、学会基本服务语言规范。

问题六：网店客服应具备什么综合能力？

客服人员应具备销售能力、沟通能力、客户心理分析能力。

问题七：网店客户类型有哪几种？

按客户性格特征分，客户分为友善型、独断型、分析型、自我型。

按消费者购买行为分，客户分为交际型、购买型、礼貌型、讲价型、拍下不买型。

按网店购物者常规类型分，客户分为初次上网购物者、勉强购物者、便宜货购物者、"手术"购物者、狂热购物者、动力购物者。

【拓展阅读】

智者的四句箴言

一位 16 岁的少年去拜访一位年长的智者。

少年问："我如何才能变成一个自己快乐，也能够带给别人快乐的人呢？"

智者笑着答道："孩子，在你这个年龄有这样的愿望，已经是很难得了。很多比你年长的人，从他们问的问题本身就可以看出，不管给他们多少解释，都不可能让他们明白真正重要的道理。"

少年满怀虔诚地听着，脸上没有流露出丝毫得意之色。

智者接着说："我送你四句话。第一句话是，把自己当成别人。你能说说这句话的含义吗？"

少年回答说："是不是说，在我感到痛苦忧伤的时候，就把自己当成别人，这样痛苦自然就减轻了；当我欣喜若狂之时，把自己当成别人，哪些狂喜也会变得平和一些？"

智者微微点头，接着说："第二句话，把别人当成自己。"

少年沉思一会儿，说："这样就可以真正同情别人的不幸，理解别人的需求，并且在别人需要的时候给予适当的帮助？"

智者两眼发光，继续说道："第三句话，把别人当成别人。"

少年说："这句话的意思是不是说，要充分地尊重每个人的独立性，在任何情形下都不可侵犯他人的核心领地？"

智者哈哈大笑："很好，很好。孺子可教也。第四句话是，把自己当自己。这句话理解起来太难了，留着你以后慢慢品味吧。"

少年说："这句话的含义，我是一时体会不出。但这四句话之间就又许多自相矛盾之处，我用什么才能把它们统一起来呢？"

智者说："很简单，用一生的时间和精力。"

少年沉默了很久，然后叩首告别。

后来少年变成了壮年人，又变成了老人。再后来在他离开这个世界很久以后，人们还时时提到他的名字。人们都说他是一位智者，因为他是一个快乐的人，而且也给每一个见到过他的人带来了快乐。

这个故事给我们的启示是：作为一个在群体社会生存的个体，己所不欲，勿施于人，是一个明白人的做人智慧。换位思考能让我们更真切地体会到对方的感受，尊重别人，别人也会尊重我们，这样爱能使我们拥有更多的朋友。有自知之明，可以培养我们谦逊的品德，只有看到自己的不足，才能进行有效的改进。

尤其是经常站在客户的角度考虑问题，可以使我们的服务更完善，客户的满意度也更高。这四句简单的话，却需要我们用一生的时间来感悟和体会。朋友就像一面镜子，只有对着镜子笑的人，才会看到镜子里的笑脸，如果我们希望别人对自己笑的时候，从今天开始，先学会对着镜子笑。这样，我们才会每天看到的都是笑脸。

附

录

附录 1 联想集团 45 条成功法则

1. 利用传统制度中的资源，开拓一条新兴之路。

2. 做出一条光彩夺目的项链来。

3. 在商品的买卖之间有一种东西，能唤醒人们的梦想和激情。

4. 真正的尊严是不怕被别人践踏的。

5. "定战略"始终是治理公司的第一要旨。

6. 把国家的大潮流用好用足。

7. 了解世界正在发生什么事。

8. 实用主义的处世方式和远见卓识一样重要。

9. 斗智不斗勇。

10. 谨慎行事，同时敢于铤而走险。

11. 绝不轻言放弃。

12. 办公司就是办人。

13. 选拔继任者是"最艰难的工程"，必须早做打算。

14. 把权力和利益交给那些真正承担责任的人。

15. 绝对不能以"和稀泥"的方式处理人与人之间的纠葛。

16. 永远只做自己能力所及，而又有利可图的事。

17. 经理人员特别善于在政府官员面前推销公司。

18. 抢在产业的起飞阶段进入市场。

19. 一项产品即使在设计方面完美无缺，也不能算是最后的成功。

20. 一项产品的启动，需要贯通整个组织的链条。

21. 最好的东西不一定是用户所需要的，只有最适合用户的东西才是最好的。

22. 让亿万普通人认识到自己的需要。

23. 向消费者献上最好的产品，再加诚实、微笑、循循善诱和百般奉承。

24. 不要只把眼睛盯着有钱有势的人。

25. 每做成一笔生意，就交到一个朋友。

26. 技术当然是推动企业前进的力量，但若仅仅凭借技术，那就一事无成。

27. 每个人都需要得到认可。

28. 相信人的本性中具有追求利益的特征。

29. 员工的收入体系永远都是治理公司的一个支点。

30. 找到一条途径，以法律和道德都能认可的方式来增加员工的利益。

31. 管理的要旨在于，让每个员工都清楚在什么时间什么地点做什么事情。

32. 理解和掌握媒体。

33. 不要在意舆论的褒贬。

34. 你在为自己争取活路的同时，也必须让别人活。

35. 最好的财务制度具有一种"预警的能力"。

36. 投资者喜欢诚实的企业管理者。

37. 善于学习。

38. 掌握资本的特性——小钱和大钱不一样。量变会带来质变。

39. 必须学习如何对付屈辱、艰辛和失败，也必须学习如何对付辉煌和成功。

40. 常怀危机意识。

41. 警惕缓慢逼近的危险。

42. 百折不挠。

43. 退却比进攻更需要勇气。

44. 不要把企业当成一个真正意义上的家。

45. 矢志不渝。

管人、用人、育人、留人之道。企业的竞争，归根结底是人才的竞争。人才是企业的生命所在，如何管好人才、用好人才、培养和留住人才，成为企业在激烈竞争中成长发展的关键。

附录2　从泰国东方饭店的故事了解"客服"在跨境电商中的重要性

泰国的东方饭店堪称亚洲饭店之最，几乎天天客满，不提前一个月预定是很难有入住机会的，而且客人大都来自西方发达国家。泰国在亚洲算不上特别发达，但为什么会有如此诱人的饭店呢？大家往往会以为泰国是一个旅游国家，而且又有世界上独有的风土人情，是不是他们在这方面下了功夫。错了，他们靠的是真功夫，是非同寻常的客户服务，是客服在企业管理中发挥了重要作用。

他们的客户服务到底好到什么程度呢？我们不妨通过一个实例来看一下。

一位朋友因公务经常出差泰国，并下榻在东方饭店，第一次入住时良好的饭店环境和服务就给他留下了深刻的印象，当他第二次入住时几个细节更使他对饭店的好感迅速升级。

那天早上，在他走出房门准备去餐厅的时侯，楼层服务生恭敬地问道："于先生是要用早餐吗？"于先生很奇怪，反问"你怎么知道我姓于？"服务生说："我们饭店规定，晚上要背熟所有客人的姓名。"这令于先生大吃一惊，因为他频繁往返于世界各地，入住过无数高级酒店，但这种情况还是第一次碰到。

于先生高兴地乘电梯下到餐厅所在的楼层，刚刚走出电梯门，餐厅的服务生就说："于先生，里面请"，于先生更加疑惑，因为服务生并没有看到他的房卡，就问："你知道我姓于？"服务生答："上面的电话刚刚下来，说您已经下楼了。"如此高的效率让于先生再次大吃一惊。

于先生刚走进餐厅，服务小姐微笑着问："于先生还要老位子吗？"于先生的惊讶再次升级，心想"尽管我不是第一次在这里吃饭，但最近的一次也有一年多了，难道这里的服务小姐记忆力那么好？"看到于先生惊讶的目光，服务小姐主动解释说："我刚刚查过电脑记录，您在去年的6月8日在靠近第二个窗口的位子上用过早餐。"于先生听后兴奋地说："老位子！老位子！"小姐接着问："老菜单？一个三明治，一杯咖啡，一个鸡蛋？"现在于先生已经不再惊讶了，"老菜单，就要老菜单！"于先生已经兴奋到了极点。

上餐时餐厅赠送了于先生一碟小菜，由于于先生是第一次看到这种小菜，就问："这是什么？"服务生后退两步说："这是我们特有的某某小菜"，服务生为什么要先后退两步呢，他是怕自己说话是口水不小心落在客人的食品上，这种细致的服务不要说在一般的酒店，就是美国最好的饭店里于先生都没有见过。这一次早餐给于先生留下了终生难忘的印象。

后来，由于业务调整的原因，于先生有三年的时间没有再到泰国去，在于先生生日的时侯突然收到了一封东方饭店发来的生日贺卡，里面还附了一封短信，内容是：亲爱的于先生，您已经有三年没有来过我们这里了，我们全体人员都非常想念您，希望能再次见到您。今天是您的生日，祝您生日愉快。于先生当时激动地热泪盈眶，发誓如果再去泰国，绝对不会到任何其他的饭店，一定要住在东方饭店，而且要说服所有的朋友也像他一样选择。于先生看了一下信封，上面贴着一枚六元的邮票。六块钱就这样买到了一颗心，这就是客户服务的魔力。

东方饭店非常重视培养忠实的客户，并且建立了一套完善的客户服务体系，使客户入住后可以得到无微不至的人性化服务，迄今为止，世界各国约 20 万人曾经入住过那里，用他们的话说，只要每年有十分之一的老顾客光顾饭店就会永远客满，这就是东方饭店成功的秘诀。

从东方饭店在"客服"工作方面所做的努力可以看出客户服务在企业工作中是非常重要的，这对于跨境电商企业也是如此。好的客户服务可以帮助跨境电商企业最大程度地维持现有客户关系并发掘更多的潜在客户，为公司利润做出突出的贡献。在做跨境电商企业之前我们一定要明白为什么一些企业会失去客户。就像麦肯锡所认为的那样：因为得不到想要的，这往往同价格没太大关系，更深层次原意在于：

1. 45% 顾客离开是因为"服务"；

2. 20% 的离开是因为没人关心他们；

3. 15% 的离开是因为他们发现了更好的产品；

4. 15% 的离开是因为他们发现了更便宜的价格；

5. 剩余 5% 的离开源于其他原因。

附录3　跨境电商客服工作岗位与薪资

电商 1~3 年工作经验的岗位与薪资

1.电商行业职位薪资排行榜

（红色代表电商行业，蓝色代表全互联网行业）

电商行业与全互联网行业
职位薪资对比

拉勾
专注互联网职业机会
www.lagou.com

电商招聘
任欢同

3~5年工作经验（单位：千元）

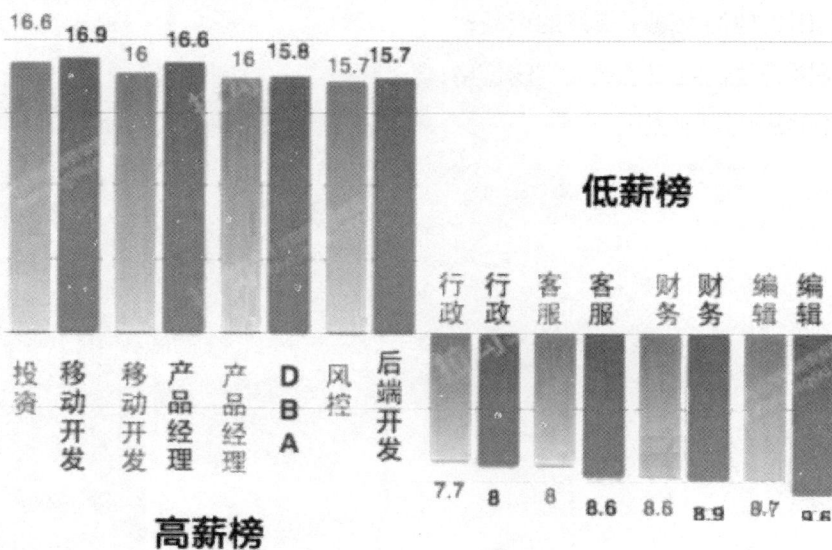

高薪榜：16.6（投资）、16.9（移动开发）、16（移动开发）、16.6（产品经理）、16（产品经理）、15.8（DBA）、15.7（风控）、15.7（后端开发）

低薪榜：7.7（行政）、8（行政）、8（客服）、8.6（客服）、8.6（财务）、8.9（财务）、8.7（编辑）、9.6（编辑）

附录 4　跨境电商各国客户购物习惯及应对方法

国外喜欢跨境网购的消费者在心理上有着相似的地方，了解这些不同消费者的购买动机、好好地利用可以帮助我们有效地提高订单量。

1. 实用性

敦煌网上的卖家多分布于欧美发达国家，这些国家的消费者大多重视产品的实用性、注重质量。国外的消费者往往更理智，在这种消费动机的驱动下，简洁大方、重点突出的产品描述更吸引消费者的眼球。

2. 创新性、差异性

这种购买心理动机对年轻人的作用最大，时髦、独特的产品最能吸引他们。想要抓住这类买家的心，新奇产品是致胜的法宝。

3. 美观性

美观的产品外形、美观的页面展示、美观的图片和美观的包装对女性消费者最有杀伤力，这种追求美观的心理动机能促使她们快速下单，满心期待等着你漂洋过海邮寄的产品。

4. 求廉

拥有这种购买动机的买家最在意的是产品的价格，优惠的价格很容易促使他们下单。这类买家最常做的购买动作就是在输入完他们想要购买的产品名称后，勾选 free shipping 然后按照价格重新排序搜索结果。

5. 方便性

爱网购的人都有这种消费动机，如果你能站在买家的角度来上传自己的产品，降低购买和下单的难度，那么你的店铺将是懒人常来常往的购物天堂。

6. 嗜好性

这类买家往往对某个品牌、某种产品特征有特殊的嗜好，应对这类买家最重要的是投其所好。他们往往更喜欢专业的店铺而非杂货铺。

众所周知，文化背景是影响一个地区购买习惯的重要因素之一。欧洲发达国家是敦煌网买家聚集的主要地区之一。了解欧洲买家的特点可以帮助我们更好地提高销售以及服务。

欧洲的发达国家喜欢在敦煌网这样的跨境电商上采购，欧洲商学院院长就认为现在欧洲的零售商已经习惯了在中国内地进行采购，在现代供应链中，本地供应商低廉的运输成本并不是决定性因素，采购商开始越来越多地关注产品的创意和灵活性还有整体成本的下降。

下面我们把欧洲分成东、南、西、北四个大块来详细介绍。

首先，介绍西欧国家的买家特点，西欧国家包括比利时、法国、爱尔兰、卢森堡、摩纳哥、荷兰、英国、奥地利、德国、列支敦士登和瑞士。英、法、德这几个世界大国都属于西欧，西欧国家也是和中国商人生意往来较多的地区之一。

西欧国家的买家普遍特点是非常追求质量和实用主义，讲究效率、关注细节，所以对产品的要求很高，并且会很认真的查看产品的详细描述。要特别说一下法国和英国的买家。法国买家在对商品的质量要求十分严格的同时，也重视商品的美感，要求包装精美。英国的批发商非常喜欢试订单，总爱在大量订购前尝试性地订一两个样品，这就要求我们不要小看小额的零售订单，也许它的背后就隐藏着大订单。

其次，北欧国家主要包括丹麦、芬兰、冰岛、挪威和瑞典，这些国家政治稳定、人民生活水平较高，善良、和蔼的个性是北欧人民的符号。

北欧国家的买家普遍特点是重视产品对环境的友好度，他们不喜欢也不善于讨价还价，如果产品质量过硬、环保、证书齐全，他们会选择直接下单，很少用站内信或者敦煌通和卖家沟通价格问题。另外，北欧人民对于款式新奇的消费品非常的感兴趣。

再次，南欧国家主要包括意大利、西班牙、葡萄牙、希腊等。南欧文化和北欧、西欧差距较大，这里的人民少了几分严谨苛刻，多了几分热血的激情。

南欧国家的买家特点主要是订单普遍稍小、做事都比较拖拉、不会立刻下订单，效率相对较低。意大利人很追求时髦，对时尚、流行的产品，非常的感兴趣，但是希腊人则不不同，他们不讲究时尚。

最后，东欧国家包括：俄罗斯、波兰、罗马尼亚、保加利亚及原独联体各国。东欧国家中不得不提到俄罗斯，俄罗斯跨境电商市场近几年受到了越来越多的关注，也成为敦煌网重点发展的潜力市场之一。

东欧的很多国家都经历了经济体制和政治体制的巨大变化，所以这些国家的买家都很看重实际利益并且态度比较散漫，且比较多变，卖家应对东欧国家的买家要及时地跟进。

参考文献

[1] 翁晋阳，Mark，管鹏，等.再战跨境电商 [M].北京：人民邮电出版社，2015.

[2] 朱玉华.客户服务与客户投诉，抱怨处理技巧 [M].北京：民主与建设出版社，2013.

[3] 李国宇.客户管理一本通 [M].北京：中国纺织出版社，2013.

[4] 郦瞻，盛振中，谭福河，等.网络营销 [M].北京：清华大学出版社，2013.

[5] 滕宝红.如何做好客服员 [M].北京：广东经济出版社，2012.

[6] 杨楠，孙小丽.营销策划 [M].北京：北京大学出版社，2014.

[7] 吴廷玉，白金龙，郁波.产品设计与品牌管理 [M].北京：浙江大学出版社，2014.

[8] 谭俊华.营销策划 [M].北京：清华大学出版社，2014.

[9] 郦瞻，盛振中，谭福河.网络营销 [M].北京：清华大学出版社，2013.

[10] 李先国，曹献存.客户服务管理 [M].北京：清华大学出版社，2006.

[11] 刘红一.服务营销理论与实务 [M].北京：清华大学出版社，2009.

[12] 张德华.打造口碑的 160 个营销手法 [M].北京：华中科技大学出版社，2012.

[13] [美] 威廉·尼科尔斯.认识商业 [M].北京：世界图书出版公司北京公司，2009.

[14] 程淑丽.客服人员超级口才训练——客服人员与顾客的 135 次沟通实例 [M].北京：人民邮电出版社，2010.

[15] 赵溪.客户服务导论与呼叫中心实务 [M].北京：清华大学出版社，2013.

[16] 彭纯宪.网络营销 [M].北京：高等教育出版社，2010.

[17] 梁若冰，李貌.100 招搞定你的客户——客户服务与客户投诉抱怨处理技巧 [M].北京：中国时代经济出版社，2011.

[18] 邱均平.电子商务信息管理 [M].北京：科学出版社，2010.

[19] 腾宝红.客户管理：售后管理 [M].广州：广东经济出版社，2007.

[20] 陈秋诗.客户管理操作事务 [M].广州：广东经济出版社，2003.

[21] 胡建军，杨文忠.客户管理一本全 [M].南宁：广西人民出版社，2009.

[22] 杨银辉.网店运行实践 [M].北京：北京理工大学出版社，2012.

[23] 丁萍.玩转网店必备手册——开网店的 195 招独门秘籍 [M].北京：北京工业大学出版社，2014.

[24] 毕传福.淘宝客服超级口才训练与使用技巧 [M].北京：人民邮电出版社，2015.

[25] 崔恒华.网店创业一本通 [M].北京：电子工业出版社，2015.